Joachim Pomrehn

Die Bestimmung
der Theologie und theologischen Ausbildung
zur Teilhabe an der missio Dei

D1664154

Theologie und Hochschuldidaktik

herausgegeben von

Prof. Dr. Monika Scheidler

(Technische Universität Dresden)

und

Prof. Dr. Dr. Oliver Reis

(Universität Paderborn)

Band 9

LIT

Joachim Pomrehn

Die Bestimmung
der Theologie und theologischen Ausbildung
zur Teilhabe an der *missio Dei*

Eine bildungstheoretische,
theologische und empirische Untersuchung

LIT

Umschlagbild: Joachim Pomrehn privat

Gedruckt auf alterungsbeständigem Werkdruckpapier entsprechend
ANSI Z3948   DIN ISO 9706

Bibliografische Information der Deutschen Nationalbibliothek
Die Deutsche Nationalbibliothek verzeichnet diese Publikation in der
Deutschen Nationalbibliografie; detaillierte bibliografische Daten sind
im Internet über http://dnb.d-nb.de abrufbar.

ISBN 978-3-643-14223-8 (br.)
ISBN 978-3-643-34223-2 (PDF)
Zugl.: Korntal, Columbia International University, Diss., 2017

© LIT VERLAG Dr. W. Hopf Berlin 2019
Verlagskontakt:
Fresnostr. 2   D-48159 Münster
Tel. +49 (0) 2 51-62 03 20
E-Mail: lit@lit-verlag.de   http://www.lit-verlag.de

Auslieferung:
Deutschland: LIT Verlag, Fresnostr. 2, D-48159 Münster
Tel. +49 (0) 2 51-620 32 22, E-Mail: vertrieb@lit-verlag.de

E-Books sind erhältlich unter www.litwebshop.de

Vorwort

Europäische Hochschulbildung hat durch den Bologna-Prozess die Bestimmung erhalten, dazu beizutragen, „die Union zum wettbewerbsfähigsten und dynamischsten wissensbasierten Wirtschaftsraum in der Welt zu machen – einem Wirtschaftsraum, der fähig ist, ein dauerhaftes Wirtschaftswachstum mit mehr und besseren Arbeitsplätzen und einem größeren sozialen Zusammenhalt zu erzielen" (European Council Lisboa 2000). Stimmt Hochschulbildung, in diesen Dienst gestellt, noch mit der Bestimmung von Bildung überein? Damit wird ein grundlegend bildungstheoretisches Problem angesprochen, wonach Bildung sich nicht darin erschöpfen kann, den lernenden Menschen für einen Zweck tauglich zu machen („*fitness for purpose*"). Es muss auch danach gefragt werden, ob der vorgegebene Zweck in einem übergeordneten Sinnzusammenhang dazu dient, den Menschen seiner Bestimmung näherzubringen („*fitness of purpose*"). Diese Frage stellt sich im Besonderen für Theologie und theologische Ausbildung auf Hochschulebene. Diese Arbeit untersucht bildungstheoretisch, theologisch und empirisch die Frage nach der Bestimmung für Theologie und theologische Ausbildung. In der literaturbasierten bildungstheoretischen Untersuchung zeigt sich, dass diese Frage, im säkularen wie im theologischen Raum, weitgehend unbeantwortet und die Diskussion bei der Kritik an der Ökonomisierung der Bildung stehen bleibt. Eine Antwort auf die Frage nach der Bestimmung von Bildung bleibt aus. In der theologischen Untersuchung wird mit der Bestimmung zur Teilhabe an der *missio Dei* der übergeordnete Sinnzusammenhang für Theologie und theologische Ausbildung hergestellt. Dabei wird die Bildungsdimension der *missio Dei* herausgearbeitet und die Notwendigkeit der Übereinstimmung von theologischer Ausbildung mit ihr gefordert. Gerade hier wird die Bedeutung einer kompetenzorientierten theologischen Ausbildung deutlich, wie sie in Bd. 3 dieser Reihe herausgearbeitet wird. In der empirischen Untersuchung werden konfessionsübergreifend Bildungsverantwortliche in theologischer Ausbildung auf Hochschulebene nach ihren Zielvorstellungen und Idealen gefragt. Das Ergebnis belegt einerseits einen starken Glauben an eine bildungsbasierte Gesellschaftsrelevanz und das Ringen um die Selbstbehauptung im Kanon der Wissenschaften, andererseits aber die Notwendigkeit einer tiefgreifenden Vision, die sie für die Gesellschaft und Wissenschaften relevant macht. Die Arbeit kommt zu dem Schluss, dass Theologie und theologische Ausbildung den Mut brauchen, ihre transzendente Begründung konfessionsübergreifend neu zu bedenken, zu kommunizieren und in ihrer Gestalt der Wissenschaftlichkeit zur Geltung zu bringen. Nur so kann es wieder eine Relevanz in der Welt für sie geben, die im Einklang mit ihrer Bestimmung steht.

Vorliegende Arbeit wurde als Dissertation im Fachbereich der Bildung, mit Schwerpunkt *Educational Leadership* geschrieben. Der Abschluss (*Doctor of Philosophy*) wurde vom *College of Education* der *Columbia International University* (USA) verliehen. Die Arbeit ist zwischen 2013 und 2017 entstanden. Die vorliegende Fassung enthält keine Anhänge mehr, die für die ursprüngliche Qualifikationsarbeit erforderlich waren, wie die Transkription der Interviews, Tabellen mit Ankerzitaten und Anschreiben.

Mein Dank gilt Dr. Bernhard Ott, der die Arbeit insgesamt wissenschaftlich und inhaltlich begleitet hat, Dr. Eva Baumann-Neuhaus für die Betreuung der empirischen Forschung, Dr. Uwe Rechberger für die theologische Begleitung.
Ich danke meiner Familie und meinem treuen Freundeskreis für ihre wirksame Unterstützung und einzelnen Freunden für ihre Ermutigungen.
Mein Dank gilt ebenfalls dem LIT Verlag, der einer Veröffentlichung in seiner Reihe Theologie und Hochschuldidaktik zugestimmt hat.

Korntal im Juli 2019
Joachim Pomrehn

Inhalt

Kapitel 1

Einleitung

Die Problemstellung

Die vorliegende Arbeit will einen Beitrag zur Lösung des Problems leisten, wie Theologie und theologische Ausbildung auf Hochschulebene sich in Übereinstimmung mit ihren eigenen Zielen befinden, sich zugleich im Kreis der Wissenschaften behaupten und den Ansprüchen des Bologna-Prozesses genügen können. Das geschieht aus der Bildungsperspektive. Dazu wird die gegenwärtige Diskussion um die Bestimmung von Bildung und Ausbildung, wie sie durch den Bologna-Prozess hervorgerufen wurde, an theologische Ausbildung herangetragen, mit dem Ziel, eine Begründung für ihre Existenz auf Hochschulebene zu finden, die mit dem übereinstimmt, was als Bestimmung für Theologie und theologische Ausbildung zu gelten hat.

Dazu werden bildungstheoretische und theologische Positionen zum Bologna-Prozess in der Literatur untersucht, eigene theologische Überlegungen angestellt und verantwortliche Personen für theologische Ausbildung auf Hochschulebene danach befragt, welche Bestimmungen und Ziele sie für ihre theologische Ausbildung haben. Aus den Ergebnissen soll ein Ansatz gefunden werden, mit dem sich Theologie und theologische Ausbildung im Hochschulraum positionieren und in einer Art und Weise wirken können, die ihrer eigenen Bestimmung gerecht wird.

Im ersten Kapitel erfolgt eine Wegleitung hin zu den Forschungsfragen. Die Hinführung geschieht aus bildungstheoretischer Sicht und reflektiert die Relevanz der Arbeit, die besonderen Herausforderungen, die Vorgehensweise und Einschränkungen. Gegen Ende des ersten Kapitels wird das Forschungsproblem in den Kontext von Theologie und Bildungstheorie gestellt. Dort wird der Zusammenhang zwischen Bildung, ihrer Gestaltung, ihrer Bestimmung und dem zugrunde liegenden Menschenbild reflektiert und zu den Forschungsfragen übergeleitet.

Die Erklärung der Problemstellung beginnt mit grundlegenden Überlegungen zu Bildung und Ausbildung. Dabei können die Unterschiede zwischen Bildung und Ausbildung unberücksichtigt bleiben. Bildung wie Ausbildung haben immer eine Bestimmung. Ihre Maßnahmen dienen im umfassenden Sinn dazu, Menschen angesichts kontextueller Herausforderungen in ihrer Handlungsfähigkeit zu steigern (Preul 2013) und so verschiedenste Aufgaben zu erfüllen. Das Motto *„fitness for purpose"* drückt das aus. In diesem Sinne war es die Aufgabe des Bologna-Prozesses in Europa, einen einheitlichen Hochschulraum zu gestalten, in dem Bildung und Ausbildung dazu dienen sollen,

> die Union zum wettbewerbsfähigsten und dynamischsten wissensbasierten Wirtschaftsraum in der Welt zu machen – einem Wirtschaftsraum, der fähig ist, ein dauerhaftes Wirtschaftswachstum mit mehr und besseren Arbeitsplätzen und einem größeren sozialen Zusammenhalt zu erzielen (European Council Lisboa 2000).

Bildung und Ausbildung sollen danach beurteilt werden, welchen Beitrag sie zu diesem Zweck leisten können. Darüber ist eine kritische Diskussion entstanden, die sich ganz darauf fokussiert hat, das Problem zu erfassen, dass Bildung anscheinend marktwirtschaftlichen Interessen unterworfen werden soll. In dieser kritischen Diskussion wird betont, dass Bildung nicht dazu dienen darf, nur noch die Wirtschaft zu stärken und zu diesem Zweck die Bildung des Menschen zu reduzieren auf lebenslange höchste Flexibilität, Funktionalität und Anpassungsfähigkeit an sich ständig wandelnde Interessen und Umstände des wirtschaftlichen Marktes.

Diese Diskussion übersieht das zweite angestrebte Bildungsziel, das ist der in einem gemeinsamen „wissensbasierten Wirtschaftsraum" erstrebte „größere soziale Zusammenhalt". Thematisiert wird ausschließlich der Bologna-Prozess als Problem für die Hochschulbildung im Blick auf die Überordnung marktwirtschaftlicher Interessen.

Warum es nicht gelingt, in der kritischen Diskussion die Themen „wissensbasierter Wirtschaftsraum" und „größerer sozialer Zusammenhalt" in Bezug zueinander zu setzen, kann als bildungstheoretisches Problem betrachtet werden, an dem diese Arbeit ansetzen will.

Wenn Bildung und Ausbildung zu einem bestimmten Zweck geschieht, einen Menschen also dazu befähigt, einen bestimmten Beruf auszuüben, was als *„fitness for purpose"* bezeichnet werden kann, muss gleichzeitig danach gefragt werden, ob dieser Zweck, das heißt, diese Ausbildung, auch in einem übergeordneten Sinnzusammenhang ihre Bestimmung erfüllt, was als *„fitness of purpose"* bezeichnet werden kann. Die Kategorie eines *„fitness of purpose"* in der Bildungstheorie wurde zuerst von Stan Lester (1999) eingeführt, um die Verhaftung von Bildung auf den reinen *„fitness for purpose"* aufzulösen und durch die Reflexion des größeren Sinnzusammenhangs von Bildung den Menschen zu seiner Entwicklung hin zu befreien, die den kontextuell begründeten Zweck von Bildung übersteigt. Dieses Konzept wird in Kapitel 2 vorgestellt. An dieser Stelle genügt eine Illustration dazu: Wenn ein Mensch die Ausbildung zur Bäckerin oder zum Bäcker absolviert hat und mit dieser Ausbildung in seiner Gesellschaft seinen Lebensunterhalt bestreitet, ist der *„fitness for purpose"* sicher gegeben, wenn der Mensch die Bestimmung (*purpose*) seiner Ausbildung darin erkennt, einen Beruf zu haben, um Geld verdienen zu können. Das ist sehr vereinfacht ausgedrückt, denn es geht komplexer zu in der Frage nach der Bestimmung einer Ausbildung und es kommen auch andere Kriterien hinzu, wie die Funktion des Berufs im Geflecht der Marktwirtschaft oder sein Entwicklungspotenzial dafür. Doch die Vereinfachung hilft, das bildungstheoretische Problem zu erfassen. Die aufgelegte Bestimmung zur Wettbewerbsfähigkeit, sei sie nun mit der Ausbildung beabsichtigt, oder vom auszubildenden Menschen als Bestimmung seiner Ausbildung akzeptiert, gestaltet also die Ausbildung zum Bäckerhandwerk primär als eine Ausbildung zum Geldverdienen durch Backwaren.

Die Frage nach dem *„fitness of purpose"* ist jetzt die Frage danach, welche Bestimmung das Bäckerhandwerk denn in einem übergeordneten Sinnzusammenhang haben soll. Bleibt es dabei, dass es nur eine Möglichkeit von vielen ist, Geld zu verdienen, dann ist der übergeordnete Sinnzusammenhang rein auf marktwirtschaftliche Aspekte reduziert. In diesem Falle wird das Bäckerhandwerk in den Dienst der Marktwirtschaft gestellt und die Ausbildung dazu entsprechend durchgestaltet. Das kann so weit gehen, dass die Wettbewerbsfähigkeit alles bestimmt, den Preis, die Qualität der Zutaten, mithin die Arbeitsethik und Moral. Doch ist diese Bestimmung passend? Entwickelt sie den Menschen, der das Handwerk erlernt hat, weiter? *„Fitness of purpose"* fragt nach dem übergeordneten Sinnzusammenhang. Welchen Beitrag leistet das Bäckerhandwerk zur Volksgesundheit? In welchem Sinne ist die Backkunst noch eine Kunst? Wie ist das Bäckerhandwerk kulturell bedeutsam und möglicherweise eine Darstellung dessen, wie das Zueinander von Brot und Leben auch religiös bedeutsam sein kann? Findet sich im Bäckerhandwerk Weisheit? In welchem Bezug steht dieses Handwerk zu anderen und was bedeutet es für die Menschen, die seine Produkte kaufen? Mit diesen Fragen weitet sich der Horizont der Ausbildung entscheidend über die rein marktwirtschaftliche Orientierung hinaus und macht deutlich, dass der *purpose* des bloßen Geldverdienens eine Engführung ist. Wenn es beim Bäckerhandwerk im übergeordneten Sinne um einen Beitrag zur Weisheit, zur Kultur, zur Kunst und zur Gesundheit geht, dann muss sich das in der

Ausbildung durch entsprechende Lernziele, in der Arbeitsethik und Moral, in der Qualität der Zu-taten, in der Werbung und in der Beziehung zu den Kunden darstellen und die Lernnachweise der Auszubildenden müssen zeigen, dass sie diese übergeordnete Bestimmung des Bäckerhandwerkes zu ihrer eigenen gemacht haben.

Wenn dieses bildungstheoretische Paradigma des *„fitness for purpose"* und des *„fitness of purpose"* auf die Vorstellungen der Europäischen Union für den gemeinsamen Hochschulraum, wie oben zitiert wurde, angewendet wird, dann bleibt unklar, ob der größere soziale Zusammenhalt das übergeordnete Ziel für Bildung ist, oder ob es letztlich darum geht, durch Bildung zur stärksten Wirtschaftsmacht der Welt zu werden. Tatsache ist, dass die Diskussion um die marktwirtschaftliche Orientierung von Bildung alles dominiert und die Frage danach, welchen Beitrag sie für einen größeren sozialen Zusammenhalt leisten kann, nicht geführt wird.

„Fitness for purpose" besagt also, dass ein Mensch nicht nur etwas gelernt hat, sondern befähigt wurde, den Zweck seiner Ausbildung zu erfüllen. *„fitness of purpose"* besagt darüber hinaus, dass seine Ausbildung sich in einen übergeordneten Sinnzusammenhang einfügt, wo sie dazu beiträgt, dass sich die Menschheit gemeinsam auf dem Wege des Lernens weiterentwickelt. Sprachlich wird in diesem Sinne im Folgenden *„fitness of purpose"* gleichbedeutend verwendet mit Ziel und Zweck und meint damit Bestimmung (purpose).

Bildung und Ausbildung existieren nicht nur, um Menschen dazu zu befähigen, einen einfachen marktwirtschaftlich gesetzten Zweck zu erfüllen. Bildung und Ausbildung sind darüber hinaus da, um den Menschen selbst, zunächst als Individuum, seiner Bestimmung näherzubringen. Mit diesem übergeordneten Zweck sollte letztlich jede Bildung übereinstimmen, wenn sie ihren kontextuellen Zweck erfüllt. Dieser bildungstheoretische Ansatz wird weiter unten ausgeführt.

Für die Problemstellung ist von Bedeutung, dass der vorgegebene Zweck von Hochschulbildung, dazu zu dienen, Europa letztlich zur stärksten wissensbasierten Wirtschaftsmacht der Welt zu machen, wobei keine Bemühungen sichtbar werden, dadurch auch einen größeren sozialen Zusammenhalt zu erreichen, die grundlegende Frage danach aufwirft, wie diese Zielsetzung die theologische Bildung auf Hochschulebene berührt (Krengel 2011. Bernhardt 2010). Mit dem Konzept der *missio Dei* soll eine Antwort gegeben werden auf die Frage nach der übergeordneten Bestimmung von theologischer Ausbildung. Dieser Ansatz wird ins Gespräch gebracht mit den Resultaten einer qualitativen Feldforschung, um einen Weg zu finden, wie Theologie und theologische Ausbildung ihrer übergeordneten Bestimmung von Bildung im heutigen europäischen Kontext der Hochschulebene entsprechen können.

Relevanz der Forschungsfrage

Der Anspruch an Theologie und theologische Ausbildung, auf Hochschulebene ihren Beitrag im Kanon der Wissenschaften zu leisten, begründet die Relevanz der Arbeit.

Die Frage nach der Bestimmung von Bildung überhaupt begründet ebenfalls die Relevanz, weil Theologie und theologische Ausbildung grundlegend dazu beitragen können und sollen, dass Bildung ihrer übergeordneten Bestimmung gerecht wird. Sie können das aber nur dann tun, wenn sie sich ihrer *eigenen* Bestimmung bewusst sind und von daher ihren Einfluss geltend machen. Sie dürfen sich also nicht zurückziehen. Theologie und theologische Ausbildung müssen im Kontext von Bildung sprach- und handlungsfähig sein.

Es muss klarwerden, was die Bestimmung für Theologie und theologische Ausbildung überhaupt und im Besonderen auf Hochschulebene ist. Über die bildungstheoretische Dimension soll dies entfaltet werden. *„Fitness for purpose"* für theologische Hochschulausbildung besagt, dass ein Mensch befähigt wird, den unmittelbaren Zweck seiner Ausbildung zu erfüllen. Der Mensch kann jetzt das tun, was ein Pfarrdienst abverlangt, oder er kann das tun, was in der Religionslehre oder der Religionspädagogik zu tun ist.

„Fitness of purpose" für theologische Ausbildung auf Hochschulebene besagt, dass der Zweck dieser Ausbildung für diese Welt sinnvoll ist und ihren Beitrag dazu leistet, dass die Menschheit gemeinsam auf dem Wege des Lernens zur Weisheit hin vorankommt.

Aber tut sie das wirklich? Was ist denn die Bestimmung von Theologie und theologischer Ausbildung für diese Welt und was ist dann ihr Beitrag – der Beitrag, den nur sie leisten kann? Ein anderer Grund für die Relevanz des Projektes liegt in der Tatsache, dass diese Frage nach der *„fitness of purpose"* anschließt an die berechtigte und schon lange bestehende Forderung nach einer Defragmentierung und grundlegenden missionalen Ausgestaltung von theologischer Ausbildung, wie sie Robert Banks (1999), Edward Farley (1994), Andrew Kirk (1997) und Bernhard Ott (2011) an die akademische Theologie gerichtet haben. Das kann nur gelingen, wenn sie ihre Bestimmung bildungstheoretisch und theologisch begründet klärt, indem sie zuerst für sich selbst Klarheit darüber gewinnt, warum und wozu es sie geben soll. Dazu will diese Arbeit einen Beitrag leisten.

Begriffliche und inhaltliche Klärungen

Es geht nicht darum, den Bologna-Prozess als solchen zu problematisieren und infrage zu stellen. Es ist zu begrüßen, dass gerade durch diesen Prozess theologische Ausbildung, beispielsweise durch eine viel stärkere Lernzielorientierung, profitiert hat. Andere Themen, wie die Modularisierung von Bildung und Ausbildung, oder die Probleme, die Bachelor- und Masterprogramme für bestimmte Studiengänge hervorrufen können, sollen nicht direkt untersucht werden, können aber zur Sprache kommen, wenn sie sich im Interesse der Studie als relevant erweisen. Der Bologna-Prozess ist der Anlass, auf eine tiefer liegende bildungstheoretische Problematik aufmerksam zu machen. Diese steht im Mittelpunkt dieser Arbeit.

Es geht auch nicht darum, der Theologie und theologischer Ausbildung das alleinige Bestimmungsrecht über Bildung zuzusprechen. Ausgehend von der Mündigkeit des Menschen kann es keine religiöse Bevormundung der Bildung geben. Stattdessen müssen sich Theologie und theologische Ausbildung im Kanon der Wissenschaften und in einer pluralistischen Gesellschaft der Postmoderne selber bewähren durch eine Sprach- und Handlungsfähigkeit, die sie aber aus der Besinnung auf ihre eigene Bestimmung zu gewinnen haben. Deshalb wird nur theologische Ausbildung in den Blick genommen und untersucht. Die Resultate sollen auf theologische Ausbildung einen Anspruch erheben.

Eine heterogene Bildungslandschaft

Theologie und theologische Ausbildung treten auf Hochschulebene nicht einheitlich in Erscheinung, sondern sind hinsichtlich ihrer Merkmale sehr verschieden. Das könnte dazu führen, dass je nach konfessionellem Kontext auch die Bestimmung von Theologie und theologischer Ausbildung unterschiedlich aufgefasst wird. Es ist aber anzunehmen, dass sich Theologie konfessionsübergreifend in ihren Zielsetzungen berühren wird, weil in allen christlichen Konfessionen eine Beziehung Gottes zu den Menschen dieser Welt gedacht wird. Diese Arbeit will einem ökumenischen Dialog dienen, indem sie im empirischen Teil protestantischen, katholischen und orthodoxen Stimmen zu dem Thema Gehör verschafft.

Ein heterogenes Verständnis der *missio Dei*

Das Konzept der *missio Dei* wird nicht einheitlich verstanden. Ihre Konzeption ist seit ihrem Ursprung vielfach verändert und als „Formel ausufernd und undifferenziert" (Elsas & Richenbächer 2016) gebraucht worden. Die *missio Dei* wird in dieser Arbeit mit David Bosch (1991) verstanden als Gottes eigene Sendung, in der Gott sich selbst in Jesus und dem Heiligen Geist aus Liebe in seine Schöpfung gesendet hat, um sie zu erlösen und wiederherzustellen. So wird Mission nicht zu einer Aktion der Kirche. Nicht sie verantwortet und trägt die Mission. Die *missio Dei* ist Gottes eigene Aktivität, sein Attribut. Die Kirche ist privilegiert und berufen, sich daran zu beteiligen. Es gibt Mission, weil Gott die Menschen liebt. Er „will, dass alle Menschen gerettet werden und zur Erkenntnis der Wahrheit kommen" (1 Tim 2,4 Elberfelder Bibel 2008. Wuppertal: Brockhaus). So wird Mission in der Trinität selbst verwurzelt, weil es Gottes eigenem Wesen entspricht und es sein Wille ist, die Gemeinschaft mit den Menschen proaktiv wiederherzustellen. Für die Theologie und theologische Ausbildung geht es also darum, erstens an der *missio Dei* Teil zu haben, und sich zweitens konsequent von dieser Teilhabe her zu definieren.

Wissenschaftlichkeit

Der Anspruch an Theologie und theologische Ausbildung, die Kriterien der Wissenschaftlichkeit erfüllen zu müssen, ist die Grundbedingung für ihre Existenz im Hochschulraum. Können sie sich nicht als Wissenschaft begreifen und nachvollziehbar erklären, verlieren sie ihre Existenzberechtigung im Hochschulraum. Zu dem Forschungsproblem dieser Arbeit gehört nicht, ihre Wissenschaftlichkeit zu beweisen. Die Tatsache, dass der Wissenschaftsrat (WR 2010) Theologie und theologische Ausbildung im Kanon der Wissenschaften vertreten sehen und mitreden hören will, gehört mit zum Ausgangspunkt dieser Arbeit. Damit wird die Spannung zwischen Glaube und Wissenschaft als gegeben und bleibend vorausgesetzt. Aufgelöst werden kann diese Spannung nicht. Aber es ist ein Anliegen dieser Arbeit, deutlich zu machen, dass sie in besonderer Weise zur wissenschaftlichen Identität von Theologie und theologischer Ausbildung gehört.

Mit Jürgen Osterloh (2002) wird betont, dass jede wissenschaftliche Disziplin eine eigene Identität hat, die sich in die drei Kategorien kognitiv, sozial und historisch ausdifferenzieren lässt. Angewandt auf Theologie und theologische Ausbildung geht es um ihre kognitive, soziale und historische Identität.

Theologie und theologische Ausbildung haben somit ihre Einzigartigkeit im Blick auf ihre Orientierungen und Paradigmen, ihre Einzigartigkeit im Blick auf ihre Institutionalisierungsformen und ihre Einzigartigkeit im Blick auf ihre Kontinuität in der Zeit, also ihre eigene Traditionsbildung. Das gilt konfessionsübergreifend für protestantische, katholische und orthodoxe Theologie und ihre theologische Ausbildung. Zu dieser Einzigartigkeit gehört ihr transzendenter Bezug zu Gott. Der ist nicht aufgebbar, ohne die Identität zu verändern. Die besondere Herausforderung besteht darin, ihn nachvollziehbar und vernünftig zu begründen und transparent unter dieser Voraussetzung theologisch wissenschaftlich zu arbeiten und sich verständlich zu machen. Innerhalb der drei Kategorien der Wissenschaftsidentität nach Osterloh zieht sich im Falle der Theologie ihre besondere Bestimmung als die alles prägende und zusammenhaltende Dimension durch.

Bestimmung und „Purpose"

Der deutsche Begriff Bestimmung und der englische Begriff „Purpose" sind synonym gebraucht. Mit Newbigin (1989) wird vorausgesetzt, dass die Kategorie der Bestimmung unerlässlich ist, wenn es darum geht, menschliches Verhalten zu beschreiben. Das gilt auch für den Bildungsbereich. Hier sind die Fragen nach den Zielen von Bildung ausschlaggebend. Bestimmung und „Purpose" beantworten die Fragen nach dem „Wozu". Von hier aus ergeben sich dann die weiteren Fragen. Es gibt das „Wozu" von Bildung als Antwort auf kontextuelle Notwendigkeiten in dem Sinne, dass ein akuter Bildungsbedarf gedeckt wird. In einer weiteren Frage nach dem „Wozu" muss deutlich werden, was mit der Deckung eines Bildungsbedarfes erreicht werden soll. Deshalb ist die Kategorie der Bestimmung in dieser zweifachen Hinsicht für Bildung unerlässlich. Es genügt nicht, einem Bedarf entsprechend auszubilden. Es muss klar sein, wozu die Ausbildung dienen soll, was ihre Bestimmung ist. Eine besondere Herausforderung ergibt sich, wenn nun die Theologie mit ihrem impliziten, sie konstituierenden Bezug zu Gott, diesen in der Frage nach ihrer Bestimmung nicht ausklammern *kann*. Auf der Suche nach einer Antwort muss sie ihre Bestimmung in Übereinstimmung mit dem finden, was Gott, ohne den es sie nicht geben kann, von und für sie will. Sie ist von daher geradezu gezwungen, die Kategorie der Bestimmung mit einem transzendenten Bezug und einer transzendenten Begründung in ihre wissenschaftliche Gestalt aufzunehmen. Somit sind Theologie und theologische Ausbildung auch in ihrer Wissenschaftlichkeit immer teleologisch ihrer von Gott gegebenen Bestimmung unterworfen.

Der Begriff „transzendent"

In dieser Arbeit durchgehend als Adjektiv gebraucht, verweist der Begriff darauf, dass die *Letztbegründung* der Existenz von Theologie und theologischer Ausbildung „sich jenseits der Grenzen des sinnlich wahrnehmbaren befindet" (Bertelsmann 2004:1387), womit im theologischen Verständnis Gott gemeint ist. Weil aber von Gott, ohne eine Offenbarung seiner selbst, in dieser Welt nicht zu reden ist, beinhaltet der Begriff *zugleich* die Uneinheitlichkeit der theologischen Bestimmungen des Verhältnisses von Transzendenz und Immanenz insofern, als „die Explikation des christlichen Gottesgedankens sowohl die Differenz von Gott und Welt als auch deren Einheit erfordert" (Danz 2005:553). Mit diesem fundamentaltheologischen Verstehen korrespondiert das religionswissenschaftliche Verständnis des Begriffspaares Transzendenz und Immanenz, wonach

> Religionen, die eine geschichtliche Wirklichkeit darstellen, vermittels „immanenter" Gegebenheiten, wie z.B. […] heiliger Texte, auf eine sie selbst und die vorgegebene Welt überschreitende Transzendenz [verweisen], wie immer diese im Konkreten erfahren und bezeichnet wird (Figl 2005:548).

Der Ausdruck „transzendente Begründung" für Theologie und theologische Ausbildung besagt also, dass Theologie und theologische Ausbildung auf Gott selbst zurückgehen, ohne sich jedoch in ihrer jeweiligen kontextuellen Gestalt mit ihm gleichzusetzen. Der Begriff „transzendent" eröffnet so auch einer spirituellen Begründung für Theologie und theologische Ausbildung eine Tür.

Bildungstheorie

Aufgrund des inneren Zusammenhangs von Bildung, Kontext und Ausbildung dürfen mit Julian Nida-Rümelin (2013) die Begriffe Bildung und Ausbildung synonym verwendet werden. Daraus ergibt sich, dass Theologie und theologische Ausbildung miteinander verbunden werden. In dieser Arbeit beziehen sie sich auf theologische Ausbildung auf Hochschulebene. Das zugrundeliegende Bildungsverständnis ist die „Evangelische Bildungstheorie" von Rainer Preul (2013). Bildung und Ausbildung sind damit auch bildungstheoretisch von vornherein christlich und im Sinne von „dem Evangelium gemäß" gedacht. Demnach verwirklicht Bildung „die Bestimmung des Menschen am Ort des Individuums" (:180), indem sie den Menschen dazu befähigt, in seinem Kontext und innerhalb seiner Möglichkeiten und Grenzen, seine „Handlungsfähigkeit zu steigern". Die

Begriffe „Bestimmung" und „Handlungsfähigkeit" sehen damit von vornherein den Menschen in seinem Bezug zu Gott, der ihn geschaffen und erlöst und mit einer Aufgabe in und für diese Welt betraut hat. So treffen Bestimmung und Handlungsfähigkeit aufeinander. Bejaht der Mensch seine Beziehung zu Gott, so wird er seine Bildung in Übereinstimmung mit dem bringen, was Gott ihm bestimmt hat. Damit wird auch seine Handlungsfähigkeit sowohl ihren immanenten als auch ihren transzendenten Zweck erfüllen, das ist die Teilhabe an der missio Dei.

Preuls theologisch fundierter Bildungsbegriff ermöglicht es so, die Teilhabe an der *missio Dei* als übergeordnete Bestimmung für theologische Ausbildung einzuführen und alle kontextuell veränderlichen, untergeordneten Bestimmungen kompetenzorientiert von ihr abzuleiten.

Kategorien für die empirische Messbarkeit

Die Teilhabe an der *missio Dei* ist ein theologisches Konzept, das in seiner Dimension der Anwendung in eine entsprechende Handlungsfähigkeit, sowohl des Individuums als auch der christlichen Gemeinde als Kollektiv, münden soll. Das soll durch theologische Ausbildung bewegt werden. Die Herausforderung besteht darin, für die Teilhabe an der *missio Dei* angemessene Kategorien zu bilden, die es erlauben, über ihre Relevanz im Feld Aussagen zu treffen. Dazu soll im Methodenkapitel die Teilhabe an der *missio Dei*, theologisch begründet, als relevant für soziales Geschehen beschrieben werden, um sie so Methoden der empirischen Sozialforschung zugänglich zu machen. Es kann aber sein, dass sie bloß theoretisch als missionstheologisches Konzept existiert und als solches nur bejaht wird. Dann liegt zwar eine Sympathie vor oder eine gewisse Motivation, über sie zu lehren, aber wie eine persönliche Teilhabe an der *missio Dei* Wirklichkeit werden kann, hat damit noch nicht den Weg in die theologische Ausbildung gefunden und kommt damit nicht in Lernzielen vor.

Die Teilhabe an der *missio Dei* soll als theologische Lösung eines bildungstheoretischen Problems von theologischer Ausbildung auf Hochschulebene angeboten werden. Die qualitative empirische Forschung dieser Arbeit soll Aufschluss darüber geben, ob und wie dieses Lösungskonstrukt bei den Bildungsverantwortlichen anschlussfähig und damit relevant ist, um die real existierende theologische Ausbildung hilfreich weiter zu gestalten.

Vorgehensweise

Das Forschungsprojekt schließt sich an die bildungstheoretische Diskussion um die Bestimmung von Bildung an, die durch den Bologna-Prozess ausgelöst worden ist. Rein literaturbasiert wird das bildungstheoretische Problem in Kapitel 2 dargestellt, der Kontext, in dem sich Theologie und theologische Ausbildung heute bewegen, beschrieben und so die Relevanz des Forschungsprojektes unterstrichen. Vermittels einer theologisch begründeten Bildungstheorie wird dann, ebenfalls literaturbasiert, ein definiertes Verständnis der Teilhabe an der *missio Dei* in Kapitel 3 zum Kriterium für theologische Ausbildung gemacht. Als Resultat lassen sich dann, mit der Teilhabe an der *missio Dei* als übergeordnete Bestimmung, Kategorien für eine entsprechende theologische Ausbildung herleiten. Damit wird für theologische Ausbildung auf Hochschulebene ein christlich transzendenter Bezug ihrer Wissenschaftlichkeit hergeleitet, der sich im Kontext des säkularen Hochschulraumes dadurch rechtfertigt, dass dieser Bezug zu ihrer wissenschaftlichen Identität gehört. Die Kategorien werden in Kapitel 4 gebraucht, um durch qualitative Interviews nach existierenden Bestimmungen in den Vorstellungen von Bildungsverantwortlichen von theologischer Ausbildung auf Hochschulebene zu fragen und darüber hinaus die Themen und Fragen aufzunehmen, die in ihren Augen für die theologische Ausbildung auf Hochschulebene heute relevant sind. Die Resultate der empirischen Forschung werden anschließend in Kapitel 5 mit dem Ergebnis des literaturbasierten Forschungsteils ins Gespräch gebracht, um Konsequenzen für eine Weiterentwicklung der Antwort auf die Bestimmung von theologischer Ausbildung ziehen zu können.

Einschränkungen und Begrenzungen

Das Forschungsprojekt unterlag zeitlichen Begrenzungen im Kontext eines Promotionsstudiums. Die finanziellen Aufwendungen waren privat zu leisten und es gab kein Forscherteam. Weil derzeit noch immer maßgebliche Impulse für die theologische Ausbildung aus dem westeuropäischen Raum kommen, grenzte sich die räumliche Reichweite der empirischen Forschung auf ausgewählte Hochschulen im Westen und Norden Europas ein. Trotzdem ist eine ausreichende konfessionelle Breite an theologischer Ausbildung auf Hochschulebene im europäischen Raum empirisch erfassbar geworden. So konnten acht theologische Hochschulen besucht und protestantische, katholische und orthodoxe Stimmen gehört werden. Hervorzuheben ist, dass die derzeit einzige orthodoxe Fakultät in Deutschland dafür sorgen konnte, die Stimme der griechischen Orthodoxie zu hören.

Das Forschungsproblem im Kontext von Bildungstheorie und Theologie

Das Forschungsproblem ist die Frage nach der Bestimmung von theologischer Ausbildung heute im Kontext des Bologna-Prozesses in Europa. Diese Frage hat eine grundlegende bildungsphilosophische und bildungstheoretische Dimension und wird als Suche nach neuen Leitideen für die Bildungsphilosophie der Gegenwart diskutiert. Die Bestimmung von Bildung überhaupt kommt also grundsätzlich wieder in den Blick. Das Forschungsproblem aus bildungstheoretischer und bildungsphilosophischer Sicht hat im Wesentlichen zwei Bereiche. Einmal ist es der Zusammenhang von Bildung und Menschenbild und zum anderen der Zusammenhang von Sinn und Zweck von Bildung, also ihre Bestimmung (purpose), und wie sie dementsprechend gestaltet werden muss. Beide Bereiche, der Zusammenhang mit dem Menschenbild und der Zusammenhang mit der Bestimmung, sind untrennbar miteinander verbunden. Das betrifft auch die Theologie, weil ihre Ausbildung ebenfalls eine Bestimmung hat und übergeordneten Leitideen folgt. Theologische Ausbildung hat damit auch eine bildungstheoretische Dimension, die sich von ihrer Bestimmung her erschließen lassen muss.

Der Zusammenhang zwischen Bildung und Menschenbild

Harald Seubert (2012), Julian Nida-Rümelin (2013) und Marvin Oxenham (2011) markieren mit ihren Arbeiten ein Feld der Bildungsphilosophie, das für das Forschungsprojekt relevant ist. Bildungsphilosophie und Bildungstheorie hängen zusammen. Gemeinsam ist ihnen die Suche nach einer Antwort auf die Frage nach der Bestimmung von Bildung. Sie stimmen darin überein, dass eine Antwort auf diese Frage einen normativen Charakter haben soll, der mit einem normativen Menschenbild vereinbar ist, das in einer pluralistischen postmodernen Gesellschaft tragfähig ist.

Nida-Rümelin (2013) sieht zu Recht einen systematischen Zusammenhang zwischen Bildung und Menschenbild (2013:29), weil es in der Bildung um die Formung der menschlichen Persönlichkeit geht (:29). Die Formung menschlicher Persönlichkeit aber erfordert eine Zielvorstellung davon. Ohne eine solche kann Bildung nicht zu ihrem Ziel kommen. Bildung steht damit auch nicht im Gegensatz zu Ausbildung (:30), sondern meint ein umfassendes Bild. „Am Ende eines Bildungsprozesses steht der Mensch mit seinen Merkmalen, zu denen Fertigkeiten, Wissen, Charaktereigenschaften etc. gehören" (:30).

> „Das Ergebnis von Bildung ist immer die Person, ihre Eigenschaften und ihre Praxis. Wir offenbaren also ein Bild einer mehr oder weniger idealen Person, eine normative Anthropologie, dadurch, dass wir Kriterien haben, um den Erfolg von Bildung zu beurteilen" (:30).

Ganz allgemein und umfassend gilt also, dass die Bildungsphilosophie ihren Beitrag dazu leisten soll, Kriterien aufzustellen, die es ermöglichen, Bildungsergebnisse im Lichte einer so normativ werdenden Anthropologie zu bewerten. Damit wird grundlegend ebenfalls die Frage nach der Bestimmung des Menschen aufgeworfen, die mit der Bestimmung seiner Bildung unauflöslich verbunden wird. Solche grundlegenden Fragen verlangen auch eine theologische Antwort und können nicht nur philosophisch bearbeitet werden.

Eine Antwort darauf kann deshalb, selbst bei größtmöglicher Verschiedenheit möglicher Bestimmungsentwürfe, nicht in der „Buntscheckigkeit einer gesprenkelten Oszillation" liegen, „die auf den ersten Blick bestechen mag, die bei näherem Zusehen sich aber als Anarchie erweist" wie Harald Seubert (2012:45) es formuliert. Die Antwort muss sich fassen lassen in einer Bestimmung von Bildung, der es um ein „Wissen, um zu handeln und zu leiden" (2012:45) geht. Bildung darf also beim Menschen nicht zu einer „summierenden, sondern muss zu einer reflektierenden Urteilskraft führen, wie sie schon in der Antike in der Phronesis, der aristotelischen Klugheit, die dem Menschen habituell zu Eigen werden soll, als Grundlage diente" (:45). Seubert fordert auch, dass der religionsphilosophische Horizont einbezogen werden muss, weil „der zentrale und leitende Gedanke christlicher Bildung darin liegt, nicht nur den inneren Menschen zu stärken, sondern in ihm das Bild Gottes sichtbar zu machen" (:46). Eine solcherart gestaltete Bildung für den Menschen konstituiert außerdem „gleichsam eine wahre Gemeinschaft, die beispielhaft für alle anderen Gemeinschaften ist" (:47).

Die Herausforderung für eine Bildungsphilosophie heute im europäischen Kontext ist also erstens das Arbeiten an einer normativen Anthropologie, von der sich Kriterien ableiten lassen, die die Ergebnisse von Bildungsprozessen beurteilbar machen, und zweitens eine Gestaltung von Bildung, als deren Ergebnis der Mensch zu handeln und zu leiden weiß, weil er gelernt hat, in Gemeinschaft zu reflektieren und zu urteilen, wobei dies die Sichtbarwerdung seiner Bestimmung ist, Ebenbild Gottes zu sein. Dieser Prozess kann nicht ohne die Theologie geschehen.

Mit diesen exemplarischen Statements zweier Bildungsphilosophen ist die Tür aufgestoßen für eine konstruktive Beteiligung von Theologie an menschlicher Bildung in Europa überhaupt und der Suche nach der Antwort auf ihre Bestimmung in der theologischen Ausbildung im Speziellen. Im folgenden Abschnitt zeigt sich, wie, von Überlegungen der Bestimmung von Bildung ausgehend, Theologie und theologische Ausbildung ihre Wirksamkeit darin entfalten können.

Der Zusammenhang zwischen Bestimmung von Bildung und ihrer Gestaltung

Mit Rainer Preul (2013) wird dieser Arbeit eine evangelisch-theologisch begründete Bildungstheorie zu Grunde gelegt. Ausgangsort ist damit eine evangelisch-theologische Position. Mit Preul wird davon ausgegangen, dass Bildung erstens dazu dienen soll, die Bestimmung des einzelnen Menschen zu realisieren und zweitens seine Handlungsfähigkeit sich wandelnden kontextuellen Herausforderungen gegenüber zu steigern. Verbunden mit der säkularen Bildungstheorie von Stan Lester, der erst in der übergeordneten Bestimmung von Bildung (*„fitness of purpose"*) ihre ethische, moralische und spirituelle Dimension sich voll entfalten sieht, eröffnet sich die theologische Dimension von Bildung im Blick auf ihre Bestimmung. Gerade den Bildungstheorien von Preul und Lester ist gemeinsam, dass sie in der Bildung des Menschen den Weg sehen, auf dem er sich weiterentwickelt und seinem Bestimmungsziel innerhalb und mit der Gemeinschaft aller Menschen entgegengeht. Die Frage ist, ob gegenwärtige Bildung, insbesondere Theologie und theologische Ausbildung, entsprechende Bildungsziele hat und ihnen in ihrer Gestaltung von Bildung näher kommt. Der Ausgangspunkt für die Gestaltung und damit auch für die Veränderung von Bildung liegt immer in der Beurteilung ihrer Ergebnisse. Es ist die Frage danach, ob Bildung ihre Bestimmung erfüllt.

Es ist in der Bildung hinlänglich beklagt worden, dass die Lehr- und Lernaktivitäten, die Lernziele, die Lernnachweise, die das Erreichen der Lernziele belegen sollen, und die tatsächlichen Lernergebnisse kaum miteinander übereinstimmen. Das trifft auch für die Bildung auf Hochschulniveau und die theologische Ausbildung zu. Um dieses Problem grundlegend zu überwinden, ist das „Constructive Alignment", wie Biggs & Tang (2011) es für die Hochschulbildung entworfen haben, von außerordentlicher Bedeutung. Sie fordern, dass der Bildungsprozess vom beabsichtigten Lernergebnis her über die Lernnachweise sozusagen rückwärts konsequent über die Lernaktivitäten zu den Lernzielen hin durchkonstruiert werden muss.

Der Ansatz wurzelt im Konstruktivismus insofern, als die Lernenden ihre eigene Aktivität nutzen, um ihr Wissen als Ergebnis des eigenen Interpretationsrahmens zu konstruieren, wobei das Alignment als Prinzip der Curriculumtheorie fordert, dass die geforderten Lernnachweise mit dem beabsichtigten Lernziel übereinstimmen müssen. Dafür braucht es dann in der Bewertung entsprechende Kriterien (2011:97).

Biggs und Tang benutzen ein simples Beispiel, um zu belegen, dass das „Constructive Alignment" dem alltäglichen Lernen des Menschen entspricht: Wenn das beabsichtigte Lernergebnis, das „Learning Outcome", darin bestehen soll, dass ein Kind lernt, seine Schuhe alleine zu binden, dann ist der dazu erforderliche Lernnachweis ein gebundener Schuh. In der Bewertung wird dann beurteilt, wie gut der Schuh gebunden wurde. Die notwendige Lernaktivität aber, um Schuhe binden zu können, ist das Einüben des Bindens von Schuhen (:106). Somit ist also vom Lernnachweis her der Bildungsprozess übereinstimmend vom Ende bis zum Anfang hin durchkonstruiert. Auffällig ist, dass die erstrebte Handlungsfähigkeit in Verben ausgedrückt wird, die in allen Teilen des Lernprozesses mit dem Lernnachweis, der Lernaktivität und mit dem Lernziel übereinstimmen. Was in diesem Beispiel (:106) veranschaulicht ist, lässt sich mit großer Komplexität zu einem Konzept von Bildung ausgestalten, das bis zur Hochschulebene dafür sorgt, dass Ausbildung ihrem Zweck gerecht wird, indem sie ergebnisorientiert und lernerzentriert konstruiert wird. Bildung wird somit von ihrer Bestimmung her gestaltet. Das jeweils gewünschte Ergebnis muss den gesamten Bildungsprozess bestimmen. Deshalb ist es klar und deutlich, dass die Beurteilung des Bildungsergebnisses im Mittelpunkt stehen muss, wenn es um die Gestaltung von Bildung geht. Die Logik dieses Ansatzes lässt sich auch in dem Schlagwort „fitness for purpose" ausdrücken. Und in der Tat, von der Bestimmung jeder Art von Bildung und Ausbildung her, muss sich der jeweilige Bildungsprozess gestalten lassen. Dabei bleibt aber eine Frage unbeantwortet und wird zum Problem. Bei aller Bestimmung von Bildung muss auch die Frage gestellt werden, ob diese Bestimmung einer *übergeordneten* Bestimmung gerecht wird, die nur in einem *übergeordneten* Sinn- und Wertezusammenhang gefunden werden kann. Die Antwort darauf ergibt sich aus der Frage nach dem „*fitness of purpose*".

In unserem obigen anschaulichen Beispiel des Schuhe-Bindens bedeutet das, dass dieser Bildungsprozess erst dann vollständig ist, wenn mit der Fähigkeit Schuhe zu binden („*fitness for purpose*") auch die Frage beantwortet wird, wozu das wiederum gut sein soll („*fitness of purpose*"). Der gebundene Schuh als Lernnachweis muss zugleich auch darüber etwas aussagen, wozu er gebunden wurde.

Stan Lester (1999) hat als erster auf diese Problematik hingewiesen. Sein Gedankengang setzt beim Lernenden an, und er urteilt, dass das „*fitness for purpose*"-Konzept im Grunde eine riskante Lernbegrenzung darstelle, weil es ausschließlich Lernen innerhalb der durch den Zweck selber gesteckten Grenzen erzwinge. Die Qualität des Lernens sei vollständig davon abhängig, wie gut der Zweck des Lernens ausgestaltet wurde. Damit könne es aber durchaus umschlagen in Engstirnigkeit, die Fixierung auf schnelle Problemlösungen und dahingehend umkippen, dass Lernziele verfolgt werden, ohne Rücksicht auf damit verbundene weiterreichende Folgen, bis hin zur Öffnung von Spielräumen für unethisches, ungerechtes oder kriminelles Verhalten. Auch wenn innerhalb der Grenzen der Zweckgebundenheit kritisches, unorthodoxes und kreatives Denken durchaus untergebracht werden könne, sei das Lernen letztlich begrenzt, weil der Zweck und wie er ausgearbeitet sei, das ganze Lernsystem kontrolliere. Die Validität des „*fitness for purpose*" werde nur in einem einzigen Durchlauf („single-loop") geprüft, der in sich selbst überhaupt keine ethische, moralische oder spirituelle Dimension haben muss. Es sei völlig in das Belieben des Lernenden gestellt, wie weit er seine „*fitness for purpose*" pragmatisch oder instrumentell einengen wolle. Diese Begrenzung zu überwinden, benötige Überlegungen zum „*fitness of purpose*", oder dazu, wiewiet die Bestimmung des Lernens in Begriffen eines erweiterten Sinnzusammenhanges und größerer Belange ausgestaltet werde. „*Fitness of purpose*" repräsentiere einen doppelten oder mehrfachen Durchlauftest („double - or multiple-loop test") der Validität, weil es den Lernenden dazu auffordere, die Übereinstimmung seiner Ziele mit einem weiteren Kontext zu bedenken und die Grundlagen, auf denen diese beruhen, zu überprüfen; also gewissermaßen aus dem Bezugsrahmen der Bestimmung des Lernens, in dem er gründe, auszusteigen und seine Kongruenz in einem weiteren Kontext zu prüfen. Das könne offenkundig ein Prozess von mehreren Durchläufen oder Ebenen werden, insofern Lernende sukzessive größere Bilder und erweiterte Perspektiven gewinnen und Annahmen ausfindig machen und hinterfragen, in die der Bildungszweck („purpose") selber, mitsamt seinen zugeordneten Handlungen und Theorien, eingebettet sei. Damit gründe *„fitness of purpose"* immer noch in der Epistemologie persönlichen Wissens, insofern, als vermieden werde, den Lernenden externe Definitionen von Übereinstimmung aufzuzwingen, sie aber stattdessen aufgefordert werden, Annahmen zu reflektieren, Werturteile abzugeben und Weisheit zu gebrauchen. Auf jeden Fall sei so ein Ausstieg gewonnen aus einem Denken, das sich innerhalb seiner Einfassung in einem einfachen Durchlauf bewegt, hin zu einem Ansatz, der ohne eine Einfassung auskommt und doppelte bis mehrfache Durchläufe habe, durch vordefinierte Bezugssysteme nicht gebunden sei und wo Lernen letztlich uneingeschränkt sei (1999:104).

Kritisch soll zu Lester angemerkt sein, dass die von ihm angenommene und nach vorne hin völlig offene Entwicklungsfähigkeit des Menschen hin zu einer Art ganzheitlichen Weisheit, basierend auf den zu erweckenden innermenschlichen Fähigkeiten dazu, utopisch ist. Lester bezieht nicht die theologisch erklärbare aber auch der Vernunft einsichtige Unvollkommenheit, Begrenzung, Fehlerhaftigkeit, Perversion und das mögliche Scheitern menschlicher Entwicklung mit ein. Ihm zu Folge kann eine konsequent durchgehaltene Übereinstimmung von Bildung mit ihrer übergeordneten Bestimmung (*„fitness of purpose"*) den Weg zur ganzheitlichen Weisheit des Menschen ebnen. Wenn Lester jedoch durch eine solche konsequente Übereinstimmung von Bildung mit ihrem übergeordneten Ziel den Weg der Entwicklung des Menschen hin zu einer ganzheitlichen Weisheit zu erkennen glaubt, muss danach gefragt werden, worin das Potenzial dazu besteht und wo es sich befindet. Das ist die Frage danach, wo und wie die spirituellen, moralischen und ethischen Dimensionen entstehen, die dazu erforderlich sind. Lester bleibt da vage und spricht davon, dass dies im lernenden Menschen angelegt sein muss (1999:104).

Aus Lesters Entwurf ergeben sich zusammenfassend drei notwendige Ansatzpunkte für die Gestaltung von Bildung. Erstens, die Beurteilung der Bildungsergebnisse muss im Blick darauf erfolgen, ob diese ihrer übergeordneten Bestimmung entgegengehen. Bildung darf sich nicht in einer einfachen Erfüllung eines gegebenen Zweckes erschöpfen. Tut sie das, dann fehlen ihr letztlich die moralischen, ethischen und spirituellen Dimensionen. Zweitens, die weitere Entfaltung der Bildungsergebnisse muss im Lernenden selbst bereits angelegt sein und ihn, drittens, an der Entwicklung einer ganzheitlichen Weisheit beteiligen, die den Horizont der beabsichtigten Lernziele übersteigt. Diese Weisheit liegt nicht bereits in ihrer Endgestalt irgendwo fertig vor, sondern ist auf ihre

Entfaltung und Verwirklichung durch die Lernenden und ihre Lernergebnisse angewiesen. Insbesondere die Feststellung von Lester, dass erst die Validierung des „fitness of purpose" spirituelle, moralische und ethische Dimensionen des „Purpose" eröffne, leitet in die Erklärung der Bedeutung des Forschungsproblems für Theologie und theologische Ausbildung über.

Die Bedeutung des Forschungsproblems
für Theologie und theologische Ausbildung

Lesters Konzept (Lester 1999) kann mit der Gottesebenbildlichkeit des Menschen korrespondieren und so anschlussfähig an ein christliches Menschenbild sein, wenn vorausgesetzt wird, dass der lernende, sich zur ganzheitlichen Weisheit hin bildende Mensch auch der in Christus erlöste Mensch ist, der sich in das Bild Christi hinein bilden lässt, wie Paulus es ausdrückt in Kol 1,28: „ […] und jeden Menschen in aller Weisheit lehren, um jeden Menschen vollkommen in Christus darzustellen."

Damit wird gesagt, dass die Anlage im Menschen, über spirituelle, ethische und moralische Dimensionen der übergeordneten Bestimmung von Bildung zur ganzheitlichen Weisheit zu gelangen, als solche zwar die grundsätzliche Möglichkeit dazu in sich birgt, aber eben der entsprechenden Bildung bedarf, um dieses Ziel zu erreichen. Hier entsteht eine scharfe Trennlinie zwischen einem rein humanistisch begründeten und einem christlich humanistisch begründeten Bildungsverständnis und dies erfordert eine weitere Überlegung. Lesters Entwurf des sich entwickelnden Menschen, der seiner Bestimmung durch Lernen entgegengeht, ist aus theologischer Perspektive nur *mit* Gott oder *ohne* Gott denkbar. Ohne Gott ist es ein rein evolutionäres Konzept, das die Quellen der notwendigen spirituellen, moralischen und ethischen Dimensionen für diese Entwicklung und ihre Erschließung im Menschen sieht. Mit Gott gedacht, ergeben sich zwei Möglichkeiten, die sich aber gegenseitig ausschließen. Zum einen kann der lernende Mensch nach Immanuel Kant so verstanden werden, dass er sich mit Gott identifiziert und sich seine Bestimmung „autonom durch reine praktische Vernunft gibt und die ihm deshalb durch reine praktische Vernunft zur Verwirklichung geboten wird" (Schwarz 2003:293). Schwarz tritt in seiner Forschungsarbeit den Beweis an, dass Immanuel Kant tatsächlich die „Identität von Gott und reiner praktischer Vernunft […] und die Identifizierbarkeit des Menschen mit Gott" (2003:7) ausgearbeitet und klar behauptet hat.

Damit wird gesagt, dass der Mensch die moralischen, ethischen und spirituellen Dimensionen, welche Bildung in Übereinstimmung mit ihrem übergeordneten Ziel halten, aus sich selber schaffen kann. Nach Schwarz (2003) spricht Kant dem menschlichen Willen sogar grundsätzlich die Fähigkeit zu „Urheber der intelligiblen Welt oder übersinnlichen Natur zu sein" (2003:67). Nach Kant ist die reine praktische Vernunft des Menschen identisch mit Gott. Demnach ist der Mensch in der Lage, sich seine Bestimmung selbst zu geben und seine ethische, moralische Weite und spirituelle Tiefe selbst zu setzen. Wenn auf diese Weise Gott, Mensch und Vernunft identisch werden, dann wird Bildung zu einem Projekt der Darstellung der Göttlichkeit des Menschen.

Diese Konzeption steht in völligem Widerspruch zur biblisch theologischen Unterscheidung von Gott und Mensch, von Gottes Geist und Menschengeist, die zur Gemeinschaft bestimmt sind, aber nicht identisch sind und auch nicht werden. Die Unterscheidung von Gott und Mensch, ihre Nicht-Identität, muss behauptet und durchgehalten werden. Daraus folgt die zweite und hier neu entwickelte Möglichkeit, Lesters Entwurf *mit* Gott zu denken.

Der Mensch ist, im scharfen Gegensatz zu Kants Auffassung, aus biblisch-theologischer Sicht nicht mit Gott zu identifizieren und seine reine praktische Vernunft ist, wiederum im scharfen Gegensatz zu Kant, auch nicht mit Gott identisch. Mit der Ebenbildlichkeit des Menschen zu Gott ist nicht die Identität des Menschen mit Gott ausgesagt. Gott ist Geist (Joh 4,24) aber nicht identisch mit dem Geist des Menschen. Mit der Erschaffung des Menschen ist eine menschliche Bestimmung durch den Schöpfer verbunden. Zu ihr gehört die Gemeinschaft mit Gott. Die Gemeinschaft mit Gott setzt nicht die Gott-Gleichheit voraus. Die Frage nach der Bestimmung des Menschen ist eine der großen philosophischen Fragen des menschlichen Geistes, die bei Kant nach Schwarz (Schwarz 2003) in der Identifikation der Vernunft mit Gott und im Zuge der fortschreitenden Aufklärung zur Autonomie der menschlichen Vernunft geführt hat. Die Antwort auf die Frage nach seiner Bestimmung zu finden, liegt für den Menschen damit innerhalb der Möglichkeiten seiner Vernunft.

Dem widerspricht die biblisch theologische Sicht, der zufolge der Schöpfer seinem Geschöpf Mensch eine Bestimmung verleiht. Daraus folgt, dass der Mensch sich seine Bestimmung nicht selber geben kann. Die moralischen, ethischen und spirituellen Dimensionen, die für die übergeordnete Bestimmung seiner Bildung als Weg seiner Entwicklung von richtungsweisender Bedeutung sind, kann er ebenfalls nicht aus sich selber schaffen. Das wiederum bedeutet, dass der Mensch darauf angewiesen ist, Orientierung und Vorgabe der übergeordneten Bestimmung von außen zu empfangen, weshalb nach christlichem Menschenbild von einer Bestimmung des Menschen seitens seines Schöpfers zu reden ist. In diesem Sinnzusammenhang ist Bildung das Projekt des Menschen, sich in Übereinstimmung mit der Bestimmung zu begeben, die Gott ihm gegeben hat. Der Mensch muss also die Übereinstimmung gerade seiner ethischen, moralischen und spirituellen Dimensionen von Bildung mit dem suchen, was Gott ihm dazu offenbart hat.

Das bedeutet nicht, dass der Mensch seine Kreativität, Fantasie, Willenskraft und ganze Vielfalt seiner Möglichkeiten nicht nutzen darf, sondern im Gegenteil: Er soll alle seine Sinne und Fähigkeiten gedeihen lassen und einsetzen in Übereinstimmung mit den großen Zielen Gottes für seine Schöpfung. Diese großen Ziele, wie Friede, Menschenliebe, Leben und Freude (siehe in Kapitel 3), erweisen sich dann als nach vorne hin offene Gestaltungsräume der Schöpfung für den Menschen, immer in der Spannung des „Jetzt schon" und „Noch nicht", also in dem Bewusstsein des „Anbruchsweisen", das auf die Vollendung durch Gott angewiesen ist.

Der Weg des Menschen zu einer ganzheitlichen Weisheit, wie Lester es für möglich hält, führt also nicht über ein evolutionäres Bildungskonzept, auch nicht über eine Konzeption, die Gott und Mensch miteinander identifiziert wie es auf Kant zurückzuführen ist, sondern über eine Bildung, in der Gott und Mensch sich unterscheiden und deren Ziel es ist, zu verwirklichen, was Gott dem Menschen bestimmt hat. Die großen übergeordneten Bildungsziele für den Menschen müssen ihm also offenbart werden. Er kann sie nicht aus sich generieren. Er muss sie sich sagen lassen.

Hier vertieft sich die Bedeutung des Forschungsproblems für Theologie und theologische Ausbildung. Sie, die Theologie, ist in der Lage, als Reden von Gott her, über ihre und des Menschen Bestimmung Auskunft zu geben, Zeugnis abzulegen und zu helfen, Bildung zu gestalten. Das gelingt aber nur, soweit sie sich selber in Übereinstimmung mit Gottes Zielen für sie selbst und seine Schöpfung befindet. Es ergibt sich für die Theologie und die theologische Ausbildung die Notwendigkeit, ihre Bestimmung zu finden in dem Sinne des *„fitness of purpose"*. Die Bestimmung als *„fitness for purpose"* greift zu kurz. Die Ausbildung zum Predigtdienst, als Teil der theologischen Ausbildung beispielsweise, darf sich nicht damit begnügen, einen Menschen nachweislich zum Predigen zu befähigen (*„fitness for purpose"*), sondern muss auch die Frage beantworten, auf welches Ziel hin der Mensch zu predigen gedenkt (*„fitness of purpose"*) und diese Bestimmung muss sich letztlich in jeder Predigt wiederfinden.

Die obigen Ergebnisse auf Theologie und theologische Ausbildung im Ganzen angewendet, ergeben die These, dass die übergeordnete Bestimmung („*fitness of purpose*") von theologischer Ausbildung sich nicht aus den jeweiligen, sich durch den Kontext immer wieder neu ergebenden und damit wandelbaren Bestimmungen („*fitness for purpose*") ableiten kann, sondern dass diese übergeordnete Bestimmung sich aus dem Selbstverständnis der Theologie ergeben muss. Das ist bedeutsam für die Kontextualisierung, ohne die Theologie und theologische Ausbildungen überhaupt keine Gestalt annehmen können (Bevans 1992). Es gibt die eine ideale Theologie und die eine ideale theologische Ausbildung nicht, so wenig, wie es den einen idealen Menschentypus als Zielbild gibt. Wenn Theologie und theologische Ausbildung Gestalt annehmen wollen in einer Zeit und einer Kultur, dann tun sie das durch Kontextualisierung. Im Vorbild Gottes gesehen, ist die Menschwerdung Gottes in Jesus Christus die Kontextualisierung des unsichtbaren Gottes, der auf diese Weise sich selbst in den Sinnzusammenhang der von ihm entfremdeten Welt stellt und seine Theologie, das ist sein eigenes Wort, Fleisch werden lässt, mit dem Ziel, die Schöpfung zu erlösen und in die Gemeinschaft mit sich zurückzuführen. In diesem Ereignis macht Gott sich in einer Weise erkennbar, die die Erkenntnis seiner selbst aus den Werken seiner Schöpfung bei Weitem übertrifft. Wenn Theologie und ihre Ausbildung sich in Übereinstimmung damit befinden wollen, muss sie ihre Identität von dem ableiten, was Gott im Blick auf die großen Ziele der Erlösung der Schöpfung von sich sichtbar gemacht hat, das ist im Kern seine Menschwerdung in Jesus Christus.

Will Theologie, wie der Wortlaut sagt, Reden von Gott her sein, so steht sie, gerade was ihre Identität angeht, in einem für sie sinnstiftenden Bezug zu Gott. Wenn Gott für die Theologie identitätsstiftend ist, dann muss Gottes Heilshandeln für seine Schöpfung ihr Kriterium sein. So wie Gott wesensmäßig Liebe ist, muss auch das Reden von ihm her wesensmäßig Liebe sein. Und so wie Gottes Liebe keine in sich ruhende Haltung ist, sondern sich in der Sendung seines Sohnes erwiesen hat, muss auch Theologie sich von dieser Sendung her ganz und gar bestimmen lassen. Unter diesen Gesichtspunkten wird die Teilhabe an der Sendung Gottes, der *missio Dei*, zur Bestimmung der Theologie und damit der theologischen Bildung und Ausbildung. Vermittels der *missio Dei* werden somit Gott, sein Handeln, sein Reden, Theologie und theologische Ausbildung sinn- und zweckstiftend in Übereinstimmung gebracht. Jede kontextuelle Bestimmung („*fitness for purpose*") von Theologie und theologischer Ausbildung muss sich mit dieser übergeordneten Bestimmung („*fitness of purpose*") in Übereinstimmung befinden, damit Theologie ihre Identität nicht verliert.

Die *missio Dei* wird zu einem normativen Kriterium für Theologie und theologische Ausbildung, weil sie die Bestimmung, die Gott für den Menschen und diese Welt hat, ausdrückt im Sinne der Teilhabe an ihr.

An dieser Stelle greift, was Leslie Newbigin (1989) als „Ausschaltung der Teleologie" (1989:35) bezeichnet. In der modernen Wissenschaft und westlichen Kultur werden der Mensch und sein Verhalten, die Natur, Kultur und die Untersuchungsgegenstände der Wissenschaften so betrachtet, als gäbe es keine Bestimmung für sie.

> Wenn Bestimmung (purpose) kein Merkmal der Welt der Tatsachen ist, und wenn Menschen dennoch Ziele verfolgen, dann ist das ihre Privatangelegenheit, und sie werden diese Ziele allenfalls für sich selbst setzen. Ihre Ziele haben keine andere Autorität als die Überzeugung, aus der heraus sie gesetzt wurden. Diese Ziele können nicht die gleiche Autorität beanspruchen wie Tatsachen: Sie sind persönliche Ansichten, die man haben kann, sofern sie die Freiheit Andersdenkender nicht beeinträchtigen. Aber sie können keine universale Geltung beanspruchen; sie gehören in die private Welt (Newbigin 1989:38).

Hier liegt die Herausforderung. Wenn Theologie und theologische Ausbildung ihre Bestimmung darin finden sollen, dass sie an der *missio Dei* teilhaben, dann gründen sie zutiefst in einer Überzeugung. Es ist die Überzeugung von der *Tatsächlichkeit* von Kreuz und Auferstehung Jesu, als Grundlage für ihre Sendung in die Welt, so wie es in der Bibel bezeugt wird. Es ist weiter die Überzeugung, diese Tatsache so zu deuten, dass Gott diese Welt liebt und in Jesus Christus die Gemeinschaft mit ihr wiederherstellen möchte. Damit hat Gott sich selbst und seiner Schöpfung eine Bestimmung gegeben. Daraus folgt die Überzeugung, dass es Theologie und theologische Ausbildung deswegen gibt, weil sie daran mitarbeiten sollen, diese Bestimmung zu erreichen. Theologie und theologische Ausbildung sind von daher ohne ihre Bestimmung nicht denkbar. Verlieren sie ihre Bestimmung, verlieren sie ihren Bezug zu Gott. Damit aber verlieren sie ihre Identität.

Mit der Teilhabe an der *missio Dei* als ihre Bestimmung, gewinnen Theologie und theologische Ausbildung ihr Telos zurück, sie werden teleologisch. Damit müssen Theologie und theologische Ausbildung auch in ihrer wissenschaftlichen Gestalt ihre Identität von der *missio Dei* her erhalten und so im Ka-on der anderen Wissenschaften, mit deren je eigenen Identitäten, sprachfähig werden im Sinne dieser *missio Dei*. Theologie und theologische Ausbildung werden in dieser Arbeit fest verbunden gedacht. Durch diese Zusammenführung ergibt sich die Notwendigkeit, die Bestimmung von theologischer Ausbildung auch theologisch zu begründen. Wenngleich sich die Arbeit im Rahmen der evangelischen Theologie bewegt, kommen auch Theologen anderer Konfessionen zu Wort.

Der Dynamik einer Entwicklung des Menschen durch Bildung hin zu seiner Bestimmung wird, theologisch gesehen, das Konzept der *missio Dei* am meisten gerecht. Deshalb wird ein Verständnis der *missio Dei* als Antwort auf die Frage nach der Bestimmung von Theologie und theologische Ausbildung vorgelegt, wie es bei David Bosch (2011) ausgeführt worden ist. Gott hat sich in Jesus und seinem Heiligen Gcist aus Liebe in diese Welt gesendet, um sie zu erlösen und ihre Bestimmung, das ist die Gemeinschaft mit ihm, zu verwirklichen. Dieses Verständnis sieht in Jesus das fleischgewordene und ultimative Reden Gottes und darin zugleich Ziel und Bestimmung des Menschseins vorgebildet. Theologie und theologische Ausbildung werden damit der Realisierung dieser Bestimmung untergeordnet, weil sie sich nur aus diesem Reden Gottes legitimieren können und nur in ihrer Übereinstimmung damit ihrer Bestimmung gerecht zu werden vermögen. Dieses Verständnis der *missio Dei* leitet sich ab aus der Arbeit von Georg Vicedom (1960), integriert die Erklärungen von Bosch (2011) und ist exklusiv christozentrisch.

Vom Forschungsproblem zu den Forschungsfragen

Zusammenfassend gilt, dass in der Bildungstheorie (Lester 1999. Preul 2013) und in der Bildungsphilosophie (Nida-Rümelin 2013. Seubert 2012) darauf hingewiesen wird, dass Bildung sich von einer übergeordneten Bestimmung her definieren muss. Diese Frage ist immer noch eine offene Frage, weil der normative Charakter, den die zu findende Antwort hat, sich in dem pluralistischen Kontext unserer Zeit behaupten muss. Der Wissenschaftsrat (WR 2010) erwartet jedoch, dass sich alle Bildung, gerade auf Hochschulebene, dieser Frage stellt und sich mit einer Antwort darauf am Gesamtprozess der Weiterentwicklung der Lösungen beteiligt. Diese Erwartung wird auch an Theologie und theologische Ausbildung gestellt. Doch das erfordert eine Sprachfähigkeit von Theologie und theologischer Ausbildung im Sinne einer sinnvollen und nachvollziehbaren Übersetzungsleistung, die sich in ihrem eigenen Selbstverständnis gründen und aus dem leben muss, was sie für den Hochschulraum und darüber hinaus für Kirche und Gesellschaft sein soll.

In relevanten Arbeiten zur theologischen Ausbildung (Farley 1994. Kirk 1997. Banks 1999. Penner 2005. Ott 2011) werden schon länger Ansätze gefordert, die erstens ihre Fragmentierung in voneinander unabhängige Bereiche überwinden und zweitens eine grundlegend missionarische Ausrichtung in theologischer Ausbildung einführen sollen, damit Absolventinnen und Absolventen theologischer Ausbildungsstätten ihrer Bestimmung im Dienst der Gemeinde und der Theologie gerecht werden.

Bildungstheoretisch gesehen ist damit gesagt, dass es für die theologische Ausbildung eine Bestimmung („*fitness of purpose*") geben muss, die sie in einen größeren Sinnzusammenhang stellt, der über die Deckung eines Bedarfs an Ausbildung zum Zwecke verschiedener kirchlicher, diakonischer, interkultureller oder anderer Dienste und Tätigkeiten („*fitness for purpose*") hinausweist auf das große Ziel, das damit erreicht werden soll. So eine *bildungstheoretische* Reflexion der Bestimmungsfrage muss konsequent geführt werden. Im Vordergrund des Handelns aber scheinen die Versuche zu stehen, auf kontextuelle Herausforderungen zu reagieren, ohne das große Ziel einzubeziehen.

Es muss aber darum gehen, der Theologie und ihrer Ausbildung wieder eine „sinnstiftende Mitte" (Ott 2000) zu geben, von der aus sie sich in ihren Disziplinen so gestalten kann, dass sie in Übereinstimmung mit ihrer Bestimmung von Gott her im Raum der Hochschule, im Kanon der Wissenschaften und in Kirche und Gesellschaft wirken kann. Die „sinnstiftende Mitte" von Theologie ist unmittelbar gleich dem Verständnis ihrer Bestimmung.

Die Antwort auf die offene Frage nach der Bestimmung von theologischer Ausbildung im Kontext des Bologna-Prozesses in Europa zu finden, ist das Problem. Zur Lösung dieses Problems lassen sich vier konkrete Forschungsfragen formulieren, die in den Kapiteln 2 – 4 durch entsprechende Untersuchungen beantwortet werden.

Wie wird die Frage nach der Bestimmung der Hochschulbildung im Bologna-Prozess gestellt und beantwortet? (Kapitel 2)

Diese Problemlage wird im Literaturkapitel, dem Kapitel 2, dargestellt und zeigt die Notwendigkeit, auf die Frage der Bestimmung von theologischer Ausbildung heute eine Antwort zu finden. Die Literaturforschung zeigt aber auch grundlegend, unabhängig vom Bologna-Prozess, die Notwendigkeit, die Bestimmung von Theologie und theologischer Ausbildung neu zu überdenken, indem sie mit einer globalen Perspektive ihrer Herausforderungen angefangen, die bildungstheoretische Diskussion dieser Frage aufzeigt. Die Frage nach der Bestimmung, dem großen Ziel, für Theologie und theologische Ausbildung steht zwar im Raum, ist aber nicht beantwortet. Es zeigt sich, dass unabhängig von der Herausforderung durch den Bologna-Prozess, die Teilhabe an der *missio Dei* als Bestimmung für Theologie und theologische Ausbildung naheliegt, aber nicht dazu gemacht wird.

Wie muss die Frage nach der Bestimmung der theologischen Bildung auf Hochschulebene theologisch gestellt und beantwortet werden? (Kapitel 3)

Die Frage führt in dieser Untersuchung an den Ausgangsort von Theologie zurück. Weil Theologie nicht um ihrer selbst willen existiert und auch nicht um ihrer selbst willen entstanden ist, wird nach ihrem Wesen, ihrer Identität und damit nach ihrer Übereinstimmung mit dem Reden Gottes gefragt. Somit ergibt sich aus einer Bestimmung des Redens Gottes auch die Bestimmung von Theologie und theologischer Ausbildung. Diese Untersuchung gibt mit der Teilhabe an der *missio Dei* die Antwort auf die offene Frage nach der übergeordneten Bestimmung von Theologie und theologischer Ausbildung heute. Diese Bestimmung ist zugleich die sinnstiftende Mitte, von der sich die theologischen Disziplinen her definieren und ihre jeweilige Bildung in Übereinstimmung damit gestalten müssen. Mit dieser Antwort wird die Sprach- und Handlungsfähigkeit von Theologie und theologischer Ausbildung im Kanon der Bildungsmaßnahmen auch auf Hochschulebene definiert. Dazu wird das Konzept der *missio Dei* mit Bildung theologisch und bildungstheoretisch verbunden.

Wie beurteilen Leitungspersonen theologischer Hochschulen die Frage nach der Bestimmung der theologischen Hochschulbildung? (Kapitel 4)

Diese Frage lässt sich mit Methoden der empirischen Sozialforschung erfassen, weil Bildung einerseits ein zwischenmenschliches Geschehen ist, aber auch eine Konstruktion von Lernzielen und Lehr- und Lernaktivitäten, verbunden mit Zielvorstellungen in den Köpfen von Verantwortlichen für theologische Ausbildung, die durch Worte ausgedrückt und beschrieben werden können.

Für diese Untersuchung wurden qualitative Methoden gewählt, weil die Zielgruppe des Forschungsinteresses selber zu Wort kommen sollte, um ihre subjektive Sichtweise auf ihre Ziele, Herausforderungen und Aufgaben zu verstehen, die sie als Verantwortliche für ihre theologische Ausbildung sehen. Von daher gibt es eine Offenheit den Ergebnissen gegenüber, denn es ist noch nicht bekannt, ob und wie die theoretisch belegte Anfrage an die Identität und den Auftrag von Theologie und ihrer Ausbildung in real existierenden Hochschulkontexten vorkommt.

Der empirische Forschungsteil dieser Arbeit ist wichtig, weil Bildung erst am Ort eines Individuums dessen Bestimmung in einem sozialen Raum realisiert und noch lange nicht in ihrer theologischen und bildungstheoretischen Vor-Reflexion, so normativ sie in ihren Ansprüchen auch sein mag.

Der Ort des Individuums ist aber letztlich der *lernende* Mensch und nicht der *lehrende* Mensch. Das wirft die Frage auf, ob Lernende oder Lehrende oder beide erforscht werden sollten. Weil im literaturbasierten Teil der Arbeit hauptsächlich von theologischer Ausbildung auf Hochschulebene aus der Sicht derer, die sie als Verantwortliche gestalten, die Rede ist, sollen im empirischen Teil Verantwortliche für theologische Ausbildung auf Hochschulebene befragt werden. In dieser Arbeit sollen zuerst Lehrende zu Wort kommen, weil angenommen wird, dass sie als Verantwortliche von Bildung entsprechende Ziele und Herausforderungen zuerst reflektiert haben, also vor den Lernenden. Sie sollen als reflektierte Experten persönlich befragt werden, um ihre Aussagen qualitativ zu untersuchen. Ihre Ideale, Sichtweisen und Hoffnungen, die sie mit theologischer Ausbildung im Raum der Hochschule verbinden und für ihre Ausbildung sehen, die Herausforderungen, denen sie damit gegenüberstehen, und die sich daraus für sie ergebenden Themen und Erzählungen stehen im Mittelpunkt des Interesses. Es soll herausgefunden werden, wie sich die Frage nach der Bestimmung von Theologie und theologischer Ausbildung in der Lebenswirklichkeit des Hochschulraumes darstellt, aber auch welche Fragen und Themen tatsächlich im Vordergrund stehen.

Welche Implikationen ergeben sich aus den Untersuchungsresultaten
für die theologische Bildung? (Kapitel 5)

Die Resultate der empirischen Forschung, ins Gespräch gebracht mit der Teilhabe an der *missio Dei* als Bestimmung, können Hinweise darauf liefern, welche Bedingungen existieren, unter denen die *missio Dei* als Bestimmung von theologischer Ausbildung im Kontext umgesetzt werden kann. Die Schlussfolgerungen in diesem Kapitel sollen Impulse geben, um ein Fortschreiten in der Arbeit an der Theorie der theologischen Ausbildung und ihrer Ausgestaltung von der Teilhabe an der *missio Dei* her als ihrer sinnstiftenden Mitte und als ihrer Bestimmung zu ermöglichen.

Kapitel 2

Die Bestimmung der Hochschulbildung im Bologna-Prozess
Eine bildungstheoretische Untersuchung

Der Bologna-Prozess wurde und wird kontrovers diskutiert. Es ist ein Ziel der Literaturforschung in diesem Kapitel, diese Kontroverse möglichst breit darzustellen, um einen umfassenden Einblick in die Problematik zu geben, auch wenn sich dadurch Redundanzen ergeben. In diesem Kapitel kommen Bildungstheoretiker, Bildungsphilosophen, Analytiker des Prozesses und Theologen, aber auch die Absichtserklärungen der Europäischen Union mit ihren Gründen und Zielen für die Bildungsreform auf Hochschulebene zur Sprache.

Ein zentrales Werkzeug der Evaluation der kritischen Anfragen an den Bologna-Prozess stellt das von Stan Lester (1999) entwickelte Verständnis von *„fitness for purpose"* und *„fitness of purpose"* dar. Damit wird die allen kritischen Diskussionen gemeinsame Frage nach der Bestimmung von Bildung belegt und ausgeführt. Mit dieser grundlegenden bildungstheoretischen Frage nach der Bestimmung von Bildung untersucht die Literaturforschung weiter die Bedeutung dieser Frage für Theologie und theologische Ausbildung.

Der Bologna-Prozess ist ein konsequent als *„fitness for purpose"* durchkonstruierter Paradigmenwechsel in der Bildung, der die übergeordnete Bestimmung von Bildung im Sinne der *„fitness of purpose"* mit der *„fitness for purpose"* gleichsetzt und so auflöst. Das geschieht auch dadurch, dass dieser Prozess keinen Bezug dazu hat, das Ziel des „größeren sozialen Zusammenhaltes" erreichen zu helfen. Die Folge ist, dass die ethischen, moralischen und spirituellen Dimensionen von Bildung, die erst mit der übergeordneten Bestimmung konstituierend für sie werden können, dazu dienen müssen, den Zweck der europäischen Hochschulbildung zu erreichen, nämlich Europa zur wettbewerbsfähigsten wissensbasierten Wirtschaftsmacht der Welt zu machen.

Die Diskussion der Purpose-Frage von Bildung im Bologna-Prozess
und die Bedeutung für theologische Ausbildung

Die theologische Ausbildung der Gegenwart wird auf verschiedenen Ebenen beständig herausgefordert. In globaler Perspektive stellt Dietrich Werner (2012) fest, dass sich innerhalb der letzten 100 Jahre zwar der Schwerpunkt der Welt-Christenheit von der nördlichen in die südliche Hemisphäre verlegt hat, aber die absolute Mehrheit der Ressourcen für theologische Bildung sich immer noch in der nördlichen Hemisphäre befindet und für die wachsenden Bedürfnisse theologischer Bildung der sehr missionsorientierten Christenheit des globalen Südens unzugänglich bleiben. Zusätzlich zu dieser schweren Unausgewogenheit gibt es die Tendenz, insbesondere im europäischen Kontext, sich von den Missionswissenschaften weg und hin zu Forschung und wissenschaftlicher Arbeit in Religionswissenschaften und Sozialwissenschaften zu bewegen (Hannes 2010).

Vertreter dieser Bewegung müssen sich den Vorwurf gefallen lassen, mit ihren missionsskeptischen theologischen Konzepten die theologische Entwicklung der missionsorientierten Mehrheit der Welt-Christenheit des Südens dadurch dominieren zu wollen (Feldtkeller 2011).

Im Anblick dieser Situation erweist sich Europa als Pionier und Beispiel für die Welt, wenn es darum geht, neue Paradigmen in Kultur, Identität und insbesondere der Bildungstheorie und -praxis zu implementieren (Bauman 2011). In Bildungsfragen hat Europa zunächst nur Paradigmenwechsel übernommen, die zuerst in Nordamerika initiiert worden sind, wie das lebenslange Lernen, kompetenzenorientierte Ausbildung und lernerzentrierte Bildung. Dies geschah mit dem Ziel, eine wirtschaftliche Weltmacht zu werden, die sich von Amerika emanzipieren und so fähig werden kann, den ökonomischen Wettbewerb mit Amerika erfolgreich aufzunehmen (Himpele, Keller & Staack 2010).

Um dieses Ziel zu erreichen, ist der Europäische Rat im März 2000 in Lissabon zu einer Sondertagung zusammengetreten, um für die Union ein neues strategisches Ziel festzulegen, in dessen Rahmen Beschäftigung, Wirtschaftsreform und sozialer Zusammenhalt als Bestandteil einer wissensbasierten Wirtschaft gestärkt werden sollten.

Zu den geplanten Veränderungen gehören die oben erwähnten neuen Bildungselemente sowie die Neustrukturierung der Hochschulbildung nach Master-, Bachelor- und Doktorgraden. Das erklärte Ziel war, Europa innerhalb von zehn Jahren zu einem einheitlichen Hochschulraum mit vergleichbaren und anschlussfähigen Ausbildungsabschlüssen zu gestalten (Brändle 2010). Diese Umstrukturierung wurde und wird zunehmend ebenfalls von der theologischen Ausbildung übernommen. Das alle Bildungstheorie und ihre Praxis umfassende Leitmotiv wurde „fitness for purpose", wie West-Burnham es nennt (2003:323). Aber dieser als Bologna-Prozess bekannte Umwandlungsprozess innerhalb der Hochschulbildung hat der theologischen Ausbildung innerhalb und außerhalb des deutschsprachigen Kontextes in Europa eine tiefe Krise beschert, im Blick auf ihre Identität, ihren Zweck, ihre bildungstheoretische Fundierung und ihre theologische Legitimation (Krengel 2011). Weil die allgemeine Bestimmung von Hochschulbildung, getragen durch ein traditionell humanistisch breiter gefasstes Verständnis des Dienstes an der menschlichen Entwicklung, reduziert wurde auf die Erfüllung der Bedürfnisse der Marktwirtschaft (Krautz 2011), sind auch der Nutzen und der Zweck von theologischer Ausbildung an sich, zusammen mit anderen Geisteswissenschaften, auf Hochschulebene infrage gestellt.

Dass dieses Problem der Reduktion ein allgemeines bildungstheoretisches Problem auch außerhalb des Kontexts von Bologna ist, wurde zuerst erkannt und angesprochen durch bildungstheoretische Überlegungen von Stan Lester (O'Reilly, Cunningham & Lester 1999). Er kritisiert das bildungstheoretische Leitmotiv „*fitness for purpose*" und fordert dazu auf, die kritische Frage nach dem „*fitness of purpose*" allen Überlegungen voranzustellen (1999:104). Die Frage, ob der Zweck, welcher einer Ausbildung dienen soll, passt, ist damit grundlegender als die Frage, ob eine Ausbildung dem Zweck dient, welchem sie zugeordnet wurde. Somit muss erst der übergeordnete Sinnzusammenhang von Bildung geklärt sein, damit sie, von dort her richtungsweisend und wesensmäßig zweckbestimmt, zu geeigneten Maßnahmen greifen kann, die ihre jeweilige Bestimmung in dem jeweiligen Kontext erfüllen. Im Blick auf die Theologie und ihre Ausbildung ergeben sich dadurch entscheidende Grundfragen. Was ist der übergeordnete Sinnzusammenhang von Theologie und theologischer Ausbildung? Worum geht es ihr? Es ist die Frage nach ihren identitätsstiftenden Merkmalen. Es geht um mehr als eine Beschreibung der Kompetenzen und Lernziele für ein „dynamic concept of capability, embracing learning, culture and values" (O'Reilly, Cunningham & Lester 1999:3), also um ein neues dynamisches und anpassungsfähiges Bildungskonzept für theologische Ausbildung, wie Lester es nennt.

Mit Wright (2006) geht es darum, theologische Bildungskonzepte mit der *missio Dei* in Beziehung zu setzen. Theologisch folgt daraus die Verankerung von theologischer Ausbildung durch ihre Verbindung mit der *missio Dei* in der Trinität (Flett 2010). Somit wird ein sich wesensmäßig sendender Gott für alle Theologie und theologische Ausbildung zu ihrem Identitätsstifter und seine Sendung ihr identitätsstiftendes Merkmal. Es kann und darf ihr deshalb nicht darum gehen, „über Gottes Sein an sich zu grübeln" (Löwenich 1967:15), sondern sie muss sich in Übereinstimmung mit dem Sinn und Zweck der Sendung

Gottes, seiner *missio Dei* bringen. Hier werden fundamentale Elemente einer „Theologia Crucis" (Löwenich 1967) neu belebt, die per definitionem Theologinnen und Theologen in all ihrer Tätigkeit auf das verpflichtet sehen will, was Gott von sich sichtbar gemacht hat in den Leiden und dem Kreuz Christi, als Beweis seiner Liebe jenseits der Möglichkeit, seine Größe an seinen Schöpfungswerken zu erkennen. Martin Luther hat das so ausgedrückt:

> Non ille digne Theologus dicitur, qui invisibilia Dei per ea, quae facta sunt, intellecta conspicit. Sed qui visibilia et posteriora Dei per passions et crucem conspecta intelligit" (Luther & Köpf 2003:361-362).

> Nicht der heißt mit Recht ein Theologe, der Gottes unsichtbares Wesen durch seine Werke wahrnimmt und versteht, sondern der heißt mit Recht ein Theologe, der das, was Gottes Wesen sichtbar und der Welt zugewandt ist, als im Leiden und im Kreuz dargestellt, begreift. (Brosseder, Johannes & zur Mühlen, Karl-Heinz (Hg.) 1995:132).

Gott, der sich in seiner wesensmäßig ihm eigenen *missio Dei* in Jesus sendet, mit dem Zweck der Wiederherstellung seiner Schöpfung, stiftet allein darin der Theologie und ihrer Ausbildung ihre Identität und gibt ihr darin ihre Bestimmung. David Boschs Feststellung, dass Mission sich nicht auf menschliche Anstrengungen der Kirche gründet, sondern dass es Gottes eigenes Werk und Wesen ist, sich nach einer zerbrochenen Welt auszustrecken und seine Gemeinde dabei einzubeziehen (Bosch 2011), wird auf die Dimension der theologischen Ausbildung ausgeweitet. Sie ist bestimmt zur Teilhabe an der *missio Dei*.

Diese Verbindung von theologischer Ausbildung mit der *missio Dei* ist bisher nicht ausdrücklich erfolgt. Es geht dabei um mehr, als missionarische Dimensionen in die theologische Ausbildung einzuführen oder entsprechende Schwerpunkte zu setzen durch eine Erweiterung des Curriculums. Wenn theologische Ausbildung zur *missio Dei* im Sinne ihrer Anteilhabe an ihr gehört, muss sie deren Zweck übernehmen und verfolgen. Vom übergeordneten Sinn und Zweck der Teilhabe an der *missio Dei* her („*fitness of purpose*") erhält theologische Ausbildung ihre Bestimmung und kann so von den Zielen Gottes für diese Welt her Menschen handlungsfähig gegenüber den vielfältigen kontextuellen Herausforderungen („*fitness for purpose*") machen.

Schon länger sieht der Wissenschaftsrat (WR 2010) in Deutschland die Hochschulbildung im Allgemeinen, einschließlich der Theologie, als einen vitalen Faktor und eine Dimension, die Kultur, Gesellschaft, Wissenschaften und die menschliche Entwicklung konstituieren soll. Dies fordert die theologische Ausbildung im Blick auf ihre Bestimmungsfrage heraus. Wenn also theologische Ausbildung, sprich Theologie, immer noch als Wissenschaft und Teil der Hochschulbildung zusammen mit anderen Wissenschaften gesehen wird, dann stellt sich die Frage nach dem „Purpose", der Bestimmung theologischer Ausbildung heute.

Die Antwort auf diese Frage soll auch einen Beitrag dazu leisten, die Bemühungen um theologische Ausbildung zu bündeln, wenn sie sich den Herausforderungen innerhalb und außerhalb Europas stellt. In diese Richtung weisen verschiedene Publikationen des International Council of Evangelical Theological Education (ICETE), des Council of European Churches (CEC) und des World Council of Churches (WEC).

Diese Untersuchung will dazu herausfordern, die Ziele von theologischer Ausbildung angesichts zukünftiger Herausforderungen neu zu überdenken. Wenn theologische Ausbildung die Bestimmung zur Teilhabe an der *missio Dei* hat, hat sie grundlegend eine globale, interkulturelle und multiethnische Epistemologie, die weit über den europäischen Kontext hinausweist.

Die globale Herausforderung von theologischer Ausbildung im Blick auf ihre Bestimmung

Im Jahre 2009 veröffentlichte das Center for Global Christianity in Edinburgh erstmals einen wissenschaftlichen Atlas, in dem die Verschiebung des Schwerpunktes der Christenheit im 20. Jahrhundert vom Norden in den globalen Süden umfassend dokumentiert wird (Johnson & Kenneth 2009). Alle Zeichen deuten darauf hin, dass dieser Trend bis heute anhält. Drei Konsequenzen werden von den Forschern besonders hervorgehoben (2009:8): Erstens, die Christenheit des globalen Südens wird zunehmend mehr eigene theologische und ekklesiologische Reflexionen hervorbringen und ebenso eigene Ansätze für theologische Ausbildung. Das wird die noch anhaltende Dominanz christlicher Theologie des globalen Nordens herausfordern. Zweitens, die vorherrschenden Sprachen der Christenheit werden ebenfalls im globalen Süden zu finden sein. Bereits im Jahre 1980 war die meistgesprochene Sprache von Kirchenmitgliedern weltweit Spanisch. Drittens, die Mehrheit der Christenheit in der Welt wird sich in zunehmendem Maße einem engen Kontakt mit Muslimen, Hindus und Buddhisten ausgesetzt sehen. Die sozioökonomischen Indikatoren zeigen, dass die Mehrheit der Christen heute infolge dieser Verlagerung in den globalen Süden in Regionen lebt mit der geringsten Lebenserwartung, den niedrigsten Standards von Leben und Wissen, den geringsten Einkommen, der niedrigsten Bildung, dem höchsten Analphabetismus, der schlechtesten Versorgung mit Internetanschlüssen, aber der höchsten Rate von Korruption und politischer Instabilität in der Welt (:2-3).

Gleichzeitig sieht sich die Mehrheit der Christen umgeben von einer großen Anzahl von Menschen, die vom Evangelium relativ unberührt sind (:314). Diese Daten erzählen ihre eigene Geschichte und müssen ergänzt werden durch die Tatsache, dass, obwohl die Christen des globalen Südens 60% der Christenheit überhaupt stellen, sie nur im Besitz von 17% der finanziellen Ressourcen, die Christen in der Welt haben, sind (Werner 2012:6). Im Blick auf die theologischen und bildungsmäßigen Ressourcen stellt Werner (2012) fest, dass sich die überwiegende Mehrheit an Mitteln für theologische Ausbildung wie Fakultäten, Finanzierung für wissenschaftliche Arbeit sowie theologische Büchereien und Veröffentlichungen immer noch im globalen Norden befindet (:8). Der zunehmende Bedarf an akademischer Bildung im globalen Süden wird dort begleitet von einer wachsenden Nachfrage nach theologischer Bildung. Doch die Kluft zwischen staatlich unterstützten oder durch Stipendien geförderten theologischen Schulen im Norden und den kleineren, schwachen, gemeindebasierten theologischen Schulen des Südens wird immer größer (:8). Von daher muss sich theologische Ausbildung, die immer noch im Norden lokalisiert ist, darum bemühen, einen weltweiten Blick zu bekommen für einen ganzheitlichen missionarischen Ansatz, der das Leben, die missionarische Dimension, Spiritualität, Friedensethik und Alphabetisierung für eine tragfähige Wirtschaft integriert (:16).

Diese Überlegungen angesichts der globalen kontextuellen Herausforderungen für theologische Ausbildung befürworten eine Revision der übergeordneten Bestimmung theologischer Ausbildung im Blick auf ihre Übereinstimmung mit der *missio Dei*.

Diese Problematik ist bereits lange zuvor angesprochen worden in dem ICETE Dokument Manifesto on the Renewal of Evangelical Theological Education (Manifesto 1990). In diesem Papier drückt eine wachsende internationale Kooperation von evangelikalen theologischen Ausbildern ihr Verlangen und Gebet für eine Erneuerung der evangelikalen theologischen Ausbildung heute im Blick auf Form und Substanz, Vision und Kraft, Hingabe und Ziel aus (Manifesto 1990). Es geht um *„fitness of purpose"*. Hier wird also schon sehr früh die weltweite Herausforderung von theologischer Ausbildung als Chance für ihre ganzheitliche Erneuerung gesehen, insbesondere im Blick auf eine neue Definition ihrer Bestimmung, ihres Zweckes in einem übergeordneten Sinnzusammenhang. Das Manifest enthält eine Liste von zwölf Aufgabenstellungen, die helfen sollen, theologische Ausbildung zu erneuern. Angefangen mit der Notwendigkeit der Kontextualisierung schließt die Liste mit der Notwendigkeit nach fortgesetzten Bemühungen um Kooperation evangelikaler Ausbildungsstätten untereinander.

Hinzu kommt die Forderung nach tieferer theologischer Fundierung, der Integration von Praxis, Spiritualität und Wissenschaftlichkeit in den Programmen, einer größeren didaktischen und pädagogischen Vielfalt sowie einer verstärkten Ausbildung der Kompetenz des Dienens (Manifesto 1990:1).

Die Forderung dieses Dokumentes nach Kontextualisierung ist schon ein Vierteljahrhundert alt und mahnt immer noch die schwerwiegende Unausgewogenheit zwischen dem Überangebot an theologischer Ausbildung im Norden und den wachsenden Bedürfnissen nach theologischer Ausbildung im globalen Süden an.

In dieser Linie stehen die Forderungen von Bernhard Ott (2001) nach einem Paradigmenwechsel, der eine traditionell stark missionarisch ausgerichtete theologische Ausbildung evangelikal geprägter Einrichtungen des Nordens befähigen soll, mit den zunehmenden globalen Herausforderungen erfolgreich umzugehen. Er fordert eine theologische Ausbildung, die missionszentriert ist, menschen- und kontextorientiert, die Theorie und Praxis integriert und ihr überkommenes Erbe an Fragmentierung durch einen ganzheitlichen Ansatz überwindet (2001).

Ott versucht hier eine Reform der theologischen Ausbildung, indem sie als ein globales Unternehmen zu sehen sei, das den weltweiten Leib Christi einbezieht, um traditionelle Ansätze neu zu bedenken und die Fähigkeit zu entwickeln, im Kontext zu theologisieren. So vereinigt er Mission, Bildung und Theologie in einer Weise, die theologische Ausbildung befähigen soll, ihre Mission auszuführen, die darin besteht, in effektiver Weise weltweit Christus zu kommunizieren.

Dieser Ansatz korrespondiert mit Dietrich Werners Überlegungen zur Bestimmung von theologischer Ausbildung (Werner 2012). Er sieht theologische Ausbildung in ihrer tiefsten Bedeutung als eine Analogie, wenn nicht gar eine direkte Fortsetzung des Prozesses, die christliche Botschaft kreativ immer wieder neu zu übersetzen. Ihm geht es darum, dass theologische Ausbildung es zukünftigen Generationen ermöglichen soll, ihr Verständnis dafür zu entwickeln, sich das Evangelium immer wieder neu anzueignen und in geistlicher Weisheit auf das jeweils gegenwärtige Leben zu beziehen. In diesem Sinne wird theologische Ausbildung an sich zu einer der wichtigsten, wertvollsten und unverzichtbarsten missionarischen Aufgabe der Kirche (2012:3).

Zusammenfassend wird damit deutlich, dass die globalen Herausforderungen an theologische Ausbildung zurecht als missionarische Herausforderungen verstanden worden sind in dem Sinne, dass die Bestimmungsfrage theologischer Ausbildung in den Fokus rückt.

Doch damit wird der Identität, der allen kontextuellen Herausforderungen übergeordneten Bestimmung von Theologie und theologischer Ausbildung noch nicht angemessen Rechnung getragen. Nur auf die Herausforderungen sich wandelnder Kontexte hier und da zu reagieren, um sich selber zu erhalten, ist keine Option für Theologie und theologische Ausbildung. Sie hat unberührt von dieser Welt kein in sich selbst ruhendes Wesen. Sie kann sich nicht frei entscheiden, in der Welt wirksam zu werden oder nicht. Mit der Bestimmung zur Teilhabe an der *missio Dei* ist sie zur Mitarbeit Gottes *verpflichtet*, der sich unwiderruflich dafür entschieden hat, seine Schöpfung in Jesus wiederherzustellen. Deshalb ist allein Gottes Sendung, seine Mission für diese Welt, der übergeordnete Sinnzusammenhang aus dem heraus sich Theologie und theologische Ausbildung in jedem Kontext legitimieren und definieren müssen. Nur aus diesem übergeordneten Sinnzusammenhang heraus gewinnen beide ihre Identität, ihre eigene Sprachfähigkeit und eigene Gestaltungskraft.

Über alle Reformansätze hinaus, die letztlich Anpassungen an wandelnde kontextuelle Herausforderungen sind, brauchen Theologie und theologische Ausbildung eine identitätsstiftende Selbstreflexion über ihren Ursprung aus dem ihr selbst übergeordneten Sinnzusammenhang, der *missio Dei* heißt und den sich selbst sendenden Gott meint.

Tiefgreifender, weil über Reformforderungen hinausgehend, ist der vorliegende Ansatz, die gegenwärtigen Herausforderungen an theologische Ausbildung konsequent als Herausforderungen ihrer Identität, ihrer übergeordneten Bestimmung zu begreifen und ebenso konsequent aus einer wiedergewonnenen Identität, dem übergeordneten Sinnzusammenhang der *missio Dei* heraus, neu wirksam zu sein und wieder handlungs- und sprachfähig zu werden.

Nur so können Theologie und theologische Ausbildung sich auch gegenüber den Anforderungen des Bologna-Prozesses bewähren.

Die Herausforderung theologischer Ausbildung im Blick auf ihre Bestimmung im europäischen Kontext durch den Bologna-Prozess

Die Herausforderung theologischer Ausbildung im Kontext Europas wird maßgeblich bestimmt durch den Paradigmenwechsel, den die Europäische Union im Bereich der Bildung eingeleitet hat. In der Lissabon-Agenda im März 2000 kündigte der europäische Rat ein neues strategisches Ziel für die nächste Dekade an. Europa solle „die wettbewerbsfähigste und stärkste wissensbasierte Wirtschaftsmacht in der Welt werden, fähig zu einem nachhaltigen wirtschaftlichen Wachstum, mit mehr und besseren Arbeitsplätzen und größerem sozialen Zusammenhalt" (Europäische Union Lissabon 2000). Es ist unübersehbar, dass in diesem Programm Bildung konsequent zuerst marktwirtschaftlichen Interessen untergeordnet wird, mit der Absicht, so auch einen größeren sozialen Zusammenhalt zu erzielen. Dahinter steht eine Entwicklung.

Die Idee, die Bestimmung von akademischer Bildung den Prinzipien der marktwirtschaftlichen Mechanismen zuzuordnen, wurde bereits 1989 und 1995 formuliert. In zwei Berichten des „European Round Table of Industrialists (RTS)" wurde die akademische Bildung dazu aufgefordert, sich zu öffnen für neue Methoden im Umgang mit menschlichen Ressourcen und sich selbst einzupassen in marktwirtschaftliche Prinzipien mit dem Ziel, die Kosten für die Ausbildung von Unternehmen zu reduzieren (Schultheis, Cousin & Roca I Escoda 2008:8-9).

Die Europäische Union hat diese Idee in ihre Bildungsreform integriert und ein umfassendes Konzept einer „European Knowledge Area" entworfen (Walter 2006:185). Darin integriert sind drei weitere Räume, die „European Higher Education Area (EHA)", die „European Research and Innovation Area (E-RIA)" und die „European Culture Area (ECA)". Jeder Raum hat ein spezifisches Ziel und einen dazugehörigen Prozess.

Der Prozess, der zu dem Ziel führen soll, Europa zu einem einheitlichen Hochschulraum zu gestalten, gehört zu dem Ziel der „European Knowledge Area" und wird als Bologna-Prozess bezeichnet (2006:185). Basierend auf der Bologna-Erklärung von 1999 begannen die europäischen Bildungsminister ein leicht verständliches System von kompatiblen Bildungsabschlüssen, eine abgestufte Struktur der Studien in Bachelor, Master und Doktoratsabschlüsse und ein Creditpoint-System einzuführen. Zusätzlich wurde entschieden, die Mobilität von Studenten zu fördern, die Kooperation im Qualitätsmanagement zu erhöhen und die europäische Dimension von Bildung insgesamt voranzubringen (Brändle 2010). Der sogenannte Lissabon-Prozess soll den einheitlichen europäischen Forschungsraum hervorbringen (ERIA), der Europa zur wettbewerbsfähigsten und stärksten wissensbasierten Wirtschaftsmacht in der Welt machen soll (European Union Lissabon 2000).

Das Ziel des dritten Raumes, des einheitlichen europäischen Kulturraums (ECA), besteht darin, die Entwicklung einer europäischen Identität voranzubringen (Walter 2006:185). Dieses Ziel hat aber noch keinen eigenen wirkungsvollen Prozess. Das bestätigt die Vermutung, dass der größere soziale Zusammenhalt Europas vor allem von einem gemeinsamen wirtschaftlichen Wohlstand abhängig wird. Damit wird aber eine wirtschaftliche Krise sofort zu einer Krise des größeren sozialen Zusammenhaltes.

In der relevanten Literatur repräsentiert der Begriff Bologna-Prozess die gesamte Reformbewegung im europäischen Bildungsbereich und gilt im Großen und Ganzen als erfolgreich durchgeführt, sodass er heute im Rückblick auch kritisch reflektiert wird (Maeße 2010:23). Jens Maeße (2010) kommt in seiner wissenschaftlichen Analyse des Bologna-Prozesses zu dem Ergebnis, dass die schnelle Wirksamkeit dieses Paradigmenwechsels darin bestand, dass die politischen Verantwortungen für den Prozess und konkrete programmatische Reformansätze unsichtbar wurden, weil der Konsensdiskurs zum Prozess sich ausschließlich um technokratische Anliegen drehte. Mit anderen Worten, die breite und schnelle Unterstützung des Bologna-Prozesses in den Bildungseinrichtungen beruhte auf einem enormen Eifer der technokratischen Umsetzung und ist keineswegs die Folge einer Übereinstimmung mit den Zielen dieses Prozesses.

Neben vielen akkuraten Dokumentationen und Analysen dieses Paradigmenwechsels in der akademischen Bildung, wie Thomas Walter (2006) und Tobias Brändle (2010) es getan haben, und etlichen positiven Bewertungen von erfolgreichen Ergebnissen der Bildungsreform, wie sie Zervakis (2010), Dettleff (2010), Heyl (2010) und Sändig (2010) präsentieren, gibt es auch vermehrt kritische Stimmen dazu.

Jochen Krautz (2011) sieht Schulen und Universitäten nun beherrscht von der Vormachtstellung der Marktwirtschaft. Er argumentiert stark gegen einen Reduktionismus von Bildung und fordert ihre Vielfalt ein, die die Verschiedenartigkeit der Kulturen und Bildungstraditionen Europas widerspiegeln soll. Franz Schultheis (2008) hat eine Zusammenstellung von kritischen Artikeln veröffentlicht, in denen verschiedenste Autoren gegen einen Verlust von wissenschaftlicher Autonomie in akademischer Bildung und gegen die Erosion einer jahrhundertelangen etablierten und bewährten Tradition des akademischen Bildungssystems in Europa Stellung beziehen. Eva Hartmann (2010) sieht Europa gar als nächste aufkommende normative Weltmacht, die die Weltgemeinschaft herausfordern wird.

Beachtenswert ist vor allem Yves Wilkin (2008). Er verweist darauf, dass der Paradigmenwechsel in der Bildung die Beziehung zwischen Gesellschaft und den Wissenschaften auf den Kopf stellt. Er lenkt die Aufmerksamkeit auf eine bahnbrechende Diskussion unter Bildungstheoretikern, die bereits Ende des 20. Jahrhunderts stattgefunden hat. Seinerzeit forderte Douglas Hague (1991), dass Einrichtungen der akademischen Bildung, wie Universitäten, sich konzeptuell wie Unternehmen aufzustellen haben und, privaten Firmen ähnlich, Bildung, Wissen, Fertigkeiten und Kompetenzen auf einem globalisierten Markt des Wissens wie eine Ware produzieren und verkaufen sollen (Winkin 2008:183). Winkin (2008) verweist auch auf Michael Gibbons (1994), der diese Idee soziologisch weiterentwickelt hat und eine Gesellschaft einfordert, die die Autonomie der Wissenschaften infrage stellt, indem sie sie dazu zwingen soll, nur noch Antworten auf Fragen zu geben und Forschungen nur noch in Bereichen anzustellen, die ihnen die Gesellschaft selber vorgibt. Universitäten sollen nicht länger staatlich geförderte Stätten der freien Forschung und Studien sein. Stattdessen sollen es privatisierte Institutionen sein, die in den Wettbewerb untereinander eintreten, wenn sie versuchen Bildung und Wissen zu produzieren und zu verkaufen (Winkin 2008:184).

Winkin weist deutlich darauf hin, dass diese Diskussion ignoriert worden ist, und betont die Konsequenzen für die Wissenschaften und akademische Bildung, die nicht direkt den Interessen der Marktwirtschaft dienen können. Den Geisteswissenschaften, den Sozialwissenschaften und Kunstwissenschaften drohen eine Marginalisierung und eine Abwertung wegen ihres offensichtlich mangelnden Nutzens für die Marktwirtschaft.

Die Analysen von Maeße (2010) und Winkin (2008) ergeben zusammen folgendes Bild: Der beispiellose Eifer, mit dem der Bologna-Prozess umgesetzt wurde, hat sich auf das Erreichen des notwendigen technokratischen Konsensus unter den Bildungseinrichtungen fokussiert. Der dadurch wachsende Wettbewerb zwischen Bildungsinstitutionen und die gleichzeitige Marginalisierung von akademischer Bildung, die nicht direkt zur Wettbewerbsfähigkeit der Europäischen Union in der Welt beiträgt, sowie die Einstellung, dass akademische Bildung keine normativen Ansprüche mehr an die Gesellschaft haben dürfe, ist nicht etwa eine Nebenwirkung des Bologna-Prozesses, sondern genau dessen Absicht. Diese Intention ist aber unsichtbar, weil die Implementierung der Bildungsreform auf Hochschulebene sich hauptsächlich darum dreht, den mit der Reform gebotenen administrativen Ansprüchen gerecht zu werden.

Damit ist also auch die Theologie, insofern sie sich im Kreis der Wissenschaften positionieren will, direkt herausgefordert. Will sie sich ihren Zweck geben lassen oder ihre übergeordnete Bestimmung wiederentdecken und von dort her ihre Handlungs- und Sprachfähigkeit wiedergewinnen und mitgestalten?

In der evangelikalen theologischen Ausbildung ist der Bologna-Prozess weitestgehend akzeptiert und implementiert, weil er die einmalige Chance geboten hat, im Europäischen Bildungsraum mittels der Modularisierung von Bildung und Ausbildung eigene theologische Bildungsangebote bis hin zum staatlich anerkannten Hochschulniveau aufzustellen.

Für den nicht-evangelikalen Hochschulraum hat Bernhardt (2010) in einer Untersuchung festgehalten, dass, abgesehen von der Tatsache, dass lebenslanges Lernen, Erwachsenenbildung, kompetenzenorientiertes Studium, lernerzentrierter Unterricht und Qualitätsmanagement als große Vorteile wahrgenommen wurden, der damit verbundene Wettbewerbsdruck und Imagezwang aber viele theologische Bildungseinrichtungen dazu gebracht hat, so viele wettbewerbsfähige Studienprogramme und Module wie nur irgend möglich zu konstruieren (Bernhardt 2010:593). Dies aber konnte nur geschehen auf Kosten jeder Art von Kooperation. Ein umfassendes und gegenseitig getragenes Verständnis der Bestimmung von theologischer Ausbildung scheint in weite Ferne gerückt zu sein, weil sich Ausbildungsstätten durch die „Bolognalisierung von theologischer Ausbildung" (2010:584) in den marktwirtschaftlichen Wettbewerb gegeneinander haben zwingen lassen. Sie haben nicht darauf geachtet, dass über ihre neu gewonnenen Existenzmöglichkeiten als theologische Ausbildungsstätten hinaus ihre Identität, die Bestimmung ihrer theologischen Ausbildung, überfremdet worden ist. Es bleibt zu fragen, ob das nicht auch für den evangelikalen Hochschulraum gilt, in dem ein wachsendes Angebot an theologischer Ausbildung auf einen begrenzten Markt an Interessenten trifft.

Die Herausforderung an theologische Ausbildung
auf der Ebene der Bildungstheorie

Die globalen und europäischen Herausforderungen sind verbunden mit bildungstheoretischen Problemen. Zum gegenwärtigen Zeitpunkt drückt sich Bildungstheorie mehr in Begriffen von Positionen und Perspektiven aus, als in der Darstellung von geschlossenen Systemen oder Theorien (Dörpinghaus, Pönitzsch & Wigger 2012).

Noch im klassischen Verständnis war Bildung der Hauptwert für eine beständige Verbesserung und Vervollkommnung der Menschheit und ihrer Kultur. Im Lauf der Geschichte hat das keineswegs immer funktioniert. Trotzdem, Menschen sind heute fähig zu lernen, Informationen zu erlangen und ihre Kulturen zu genießen, doch ohne die Erfahrung zu machen, dass Bildung das Potenzial zur Transformation besitzt. Aus diesem Grund fordern Bildungstheoretiker eine Bildungstheorie, die kritisch fundiert und organisiert ist und als solche ein Ausdruck für die Veränderung von Positionen und Perspektiven wird (Dörpinghaus, Pönitzsch & Wigger 2012).

In der Einführung in die Bildungstheorie (Dörpinghaus, Pönitzsch & Wigger 2012) erscheinen aktuelle Ansätze von Bildung, die für die Forschungsfrage nach der Bestimmung von theologischer Ausbildung heute relevant sind.

Bildung heute ist Umgang mit Schlüsselproblemen, wie der Autonomie des Denkens, der Kommunikation untereinander und mit der Gesellschaft, eine Art der offenen Identität, eine hochgradige Fähigkeit zu differenzieren, eine skeptisch-kritische Einstellung und Problematisierung und der Umgang mit Antagonismen, der Lernende dazu zwingt, das Lernen selber als eine Art Wieder-Erlernen wahrzunehmen (2012:116-125).

Insgesamt gesehen, soll Bildung als ein Reflexionsprozess verstanden werden, der auf die verschiedenen Differenzen und Antagonismen angewandt wird und sie in einer kritischen experimentellen Art und Weise handhaben soll. Dies öffnet den Blick auf das zentrale Problem jeder zukünftigen Bildungstheorie, das darin besteht, dass es niemals nur einige wenige oder auch nur eine einzige Definition einer Weltsicht oder eine Art zu denken und zu handeln geben kann (:126).

Von daher scheint der gegenwärtige Ansatz, Bildungsinstitutionen und Lernende auf wirtschaftliche Vergleichbarkeit hin zu reduzieren, ein Versuch zu sein, Bildung an eine einzige Weltsicht zu binden (:126). Dazu scheint zu passen, dass sich die gegenwärtige öffentliche und auch Expertendiskussion über Bildung zunehmend um institutionelle Bildung dreht und um ihre Vergleichbarkeit, Messbarkeit in nationalen und internationalen Kontexten sowie um ihre Austauschbarkeit durch Bildungsmodelle als Qualifikationen und Kompetenzen (:126).

Dieser Befund lässt sich in Verbindung bringen mit der Besinnung auf die Bestimmungsfrage von Bildung wie sie eingangs gefordert wurde als „considering the fitnesses of purpose, or how well it has been framed in terms of wider contexts and issues" (Lester 1999:104). Stan Lester fordert damit ein erweitertes Konzept des „*fitness for purpose*", das zur Idee der systemischen Weisheit und des Zustandes einer systemischen Kongruenz führt, in der die Weisheit holistisch und intuitiv wird (1999:104).

Die Untersuchungen von Lester und seinen Kollegen drehen sich um den konstruktiven Dialog zwischen akademischer Bildung, professionellen Körperschaften, Unternehmern und anderen Interessensgruppen über die Bestimmung und Methoden von Berufsausbildung, Bewertung und Akkreditierung (O'Reilly, Cunningham & Lester 1999:3). Hier wird die Wichtigkeit von konzeptuellem Denken betont im Blick auf die Bestimmungsfrage von Bildung.

Das betrifft in hohem Maße ebenfalls die bildungstheoretische Grundlage von theologischer Ausbildung. Die Bemühungen um eine Bestimmung von theologischer Ausbildung heute sollte die Verschiedenheit von theoretischen Ansätzen umfassen und zu einem Konzept führen, das in der Lage ist, in wechselnden Kontexten und Herausforderungen zu funktionieren und ebenso fähig sein soll, Weisheit als einen zentralen biblischen Wert von Bildung hervorzubringen.

In diese Richtung, auf einen systemischen umfassenden Ansatz hin, weist auch Wolfgang Klafki (2007), dessen wissenschaftliches Konzept von Bildung mit einem sozialkritischen Ansatz und empirischer Forschung verbunden ist.

Klafki erklärt das gegenwärtige Problem der Bildungstheorie anhand einer Analyse der klassischen Bildung wie sie von Humboldt, Schleiermacher, Pestalozzi und anderen eingeführt wurde. Dabei rührt er fundamental an der Bestimmungsfrage von Bildung. Jede Bildungstheorie sollte seiner Meinung nach erstens die Fähigkeit zur Selbstbestimmung, Mitbestimmung und Solidarität hervorrufen, zweitens sich kritisch beschäftigen mit dem komplexen Gebilde, das als das Allgemeine bezeichnet werden kann und jeden in der Gesellschaft angeht, und drittens alle gegenwärtig bekannten Dimensionen menschlicher Fähigkeit, die als human gelten, umfassen. Viertens müsse sich Bildung gegen die aufkommende Tendenz wehren, Lernende unpolitisch zu machen. Stattdessen soll Bildung auch immer politische Bildung sein, die dazu befähigt, aktiv am Prozess der Demokratisierung teilzunehmen (Klafki 2007:40). Damit gibt Klafki der Bildung eine eindeutige Bestimmung.

Er zeigt auf, dass heutige bildungstheoretische Bemühungen von den klassischen Bildungstheorien profitieren können. Schon der Aspekt des lebenslangen Lernens ist bereits an der Wende vom 18. zum 19. Jahrhundert theoretisch etabliert worden, als klassische Bildungstheoretiker den Prozess der Bildung nicht als einen zu beendenden verstanden haben, sondern als die ganze Lebensdauer umspannende Aufgabe und Handlung (2007:23).

Klafki zeigt außerdem auf, dass die Entwicklung einer Bildungstheorie kein exklusiver, sondern ein inklusiver und wissenschaftsorientierter Prozess ist. Das eröffnet einen Raum für die Teilhabe von Theologie und theologisch begründeten Ansätzen von Bildung insbesondere im Blick auf die Bestimmungsfrage von Bildung.

Es ist offensichtlich, dass die Diskussion um die Bestimmungsfrage der Bildung von entscheidender Bedeutung ist und ebenso theologische Bildung betrifft.

Carola Kuhlmann (2013) weist in eine ähnliche Richtung. Sie bezieht sich auf eine Analyse des französischen Philosophen Jean Francois Lyotard, wenn sie mit ihm die postmodernen Gesellschaften dahingehend beurteilt, dass sie Komplexität verneinen und Bildung simplifizieren wollen, um einen wirtschaftlichen Umgang mit Bildung leichter möglich zu machen (2013:244-248). Die Diskussion um die Bestimmungsfrage von Bildung wird nun um den Aspekt der Kritik am Postmodernismus erweitert.

Es ist bemerkenswert, dass Kuhlmann in einer der neueren Publikationen zur Frage der Bildungstheorie zu einem Wandel auffordert, indem sie daran erinnert, dass Bildung in der Vergangenheit nach der Wahrheit gefragt hat und nicht nach dem wirtschaftlichen Wert von Wissen wie es heute der Fall ist. Gemeinsam mit Lyotard argumentiert sie, dass es sehr wohl möglich sei, den postmodernen Umgang mit Wissen als Machtspiel zu durchschauen. Deshalb sei Gerechtigkeit notwendig, die nicht von Diskursprozessen wie um die Erkenntnis von Wahrheit heute abhängig ist (2013:247).

Diese Schlussfolgerung betont erneut die Notwendigkeit, die Bestimmungsfrage von Bildung, insbesondere von theologischer Bildung, im heutigen Kontext zu klären, um eine aktive Beteiligung in den Wandlungsprozessen von

Bildung weltweit und im europäischen Kontext zu ermöglichen.

Um die Spannbreite des Problems der Bestimmungsfrage von Bildung abschließend zu beleuchten, sollen noch drei Stimmen zu Wort kommen. Sie sollen dazu dienen, die Eckpunkte der philosophischen Diskussion um die Bestimmungsfrage von Bildung in der Bildungstheorie zu markieren. Sie bestehen erstens in dem Verständnis und dem Ziel von Bildung, zweitens in ihrem Bezug zu dem Verständnis, wie eine freie Gesellschaft ihren Erhalt garantiert, und drittens in der Frage, welche Aufgabe der Kommunikation dabei zukommt. Diese Stimmen sollen gleichzeitig als Aufforderung an die theologische Ausbildung verstanden werden, sich der Bestimmung ihres eigenen Bildungsauftrages wieder bewusst zu werden.

Die erste Stimme ist Karl Jaspers (1961). Schon 1923 legte er ein grundlegendes Verständnis von der Idee der Universität dar, das er im Laufe der Revisionen seines Buches 1946 und 1961 nicht verändert, aber immer neu angewendet hat. Für unsere Diskussion ist seine Behauptung wichtig, dass Wissenschaften und damit akademische Bildung ihre Bestimmung darin finden, an der Entdeckung der Wahrheit zu arbeiten, aber in ihren Kapazitäten begrenzt sind, der Führung bedürfen und mit der Philosophie verbunden sein müssen (1961: 41-58). Jaspers stellt klar, dass Wissenschaften und akademische Bildung ihre Bestimmung nicht aus sich selbst entwickeln können und sich auch nicht Konzepten der Funktionalität unterstellen dürfen. Die Aufgaben der akademischen Bildung bestehen für ihn an erster Stelle in der Forschung zusammen mit Unterricht und Lehre. Dies führt zu ihrer nächsten Aufgabe: Weil Wahrheit immer mehr als Wissenschaft ist, dienen Forschung und Lehre der Bildung des Lebens in dem Sinne, dass sich die Wahrheit im Leben erweisen muss. Das Erreichen dieses Zieles hängt von der Kommunikation innerhalb der Lerngemeinschaft ab, die aus Forschern, Lehrern und Studenten besteht.

Schlussendlich führt dies zu einem ganzheitlichen Bildungskorpus. Die Gesamtheit der Wissenschaften und der Bildung macht akademische Bildungsinstitutionen zu einem Kosmos, bestehend aus Wissenschaften, Bildung, Kommunikation, Forschung und Lernen (:64-65). Diese kurze Darstellung von Jaspers Idee der Universität macht erneut deutlich, dass die Bestimmungsfrage von Bildung, auch von theologischer Bildung, immer wieder neu der Klärung bedarf. Jaspers grundlegende Annahme, dass Wissenschaft inklusive der Theologie als Wissenschaft und akademische Bildung nicht in der Lage sind, ihre Bestimmung aus sich selbst zu definieren, ist hochaktuell.

Was Jaspers im Blick auf die Wissenschaften und akademische Bildung erklärt, wird von Ernst Wolfgang Böckenförde (1976) im Blick auf die Grundlagen der Gesellschaft bestätigt. Er macht deutlich, dass eine Gesellschaft, die auf demokratischen Grundlagen beruht, ihre Vorbedingungen und Voraussetzungen aus denen sie lebt, nicht selber garantieren kann. Diese Aussage wurde bekannt als das Böckenförde-Paradoxon und ist immer noch wesentlich. Es wird aber übersehen, dass Böckenförde, um die Stabilität einer Gesellschaft zu garantieren, dazu auffordert, die religiösen Glaubenssysteme ihrer Mitglieder einzubringen. Deshalb fordert er die Christen dazu auf, sich nicht zurückzuziehen, sondern aktiv an gesellschaftlichen Prozessen teilzunehmen. Christen sollen den Staat nicht als von vornherein ihrem Glauben entgegenstehend oder fremd wahrnehmen, sondern als der Wahrnehmung und des Schutzes wert achten (1976:60).

Als dritter Eckpunkt soll stehen, was Marvin Oxenham (2011) mit seiner Dissertation „Liquid Education" zur Diskussion beigetragen hat. Während Jaspers (1961) Institutionen von akademischer Bildung wie Leuchttürme platziert, die einen Weg zur Wahrheit weisen können und Orientierung für die Gesellschaft und die Entwicklung der Menschheit geben, und Böckenförde (1976) den Erhalt einer freien Gesellschaft von der konstituierenden Wirksamkeit christlicher Werte in ihr abhängig macht, erkennt Oxenham noch die Notwendigkeit, Bildung und Gesellschaft auf eine Weise miteinander ins Gespräch zu bringen, die transformative Kraft freisetzt.

Er erinnert daran, dass Bildung im europäischen Kontext sowohl im Christentum als auch in der griechischen Philosophie verwurzelt ist und dass beide Bewegungen eine transformative Funktion gehabt haben (2011:196). Von daher fordert er eine theologische Konversation in der heutigen Bildungsphilosophie, der eine ebensolche transformative Kraft innewohnen kann (:197). Er wendet sich damit gegen die Prognosen von Zygmund Bauman (2011), der unter dem Begriff der Verflüssigung den allgemeinen Zustand der Kulturen heute zusammenfasst und ihre Inhalte, einschließlich der Bildung, in einer negativen Utopie unausweichlich einem von ihm nicht näher definierten Untergang entgegensteuern sieht, mit nur einer ganz geringen Chance für die Beteiligten, in diesen Untergangsprozess verändernd einzugreifen. Oxenham dagegen sieht insbesondere für akademische Bildung einen Weg in die Zukunft vermittels einer Reihe von

> Transforming and balancing conversations with Christian theology and character education. A conversation with the Christian theology may […] provide new horizons of security, hope and purpose (Oxenham 2011:206).

Der Klärung der Bestimmung von Bildung kommt damit eine zentrale Bedeutung zu. Das gilt in ganz besonderem Maße für die theologische Bildung und Ausbildung. In der Diskussion um die Bestimmungsfrage von Bildung ist damit der Beitrag der Theologie als Transformationskraft gefragt.

Wenn Oxenham dies in der Konversation verwirklicht sehen will, geht es um Kommunikation, und zwar um die Kommunikationsbereitschaft und Kommunikationsfähigkeit von Theologie in der Klärung der Bestimmung von Bildung. Die dafür notwendige Voraussetzung ist, dass sich Theologie und theologische Ausbildung zuerst über ihre eigene Bestimmung im Klaren sein müssen. Deshalb soll im Folgenden dargestellt werden, welche Auswirkung der Paradigmenwechsel in der Bildung auf theologische Ausbildung gehabt hat.

Die theologische Sichtweise auf die aktuelle Herausforderung theologischer Ausbildung

Der Paradigmenwechsel in der Bildung ist von Theologen und Verantwortlichen der theologischen Ausbildung nicht unbemerkt geblieben. Während es der Bologna-Prozess auf der einen Seite manchen evangelikalen Ausbildungsstätten überhaupt erst möglich gemacht hat, die Hochschulqualifizierung zu erreichen, werden andererseits die Herausforderungen klar wahrgenommen.

Im Juni 2012 trafen sich 45 führende Repräsentanten von theologischen Fakultäten, theologischen Schulen und Vereinigungen theologischer Ausbildungsstätten aus Europa, Afrika, Lateinamerika und Asien in Oslo, Norwegen. Das Treffen war vom Weltkirchenrat, der Konferenz europäischer Kirchen und von der Norwegian School of Theology einberufen worden. Diskutiert wurde die Aufgabe und Bedeutung von christlicher Theologie für die Hochschulen, für öffentliche und private Universitäten sowie für die bekenntnisgebundenen theologischen Seminare in Europa und darüber hinaus. Theologen und Bildungsexperten aus der orthodoxen Kirche, der römisch-katholischen Kirche und protestantischen Kirchen berieten sich über die Konsequenzen des Bologna-Prozesses für die theologische Ausbildung (Werner 2012:1). Die Ergebnisse der Tagung liefen auf Statements hinaus, die sich deutlich um die Bestimmungsfrage von theologischer Ausbildung drehen. Einmütig kam man zu dem Ergebnis, dass christliche Theologie einen öffentlichen Raum und einen sauberen Bezug zu theologischer Ausbildung und Forschung an Hochschulen und dem akademischen Umfeld haben muss, und das nicht nur in Europa, sondern weltweit.

Der christlichen Theologie auf Hochschulebene wurde eine immense Bedeutung für die Zukunft der Weltchristenheit, die Zukunft von Hochschulbildung und dem Konzept der Bildung an Universitäten insgesamt zugesprochen (2012:2). Kritisiert wurde, dass an vielen Universitäten die Religionswissenschaften gefördert werden auf Kosten einer sorgfältigen Klärung der Beziehung zwischen Theologie und Religionswissenschaften (:5).

Mehrfach wird die Bestimmungsfrage von theologischer Bildung angesprochen und eine Befreiung der Theologie sowie anderer kritischer Geisteswissenschaften aus den eisernen Gesetzen der Marktwirtschaft und ökonomischer Konzepte des Lebens gefordert (:5). Mit deutlichen Worten wird dann die Bestimmungsfrage theologischer Ausbildung auf Hochschulebene angesprochen:

> We need theology as a discipline as it has the role and sensitivity for keeping alive the questions of God, of truth and of justice both in society as well as in university contexts; modern societies need a space to academically reflect on the understanding and different concepts of God in lived religions in society; Christian theology is the custodian to articulate and critically reflect Christian sources and roots of hope and how Christian hope in the triune God is given shape in post-modern societies (Werner 2012:6).

Die Konferenz in Oslo bestätigt damit einen Vorschlag, der bereits von der Konferenz europäischer Kirchen im Juli 2010 in Graz, Österreich, gemacht worden war. In deren Abschlusskommuniqué betont die Konferenz den dringenden Bedarf danach, dass die Theologie ihren Platz mitten unter den Geisteswissenschaften wieder einzunehmen habe und ihre Bedeutung und Relevanz mehrfach zu betonen seien, nämlich im Blick auf ihre reiche universitäre Geschichte, die wachsende Bedeutung von Religion in Europa, in der Weltpolitik und im Blick auf die postmoderne Kritik an jedem Versuch, eine ultimative nicht konfessionsgebundene Weltsicht zu entwickeln (CEC 2010).

Die Konferenz europäischer Kirchen hat im Jahre 2012 als Antwort auf eine Initiative der Europäischen Union, die Bildung und Ausbildung zum Zentrum einer Langzeitstrategie der europäischen wirtschaftlichen Integration machen will, gefordert, dass Bildung mit dem Ziel der menschlichen Erfüllung zu leisten ist und über die bloße Befriedigung von Bedürfnissen der Wirtschaft und des Arbeitsmarktes hinaus zu gehen hat (CEC 2012). Es ist in der Tat mit Ott (2000) zu fragen, ob sich die Theologie heute in einer ähnlichen Lage befindet wie zurzeit David Friedrich Schleiermachers, als es ebenfalls darum ging, ihr im

Aufblühen des aufklärerischen Bildungsparadigmas einen Platz unter den Wissenschaften auf Hochschulebene zu sichern.

Es geht um die Bestimmungsfrage von Theologie und theologischer Ausbildung. Solange diese Frage nicht beantwortet ist, wird kaum zu verwirklichen sein, was Andreas Lindemann (2000) dem christlichen Glauben gemäß des neuen Testamentes zuspricht, nämlich auf die Unauflöslichkeit zwischen Religion und Wissen hinzuweisen, die auf der kritischen Reflexion beruht (Lindemann 2000:121).

Antworten in theologischer Ausbildung
auf die gegenwärtigen Herausforderungen

Nachdem im vorigen Teil dargestellt wurde, wie die Herausforderungen an Theologie und theologische Ausbildung weltweit und im europäischen Kontext wahrgenommen werden und wie sie sich bildungstheoretisch darstellen, soll nun danach gefragt werden, welche konkreten Antworten gegeben worden sind, die für die Klärung der Bestimmungsfrage von theologischer Ausbildung wichtig sind. Es sollen zwei Lösungsansätze vorgestellt werden.

Einer ist die Entwicklung einer praktischen Theologie, die sich als Handlungswissenschaft versteht und menschliches Handeln und Interaktion in ihrer Beziehung zu Gott durch empirisches Forschen erfassen möchte, und ein anderer die Entwicklung einer kompetenzenorientierten theologischen Ausbildung auf Hochschulebene.

Handlungswissenschaftliche Orientierung

Christian Grethlein (2011) bringt einen Ansatz in der praktischen Theologie, der sich wesensmäßig darum dreht, dass Kommunikationstheorie auf die Verkündigung des Evangeliums heute angewendet wird. Damit versucht er eine Antwort auf die Marginalisierung theologischer Ausbildung und ihre wachsende Isolation auf akademischem Niveau zu geben. Er verbindet das Anliegen, dass theologische Ausbildung auf Hochschulebene als wissenschaftliche Disziplin betrieben werden soll, mit der mittlerweile allgemein anerkannten Notwendigkeit der Interaktion der wissenschaftlichen Disziplinen.

Indem er Theologie und theologische Ausbildung auf die Aufgabe das Evangelium zu kommunizieren zurückführt, kommt er der Bestimmungsfrage von Theologie und theologischer Ausbildung sehr nahe. Er impliziert sie, denn für Grethlein ist die Verbindung von praktischer Theologie mit Kommunikationswissenschaften eine Möglichkeit, mit Sozialwissenschaften und empirischen Wissenschaften zu interagieren (Grethlein 2011:9). Er glaubt, dass im universitären Kontext auf diese Weise der Aufweichungsprozess der Theologie durch Religionswissenschaften verhindert werden kann. Grethlein verbindet also die Kommunikation des Evangeliums mit der Kommunikationswissenschaft und Sozialwissenschaft.

Stephanie Klein (2005) hat schon vor Grethlein daran gearbeitet, die praktische Theologie als Wissenschaft theoretisch neu zu fundieren. In ihrer wissenschaftlichen Argumentation legt sie dar, dass das forschende Subjekt in einer solchen Weise zum Forschungsprozess in Beziehung stehen muss, dass der so geschaffene Kontext das wissenschaftliche Forschungsresultat mitgestaltet (Klein 2005:157). Subjekt und Objekt der Forschung können nie getrennt gedacht werden. Die Beziehung, die sie zueinander haben, beeinflusst den Forschungsprozess. Nach Klein (2011) ist das in jedem Falle wissenschaftlich, solange diese Beziehung so klar und transparent wie möglich reflektiert wird. Auf diese Weise öffnet sie den Weg für die praktische Theologie, am wissenschaftlichen Diskurs mit anderen Disziplinen auf Hochschulebene teilzunehmen, ohne den spezifisch christlichen Charakter zu verleugnen. Stephanie Kleins Ansatz macht die Subjektivität der forschenden Person zu einer konstituierenden Komponente für die Generierung von Bildung und Konstruktion von Theorie (:240).

Grethleins Ansatz der Kommunikation in Verbindung mit Kleins Ansatz des konstituierenden Subjekts der Forschung können bereits als praktische Ausformung eines beiden Ansätzen zu Grunde liegenden Verständnisses von Bestimmung von Theologie und theologischer Ausbildung verstanden werden.

Kompetenzorientierung

Das Konzept der kompetenzenorientierten theologischen Ausbildung auf Hochschulebene ist, neben den oben geschilderten Ansätzen der praktischen Theologie, der zweite Weg, um die Bestimmungsfrage von theologischer Ausbildung heute zu klären.

Bruckmann, Reis & Scheidler (2011) bringen dieses Konzept als Antwort auf die Forderung der Europäischen Union nach Kompetenzenorientierung und lebenslangem Lernen, was auch mittlerweile weitgehend akzeptiert und angewendet wird, als ein zentrales Thema im Bereich der Hochschulbildung.

Im Konzept der kompetenzenorientierten theologischen Ausbildung auf Hochschulebene sollen die vielfältigen Dimensionen des Lernens zusammengefasst werden. Dabei schließt das Konzept der Kompetenz nicht nur Wissen, Intelligenz, Fertigkeiten, Qualifikationen und andere kognitive Komponenten wie Strategien, Routinen und Fähigkeiten, sondern auch Emotionen, Haltungen, Motivationen und Werteorientierung ein (2011:19).

Im Sinne einer solchen Kompetenzentwicklung müssen die kognitiven, emotionalen und Motivations-Aspekte des Lernens als eine Einheit betrachtet werden. Sie können nicht durch voneinander separierte und isolierte Lernaktivitäten erreicht werden. In der Wirklichkeit sind Kompetenzen in Handlungen integriert, die der jeweils einzigartigen Konfiguration eines Individuums entsprechen (:20). Von daher konstruieren Kompetenzen Veränderungen gemäß dem Individuum, das die Disposition der Kompetenz darstellt in Bezug auf ein Objekt, das wiederum die herausfordernde Situation darstellt (:21). Auf diese Weise werden in der Kompetenz die Dimension der Person-Orientierung, der Funktion und der Situation integriert (:20).

Obwohl in diesem Konzept stets klare Anwendungen für Kompetenzen zu sehen sind, sind sie doch mehr wie Dispositionen zu verstehen, das heißt, sie sind offen für willkürliche Aktionen (:20). Damit wird ausgedrückt, dass Kompetenzen letztlich von Bestimmungen abhängig sind. Sie können von ihnen getrennt werden und weil sie mit Handlungen verbunden sind, neuen beliebigen Bestimmungen zugeordnet werden. Damit kann dieselbe kompetente Handlung verschiedenen auch sich gegenseitig ausschließenden Zwecken dienen.

Kompetenzen brauchen folgerichtig immer eine übergeordnete Bestimmung. Theologische Kompetenzen bedürfen daher einer Bestimmung (*„fitness for purpose"*), die sich aus der übergeordneten Bestimmung (*„fitness of purpose"*) von Theologie überhaupt widerspruchsfrei ableiten lässt. Erst durch die Einführung der *missio Dei* als Kriterium der theologischen Ausbildung wird die Verbindung der kontextuellen Bestimmungen der Ausbildung mit dem übergeordneten Zweck hergestellt.

Die Frage nach dem „Wozu" stellt sich ganz besonders, wenn in der kompetenzenorientierten Ausbildung auf Hochschulebene vom Lehrkörper eingefordert wird, dafür verantwortlich zu sein, dass Lernende ihr Lernen als persönlich relevant erkennen und empfinden, dass es wichtig ist, genau das jeweilige Thema zu studieren. Er muss Handlungen ermöglichen, die mit dem Thema zu tun haben und die willentliche Integration fördern (Bruckmann, Reis & Scheidler 2011:30).

Das Konzept der kompetenzenorientierten theologischen Ausbildung auf Hochschulebene ist wohldurchdacht und seine Stärke besteht eben genau in der Orientierung auf Kompetenzen, die sich nur in Handlungen manifestieren können.

Das grundlegende Bildungsproblem aber ist noch nicht gelöst, weil gerade dieses Konzept nicht ohne eine Klärung der übergeordneten Bestimmung der Kompetenzen auskommen kann. Bestimmung und Kompetenzen in theologischer Ausbildung können nicht voneinander getrennt werden.

Die Einführung einer, leider nicht näher definierten, missionarischen Dimension in die theologische Ausbildung auf allen ihren Ebenen, einschließlich der Hochschulebene (Aleshire 2011), eng verwoben mit dem Leben und seinen Beziehungen (Morillo 2012), wird ebenfalls immer wieder eingefordert. Weltweit gesehen gibt es einen großen Aufbruch, neue christliche Universitäten zu gründen, entsprechend den allgemeinen wachsenden Anforderungen an theologische Ausbildung (Carpenter 2012).

Steinke (2011) fordert eine erneuerte Mission der theologischen Ausbildung. Theologische Ausbildung habe schon immer die Frage nach der Wahrheit angesprochen und müsse es auch immer tun. Dies könne durchaus auf wissenschaftliche Art und Weise geschehen „within a context characterized by the limitation to realities and differing views. Theology will be science than by calling attention to the profoundness of that kind of talking of God which is beyond its reach" (Weder, 2012).

Doch erst, wenn Theologie und theologische Ausbildung ihre übergeordnete Bestimmungsfrage klären, werden sie sprachfähig und kompetent, ihre Aufgabe zu erfüllen.

Der deutschsprachige Kontext

Im deutschsprachigen Kontext stellt sich die Herausforderung an die Bestimmung von Theologie und theologische Ausbildung in besonderer Weise.

Das wichtigste Gremium in Deutschland für die Wissenschaften im universitären Kontext ist der Wissenschaftsrat. Er berät die Landesregierungen in allen Fragen der Entwicklung der Hochschulbildung im Blick auf Inhalt und Struktur und Fragen der Unterstützung für Forschungsinstitutionen. Dieses Gremium veröffentlichte 2010 seine Empfehlungen für die Entwicklung von Theologie und Wissenschaften im Verhältnis zu Religionen an deutschen Hochschulen. In seinem Papier (WR 2010) beklagt der Wissenschaftsrat die Zögerlichkeit, mit der die theologischen Fakultäten den Bologna-Prozess implementieren.

Der Rat gesteht der Theologie unter den Wissenschaften eine besondere Position zu. Er anerkennt die Spannung zwischen den normativen Ansprüchen der Theologie, die sich in Bezug zu Gott versteht, und der notwendigen Offenheit, die wissenschaftliche Forschung einfordert. Er stellt fest, dass die Theologie nicht ihre eigenen spezifischen wissenschaftlichen Methoden hat, sondern streng an den Kanon der Methoden der Geistes-, Kultur- und Sozialwissenschaften gebunden ist (WR 2010:51).

Die Tendenz, unter evangelikalen und katholischen Christen unabhängige Institutionen der Ausbildung auf Hochschulebene zu schaffen, wird mit Sorge betrachtet, weil so die staatliche Kontrolle über die akademischen Standards erschwert wird (2010:61).

Dagegen begrüßt der Rat die Entwicklung, dass theologische Fakultäten mehr und mehr ihre traditionellen Lehrstühle für missionarische Studien in Lehrstühle für Religionswissenschaften umwandeln als „eine sensible Interpretation der Zeichen dieser Zeit" (:62).

Der Wissenschaftsrat formuliert aber auch eine Erwartungshaltung gegenüber der Theologie und der theologischen Ausbildung. Er empfiehlt der Theologie, ihren Beitrag zu Themen einer allgemeinen kulturellen Bildung zu leisten (:63), Wege anzubieten, die menschliche Existenz zu verstehen, die kritische Selbstreflexion aller Wissenschaften im Blick auf ihre Weltbilder zu fördern (:58) und religiöse und moralische Orientierung zu geben, um den Erhalt der modernen demokratischen Gesellschaft zu gewährleisten (:56). Ebenfalls wird der Theologie empfohlen, ihre Zusammenarbeit mit anderen theologischen Fakultäten zu fördern und den Raum der Universität als vornehmlichen Ort, Theologie zu generieren und Theologie zu treiben, zu betrachten (:58). Der Wissenschaftsrat erinnert daran, dass die Debatte unter Theologen noch nicht beendet ist, wonach Theologie entweder als eine normativ orientierte Kulturwissenschaft des Christentums zu verstehen sei oder als eine Wissenschaft von Gott mit dem Anspruch auf normative Lehre (:53).

Das ist ein direkter Hinweis auf die ungelöste Frage der Bestimmung von Theologie und theologischer Ausbildung. Ein säkulares Gremium formuliert die Benchmarks einer Antwort auf die Bestimmung der Theologie und theologischen Ausbildung und den Anspruch darauf, dass die Theologie innerhalb der Wissenschaften ihren Platz nicht räumen dürfe.

Damit ist die fundamentale Frage nach der Identität der Theologie gestellt (Müller 2011:95). *Die Frage nach der Bestimmung der Theologie und derBestimmung von theologischer Ausbildung ist zugleich die Frage nach der Identität der Theologie. Die Definition der Identität von Theologie ist auch die Antwort auf die Frage nach ihrer Bestimmung.*

Zu Recht weist Müller (2011) darauf hin, dass „die Legitimation der Theologie eine Wissenschaft zu sein, von ihrer Fähigkeit abhängt, Gotteserkenntnis in ihrer wissenschaftlichen Arbeit zu lehren" (:95). Der Anspruch, Gotteserkenntnis zu lehren, kann nicht auf bloßer Selbstbehauptung beruhen. Eine solche Frage berührt grundlegend die Wissenschaftstheorie und muss in den Begrifflichkeiten kognitiver Wissenschaften und der Vernunft angegangen werden und hängt, nach Müller, sehr stark davon ab, wie vertrauenswürdig und verlässlich die Theologie selbst ihre eigenen Quellen und konstituierenden Narrationen erachtet (:95).

Damit ist die Verbindung zwischen der Bestimmung der Theologie und theologischer Ausbildung hergestellt, also ihrer Identität und die ihre Bestimmung konstituierende Autorität, die sie in der Schrift findet. Die Bestimmungsfrage theologischer Ausbildung hat also fundamental mit dem Wort Gottes als Ausdruck eines normativen Anspruches an sie zu tun.

Damit ist zumindest eine Antwort auf die Bestimmungsfrage nicht innerhalb der Theologie als Wissenschaft, sondern in der sie konstituierenden Autorität zu suchen. In diese Richtung aber weniger klar und eher undeutlich weist Krengel (2011). Sie reflektiert die Auswirkungen, die der Bologna-Prozess auf die evangelische Theologie und theologische Ausbildung hat, und schlussfolgert, dass sich im Umgang mit dem Paradigmenwechsel in der Bildungstheorie und -praxis, den die evangelische Theologie gerade erfährt, für sie die große Chance verbirgt, sich wiederzufinden (2011:367).

Sie fragt kritisch mit Grethlein, ob sich Theologie über einen Berufsstand definieren könne, insbesondere eine Funktion oder ein Objekt (:364). Sie schlägt vor, eine Bestimmung der Theologie und theologischen Ausbildung zu entwickeln, die sich auf der Kommunikation des Evangeliums gründet.

Dalferth (2012) geht einen Schritt weiter und versucht die Möglichkeit einzuführen, Gotteserkenntnis als wissenschaftlichen Akt zu begreifen, weil Theologie grundlegend nicht eine Wissenschaft unter anderen sei und auch nicht in Rivalität zur Philosophie stehe. Wissenschaften seien streng gebunden an die Wirklichkeit, zu der sie gehören, wohingegen die Theologie beschäftigt sei mit dem, was möglich ist (2012:239). Das heißt, dass ihre Möglichkeit von Gott her bestimmt wird und so die Wirklichkeit, an die andere Wissenschaften gebunden sind, übersteigt. Aber Theologie und theologische Ausbildung wenden sich nicht an eine *andere* Welt, sondern an diese Welt *auf eine andere Art und Weise*, insofern sie einen anderen Standpunkt einnehmen und davon ausgehen, dass das, was möglich ist, vor dem kommt, was wirklich ist, und „so Gott verbunden sind, der wiederum die Wirklichkeit dessen ist, was möglich ist" (:239). Mit seiner Zuordnung der Begriffe Möglichkeit und Wirklichkeit öffnet Dalferth der Theologie die Tür, ihre transzendente Begründung zum Bestandteil ihrer wissenschaftlichen Gestalt zu machen. Somit hat nach Dalferth die Theologie ihren Bezug zur Wirklichkeit und damit auch zur Wissenschaft nicht verloren, wenn sie sich auf Gott bezieht, im Gegenteil.

Die Frage nach der Bestimmung von Theologie und theologischer Ausbildung ist nach diesen Recherchen zu ihrem Zentrum gelangt. Die Herausforderungen im globalen und europäischen Kontext, die Probleme des wissenschaftlichen Ansatzes, die Kommunikation des Evangeliums und der *„fitness of purpose"* von Theologie und theologischer Ausbildung gehören zusammen. Sie hängen zusammen und haben direkt mit Gott zu tun.

Zusammenfassung

Der Bologna-Prozess hat die Frage nach der Bestimmung von Hochschulbildung grundsätzlich aufgeworfen und stellt so eine große bildungstheoretische Herausforderung dar. Die Untersuchung der Frage, wie die Bestimmung der Hochschulbildung im Bologna-Prozess aussieht, ergibt dreierlei Aspekte. Zum ersten wird ihre Bestimmung allgemein im Dienst der Wirtschaft gesehen, aber das Ziel, einen größeren sozialen Zusammenhalt in Europa zu erreichen, nicht konkret ins Auge gefasst. Zum zweiten wird von Theologie und theologischer Ausbildung im Besonderen verlangt, dass sie einen konstituierenden Beitrag dazu leisten, dass sich Hochschulbildung trotz der Indienstnahme durch die Wirtschaft, an einer eigenen Profilierung derselben beteiligt. Zum dritten zeigt sich, dass sich Theologie und theologische Ausbildung unabhängig vom Bologna-Prozess in einer Krise der Selbstfindung um ihre eigene Bestimmung befinden.

Theologie und theologische Ausbildung auf Hochschulebene können sich als *Letztbegründung* ihre Bestimmung nicht von den Reformvorstellungen der Europäischen Union zur Gestaltung eines einheitlichen europäischen Hochschulraumes geben lassen. Sie haben aber den Rahmen und die Umstände anzunehmen, in denen sie wirken sollen. Die Aufgaben, die ihnen darin gestellt werden, müssen sie ebenfalls annehmen und dann in Übereinstimmung mit ihrer Bestimmung bewältigen. Gerade im Blick auf die alles entscheidende immer noch offene Frage nach den gemeinsamen Werten können Theologie und theologische Ausbildung über ihren jeweiligen Kontext hinaus international und überkonfessionell bewusst und zielgerichtet einen Beitrag leisten, der in seiner politischen Dimension über das hinausgeht, was an internationalen und ökumenischen Bestrebungen letztlich nur gesamt gesehen innerkirchlich bleibt, aber nicht den Bezug zur Krise der mangelnden Wertegemeinschaft in Europa findet.

Die politische Konstruktion der Europäischen Union erweist sich, je länger je mehr, als nicht gefestigt genug, weil sie viel zu sehr auf die wirtschaftlichen Ziele ausgerichtet ist und keine wirkungsvolle Arbeit an der Bildung einer europäischen Identität und damit an der Wertegemeinschaft leistet.

Die Europäische Union beruht auf einem großen Ensemble zivilisatorischer Werte, deren Wurzeln zweifellos auf die Antike und das Christentum zurückgehen und die sich durch zwei Jahrtausende hindurch zu der Gestalt entwickelt haben, die wir heute als die Grundlagen der modernen Demokratie, des Rechtsstaates und der Bürgergesellschaft begreifen. Das Ensemble dieser Werte hat sein klar umrissenes sittliches Fundament und seine manifeste metaphysische Verankerung, und zwar ungeachtet dessen, inwieweit der moderne Mensch sich das eingesteht oder nicht. Man kann also nicht sagen, der Europäischen Union mangele es an einem eigenen Geist, aus dem alle ihre konkreten Prinzipien, auf denen sie beruht, hervorgegangen sind. Nur scheint es, dass dieser Geist zu. wenig sichtbar wird. So, als ob er sich hinter all den Bergen von systematisierenden, technischen, administrativen, ökonomischen, wechselkursregelnden und sonstigen Maßnahmen, in die er eingegangen ist, allzu gründlich verberge. Und so kann bei manchen Menschen der durchaus begreifliche Eindruck entstehen, die Europäische Union bestehe — etwas vulgarisierend formuliert — aus nichts anderem als aus endlosen Debatten darüber, wie viele Mohrrüben irgendwer irgendwoher irgendwohin ausführen darf, wer diese Ausfuhrmenge festlegt, wer sie kontrolliert und wer im Bedarfsfall den Sünder zur Rechenschaft zieht, der gegen die erlassenen Vorschriften verstößt. Deswegen scheint mir, dass die wichtigste Anforderung, vor welche die Europäische Union sich heute gestellt sieht, in einer neuen und unmissverständlich klaren Selbstreflexion dessen besteht, was man europäische Identität nennen könnte, in einer neuen und wirklich klaren Artikulation europäischer Verantwortlichkeit in verstärktem Interesse an einer eigentlichen Sinngebung der europäischen Integration und aller ihrer weiteren Zusammenhänge in der Welt von heute, und in der Wiedergewinnung ihres Ethos oder — wenn Sie so wollen — ihres Charismas (Havel 1994).

Die konsequente Arbeit an diesen Werten und an der Entwicklung einer darauf beruhenden Gemeinschaft ist bis heute mangelhaft. Es steht zu befürchten, dass auch in absehbarer Zeit keine Arbeit an der Bildung einer europäischen Identität geleistet wird, und die wirtschaftlichen Zwecke und damit die wirtschaftlichen Probleme dominant bleiben.

Dabei ist offensichtlich, dass das hohe Ziel eines „größeren sozialen Zusammenhaltes" angehängt an den Bologna-Prozess auch mit Bildung zu tun haben soll. Dazu muss aber das Problem gemeinsamer Werte in der Bildung thematisiert werden. Gerade hier können Theologie und theologische Ausbildung substanziell einen Beitrag leisten. Das Problem Europas als Wertegemeinschaft ist ein Problem der europäischen Identität. Aktuell ist diese Debatte dabei stehen geblieben, die „europäische Vielfalt zu beschwören" (Schmidt & Schünemann 2009:231). Schmidt und Schünemann sehen, dass sich mit dieser „unbestimmten Vielfalt" keine Gemeinschaft konstituieren kann. In einer Zusammenschau der Entwürfe für eine Wertegemeinschaft gewinnen sie den bis heute gültigen Eindruck

> […] einer Union auf Identitätssuche, deren Selbstvergewisserung sich als fortwährender Prozess darstellt, dessen Unabgeschlossenheit und tendenzielle Widersprüchlichkeit zur generellen Unbestimmtheit des Einigungswerks und damit vermutlich auch zum Mangel an demokratischer Legitimität in entscheidender Weise beitragen (Schmidt & Schünemann 2009:231).

An einer geregelten Weiterentwicklung der Grundlagen eines gemeinsamen Hochschulraumes mit dem Ziel über die Wirtschaftsmacht hinaus den größeren sozialen Zusammenhalt in Europa zu bilden, ist ohne eine grundlegende Bildungsarbeit an der gemeinsamen Identität und damit den gemeinsamen Werten nicht zu denken. Sollte die Europäische Union ihre Bestimmungskraft in den von ihr beanspruchten Bereichen Hochschulraum und Wirtschaft verlieren, wird auch die Frage der Bestimmung von Bildung ganz neu gestellt werden. Die jetzige Bestimmung von Bildung, Europa zur stärksten wissensbasierten Wirtschaftsmacht der Welt zu machen, steht noch im Vordergrund. Das zweite Ziel des größeren sozialen Zusammenhaltes ist schon verloren gegangen. Mit dieser Entwicklung werden sich Theologie und theologische Ausbildung nicht einverstanden erklären können. Aber nicht nur deshalb, sondern auch grundsätzlich, muss sich theologische Ausbildung ihre „*fitness of purpose*" aus der ihr eigenen Identität herleiten, um so die ihr eigenen ethischen, moralischen und spirituellen Dimensionen für Bildung auf Hochschulebene fruchtbar zu machen. Dazu bedarf es aber erstens einer Klarheit über diese Identität und zweitens einer Sprach- und Handlungsfähigkeit im Kanon der Wissenschaften. Diese kann nur gewonnen werden, wenn überkonfessionelle Bemühungen um ein gemeinsames Verständnis von den Zielen theologischer Ausbildung auf der Grundlage der den christlichen Glauben konstituierenden Quellen, vor allem der Bibel, entschieden und zielgerichtet aufgenommen oder fortgesetzt werden.

Diese Arbeit ist unerlässlich, auch wenn sie mit hermeneutischen Problemstellungen beladen ist, die sich nicht abschließend lösen lassen, weil diese sich je nach Wechsel von Zeit und Denkweise immer neu gestellt haben und stellen werden. Sie soll sich daher auch so zentral wie möglich an dem orientieren, was den christlichen Glauben ausmacht und konfessionsübergreifend unstrittig ist. Das ist die Sendung Gottes in Jesus, der der Christus ist. Über seine Person als sinnstiftende Mitte der Theologie und theologischer Ausbildung wird die Gegenwart des Vaters und des Heiligen Geistes mitgesetzt und so ein trinitarisch verankertes Ziel gegeben, das mit der Sendung Gottes für diese Welt übereinstimmt.

Kapitel 3

Die Teilhabe an der *missio Dei* als Bestimmung für Theologie und theologische Ausbildung
Eine theologische Untersuchung

Die These dieser Arbeit lautet, dass Theologie ihre jeweilige kontextuelle Be-stimmung nur dann findet, wenn sie die Teilhabe an der Sendung Gottes, der *missio Dei*, zu ihrem Ziel macht und diese als ihre übergeordnete Bestimmung von Theologie und theologischer Ausbildung in der Trinität Gottes verankert sieht. Theologie und theologische Ausbildung leben also durch einen positiven Transzendenzbezug und müssen sich dazu bekennen und ihn formulieren. Nur so können sie ihre Identität klären, ihre Bestimmung finden, ihre Kompetenzen formulieren, sprach- und handlungsfähig werden und ihren Beitrag im wissen-schaftlichen Diskurs leisten. Tun sie das aber nicht, so haben sie sich den Reli-gionswissenschaften unterzuordnen oder sich in sie einzugliedern.

Wenn es stimmt, dass das natürliche Wesen des dreieinigen Gottes ein sich sendendes ist, dann sind Theologie und theologische Ausbildung mit ihren praktischen und theoretischen Aktivitäten auf Gott bezogen wesensmäßig „mis-sionarisch", das heißt im Geiste und dem Vorbild Jesu gemäß gesendet und in ihrer Bestimmung auf allen Ebenen einschließlich der Hochschulebene auch so zu begreifen. Von daher können die aktuellen Herausforderungen an Theologie und theologische Ausbildung auch als „missionarische" Herausforderung be-schrieben werden. Damit ist gemeint, dass sie nicht herausgefordert sind, den Hochschulraum durch ihre „Mission" zu dominieren, sondern ihre Sendung von Gott her in den Hochschulraum hinein neu zu bedenken und ihre Existenz und ihr Wirken mit der *missio Dei* in Übereinstimmung damit zu bringen.

Es ist die Herausforderung an Theologie und theologische Ausbildung sich ihrer Verwurzelung, gerade auch in bildungstheoretischer Hinsicht, in der Dreieinigkeit Gottes bewusst zu werden. Es geht dabei um die wichtige Aufgabe der transzendenten Begründung ihrer Existenz und ihrer Aufgabe. Dieser Be-wusstwerdungsprozess, als ein Prozess der Wiederfindung der Identität und da-mit der Neuentdeckung der Bestimmung, kann aber auch zu einem unausweich-lichen „Prozess des Sterbens und der Auferstehung" (ICETE 1990) führen, weil diese erwünschte Erneuerung nicht durch bloße Nachjustierung oder Verbesserungen zu erreichen ist.

Theologie und theologische Ausbildung können sich nicht selbst definieren und sich selbst eine Bestimmung geben, weil sie nicht außerhalb und ohne ihren Ursprung im dreieinigen Gott existieren können. Von daher muss die Bestimmungsfrage in der Begrifflichkeit der Mission Gottes beantwortet werden, der *missio Dei*. Solange dies nicht geschieht – wobei die grundlegenden Ebenen der Bildungstheorie berührt werden müssen, bei gleichzeitigem Erhalt der Kommunikationsfähigkeit in einer pluralistischen, multikulturellen und multireligiösen Gesellschaft – werden Theologie und theologische Ausbildung zunehmend irrelevant werden und immer mehr in dieser Welt, ihren Menschen und Kulturen aufgehen und sich verflüssigen. Sie drohen ernsthaft, wie Müller (2011) es richtig vorhersagt, von den Religionswissenschaften eingenommen und schließlich absorbiert zu werden (2011:95).

Da ist es dann unausweichlich, die Wahrheitsfrage auch vom Hochschulraum aus unter der Vielzahl von Religionen und individuellen religiösen Entwürfen neu zu stellen. Geschieht dies aber nur im Geiste der Vormoderne, Moderne oder Postmoderne, sind die entsprechenden Konflikte und das entsprechende Versagen vorprogrammiert. Teilhabe an der *missio Dei* bedeutet gerade nicht, im Geiste der Zeit Theologie und theologische Ausbildung zu betreiben, sondern die Teilhabe an der Sendung Gottes in der jeweiligen Zeit zu kontextualisieren. Diese Herausforderung kann nur gelingen, wenn Kommunikationsfähigkeit zugleich „Zeugnisfähigkeit" ist. Georg Vicedom (1958) hat bereits in den späten fünfziger Jahren darauf hingewiesen, dass die Religionen dieser Welt mit scharfem Blick die Herausforderungen durch den christlichen Glauben erkannt und sich darauf eingestellt haben. Sie können sich bis heute selbst behaupten und darüber hinaus mit dem Finger auf die Geschichte des Versagens und Scheiterns christlicher Entwürfe von Leben und Gesellschaft zeigen, während sie sich umso mehr für ihre Anhänger als Sinn und Zweck des Lebens profilieren. Vicedom betont zu Recht, dass die Religionen und dazu würden heute auch die individualistischen privaten Religionsentwürfe zählen, ihre Stärke darin haben, dass ihre spirituellen Dimensionen eine enorme Bindungskraft besitzen, die Identität stiftet und ihre Gemeinschaften zusammenhält. Diese Situation ist ja weltweit nun eingetreten. Mit Vicedom (1958:21) damals, soll heute neu klar gesagt werden, dass es in dieser Lage nicht darum geht, all dem Pluralismus, religionsphilosophischen Systemen, postmodernen Ansätzen und Vielfalt ein christliches System gegenüberzustellen oder Überzeugungsarbeit zu leisten. Es geht vielmehr darum, mitten unter diesen gegebenen Umständen, in dieser Zeit und den Menschen zugewandt, die Taten Gottes zu bezeugen. „Die Verkündigung kann nur antithetisch als Proklamation erfolgen. Das übrige muss dem Geist Gottes überlassen werden" (1958:21). Das ist weder naiv, noch hilflos, noch fundamentalistisch, sondern es ist die Rückbesinnung auf das Urbild der *missio Dei* in der Sendung Jesu, der von sich sagen konnte: „Wahrlich, wahrlich, ich sage dir: Wir reden, was wir wissen, und bezeugen, was wir gesehen haben [...]" (Joh 3,11). Die Jünger konnten ebenfalls sagen: „Denn es ist uns unmöglich, von dem, was wir gesehen und gehört haben, nicht zu reden" (Apg 4,20).

Die Teilhabe an der *missio Dei* bietet sich als Zweck und Ziel für theologische Ausbildung an, weil sie sowohl theologisch als auch bildungstheoretisch eine Verbindung zwischen Gott, der sich sendet, Theologie und theologischer Ausbildung, Kirche und Welt herstellt. Durch diese seine eigene Sendung hat sich Gott in der Welt aus Liebe in einzigartiger Weise sprach- und handlungsfähig gemacht, die über die Offenbarung seiner selbst in der Schöpfung weit hinausgeht. Wenn sich Theologie und theologische Ausbildung ihre Bestimmung aus dem einzigartigen Reden Gottes in seiner Sendung geben lassen, werden sie in Übereinstimmung mit Gottes Heilswillen für diese Welt sprach- und handlungsfähig und können ihre Stimme auch im Kanon der Wissenschaften neu zu Gehör bringen, wie es ja der Wissenschaftsrat einfordert. Doch dazu braucht es den Mut des Bekenntnisses zur Teilhabe an der *missio Dei*.

Alle bildungstheoretischen Überlegungen im Blick auf Theologie und theologische Ausbildung können nicht mehr hinter die *missio Dei* zurück, wie sie sich als vorsätzliche, bedachte Hinwendung Gottes an diese Welt versteht (Flett 2010:204). Diese Hinwendung Gottes ist Teil seines Wesens und nicht eine sich von irgendwo anders her begründende Tat. Als lebendiger Gott ist Gott ein missionarischer Gott. Nach Gottes Selbstbestimmung und selbsteigener Entschlusskraft ist die apostolische Mission genau ein Teil des ewigen Lebens Gottes (:211). Von daher ist es möglich, Theologie und theologische Ausbildung als Bestandteil des Sendungsauftrages Jesu an seine Jünger in Matthäus 28,18-20 zu sehen und von hierher ihre Bestimmung zu begreifen. Wenn Theologie und theologische Ausbildung Teil der Sendung Gottes sind, dann haben sie ihre tiefste Verankerung, wie die *missio Dei* auch, in Gott selbst. Der Anschluss an die *missio Dei*-Diskussion erfolgt mit John G. Flett (2010), indem er sagt,

> God is a missionary God because he has determined himself to be for and with the human. [...] The Father's begetting the son is a deliberate act, not a second step alongside who God is in and for himself, but the determination of his own life. This act belongs to God's life from and to all eternity, for it is the nature of his perfect splendor that he is this living God. It is not possible to go behind this act. Fellowship is the nature of God's life (2010:288).

Diesem Ansatz folgend, wird die *missio Dei* hier so verstanden, dass sie Gottes eigene Sendung ist, seinem Wesen entspricht und folgerichtigerweise in der Trinität verankert ist. Ebenfalls wird so deutlich gemacht, dass Theologie und theologische Ausbildung in ihrer Arbeit und ihrer Zielsetzung nicht hinter die Menschwerdung Gottes zurückgehen können, daher nicht abstrakt bleiben dürfen. Mit Flett ist eindeutig festzuhalten, dass Jesu Aufforderung, seine Zeugen zu sein, unter keinen Umständen zu einem sekundären Status werden darf.

Wenn Mission in der Lehre der Trinität verortet wird, muss sie auch von dort her ins theologische Curriculum zurückkehren und zentral werden für die theologische Ausbildung (:296). Damit wird also die *missio Dei* als Kriterium der theologischen Ausbildung geradezu zu einer theologischen Notwendigkeit. Weil das Ziel der *missio Dei*, die Gemeinschaft Gottes mit den Menschen, sich nicht in abstrakten Lehrinhalten erschöpft, sondern erfahrbar ist, muss sich theologische Ausbildung darum bemühen, Zugänge zu dieser Zielerfahrung zu öffnen. Das ist eine große Herausforderung. Wie soll eine Gotteserfahrung, gleichwertig mit dem, was der Jünger Johannes erfuhr, heute noch möglich sein?

> Was von Anfang an war, was wir gehört, was wir mit unseren Augen gesehen, was wir angeschaut und unsere Hände betastet haben vom Wort des Lebens – und das Leben ist geoffenbart worden, und wir haben gesehen und bezeugen und verkündigen euch das ewige Leben, das bei dem Vater war und uns geoffenbart worden ist –; was wir gesehen und gehört haben, verkündigen wir auch euch, damit auch ihr mit uns Gemeinschaft habt; und zwar ist unsere Gemeinschaft mit dem Vater und mit seinem Sohn Jesus Christus. Und dies schreiben wir, damit unsere Freude vollkommen sei (1Joh1,1–4).

Johannes führt hier die Verkündigung und den Glauben ein, als Anschlussraum an die Erfahrung von Gottes Heil für die Menschen. Theologie und theologische Ausbildung können das nicht an die Kirchen delegieren.

Missio Dei bedeutet auch, dass Gott Menschen an der Verwirklichung seiner Ziele beteiligen will. Der Mensch kann dabei nicht übernehmen, was nur Gott tun kann, aber sehr wohl *seinen* Teil dazu beitragen, das Ziel der Gemeinschaft mit Gott zu erreichen. Es ist eine grundlegende These dieser Arbeit, dass die Teilhabe an der *missio Dei* als Bestimmung der theologischen Ausbildung dazu einen effektiven Beitrag leisten kann. *Missio Dei* ist die Menschwerdung Gottes mit dem Ziel, den Menschen zu begegnen, sie mit sich zu versöhnen und daraus weltweit Frieden und Leben zu stiften.

Deshalb dürfen sich Theologie und theologische Ausbildung nicht spekulativ mit dem beschäftigen wollen, was von Gott unsichtbar ist und bleibt, um diesem Ziel zu dienen, sondern sie müssen sich mit dem beschäftigen, was Gott von sich sichtbar gemacht hat. Diese Spur ist grundlegend gelegt worden von Martin Luther in seiner Heidelberger Disputation von 1519 (Luther & Köpf 2003:361-362), als er Theologie und theologische Ausbildung darauf verpflichtet sehen wollte, sich vom Beweis der Liebe Gottes in Jesus am Kreuz her ihre übergeordnete Bestimmung geben zu lassen und nicht aus der Beschäftigung mit der Schöpfungswirklichkeit, die den Menschen umgibt und sich seinem Forschungsdrang öffnet. Theologische Erkenntnis, die sich an der *missio Dei* orientiert, gründet in dem, was Gott von sich sichtbar gemacht und selber in den Mittelpunkt alles theologischen Erkenntnisinteresses gestellt hat. Das ist der Erweis seiner Menschenliebe in Jesu Kreuz und Auferstehung, unlöslich verbunden mit der Person, dem Leben und der Lehre Jesu, als dem lebendigen Wort Gottes.

Insofern impliziert Theologie und theologische Ausbildung mit der Teilhabe an der *missio Dei* ein Bekenntnis zu Kreuz und Auferstehung Jesu.

Die Bildungsdimension der *missio Dei*

In dem Auftrag Jesu an seine Jünger „Lehret sie halten alles, was ich euch geboten habe" (Mt 28,20), scheint die Bildungsdimension der *missio Dei* auf. Weil Theologie nicht hinter die Menschwerdung Gottes in Jesus zurückgehen kann, gilt dies auch für theologische Ausbildung. Sie muss sich anschließen an das, was Gott von sich sichtbar gemacht hat, und sich von dort her ihre Ziele und ihre Identität geben lassen. Das erreicht sie in der sukzessiven Übernahme des sogenannten Missionsbefehles, unter besonderer Berücksichtigung des Bildungsauftrags, der in ihm enthalten ist und den Anschluss an ihn.

Die *missio Dei* findet also in dem Auftrag Jesu, Menschen aus allen Völkern zu solchen zu machen, die von ihm lernen, ihre Fortsetzung und ist mit dem Auftrag, so zu lehren, dass auch die praktische Umsetzung der Worte Jesu geschieht – „lehret sie *halten* alles, was ich euch gesagt habe" – zugleich ein ergebnisorientierter Bildungsauftrag. Diese Bildung ist ein unaufhebbarer Bestandteil der Sendung der Jünger (Mt 28,18-20) und verortet sich mit dem Begriff des Lehrens in das Gebiet der Bildung. Die Lehrinhalte umfassen an dieser Stelle alles, was Jesus den Jüngern gesagt hat, und schließen so die Fülle seiner Worte und damit die Fülle seines Lebens ein, weil Jesus seine Worte selber als Geist und Leben bezeichnet hat. „Der Geist ist es, der lebendig macht; das Fleisch nützt nichts. Die Worte, die ich zu euch geredet habe, sind Geist und sind Leben" (Joh 6,63). In der Verbindung von Wort, Geist und Leben liegt die Kraft zur Veränderung und erklärt, warum es so wichtig ist, dass Menschen gelehrt werden, die Worte Jesu zu halten. Im Halten, also in der Anwendung der Worte Jesu, entfalten sich Geist und Leben Gottes in dieser Welt. Dass Gottes Geist souverän in dieser Welt wirkt, auch unabhängig davon, ob Menschen Jesu Worte halten oder nicht, ist nicht Gegenstand der Überlegung. Die Bildungsperspektive auf die *missio Dei* vermag zu unterscheiden zwischen dem, was die Teilhabe des Menschen an ihr ausmacht und dem, was sich dem Bereich menschlicher Partizipation entzieht.

Die Selbstsendung Gottes im Sohn ist im Blick auf die Teilhabe des Menschen daran ein unauflösliches Miteinander seiner Menschwerdung mit seinem Wort, mit seinem Leben und mit seinem Geist und verwirklicht sich am Menschen konkret durch zwei Dinge. Das sind die Taufe – „Taufet sie auf den Namen des Vaters und des Sohnes und des Heiligen Geistes" (Mt 28,19) – und eine Art von Bildung, die Menschen, die sich ihr öffnen, dazu befähigt, die Worte Jesu im Kontext ihrer Zeit zu halten, das heißt zu *tun* – „und lehret sie halten alles, was ich euch befohlen habe" (Mt 28,20).

Wo immer das geschieht, wird im Halten der Worte Jesu zugleich die Sendung Gottes fortgesetzt und damit werden sein Leben und sein Geist wirksam.

Wenn theologische Ausbildung die Teilhabe an der *missio Dei* als ihre Bestimmung annimmt, dann lässt sie sich ganz und gar in den Dienst der Sendung Gottes stellen. Sie kann nicht unbeteiligt die Sendung Gottes von außen reflektieren, sondern tut es als unmittelbar Beteiligte, als theologische Bildung und Ausbildung, die sich nur von der Sendung Gottes her verstehen und sich nur als Teil von ihr begreifen kann.

Die Lernziele theologischer Bildung und Ausbildung müssen sich mit dem in Übereinstimmung befinden, was sich Gott in seiner Sendung für die Welt zum Ziel gesetzt hat. Das heißt, die Lernziele von theologischer Ausbildung müssen eine in ihrem jeweiligen Kontext konkrete Umsetzung von dem sein, was Gott mit seiner eigenen Menschwerdung unmittelbar verbunden hat. So kommt an dieser Stelle die Person Jesu und wie er Theologie verstanden hat zum Tragen. Clemens Sedmak (2000) hat dazu erhellend einen Beitrag geleistet. Er summiert nicht Aspekte oder reiht Ziele aneinander, sondern geht davon aus, dass Theologie, die nach Jesus getrieben wird, sich in Übereinstimmung mit dem befinden muss, wie Jesus Theologie gewollt hat. So kommt bei ihm der Begriff

der Bestimmung und damit die teleologische Dimension grundlegend zum Tragen, ohne dass dies explizit genannt wird. Sedmak beginnt mit „Jesus als Glau-
bensgrund" (2000:108) der Theologie und macht so das ganze „Wie" und „Was"
der Theologie davon abhängig, wie und was Jesus mit Theologie gewollt hat.

In den Überlegungen an dieser Stelle muss dem „Wie" und „Was" von
Theologie und theologischer Ausbildung das große „Wozu" übergeordnet werden, eben die Teilhabe an der *missio Dei,* was dann gleichbedeutend damit ist,
mit Theologie und theologischer Ausbildung den Willen Jesu zu tun.

Mit einer Klärung dieser großen Bestimmungsfrage vorausgesetzt, erscheinen Sedmaks Thesen (2000) wie die Grundlage für ein mögliches Curriculum. Immer mit dem Verständnis im Hintergrund, dass eine persönliche Beziehung zu Jesus prozesshaft existiert und in Theologie und theologischer Ausbildung vorkommen muss, stellt er die sechs Thesen auf, dass Theologie erstens
immer in einem kulturellen Kontext getrieben wird, dass zweitens ihre Letztbegründung nicht in ihr selbst zu finden ist, dass sie drittens die kontextuellen Herausforderungen annimmt, dass sie viertens den Menschen aufsucht und den Menschen meint, dass sie fünftens vollmächtig ist und dient, dass sie sich dorthin
bewegt, wo es der Befreiung und Ermächtigung zum Leben bedarf, und dass so
sechstens die Gegenwart Gottes in der Welt deutlich wird.

Aus diesen Thesen lassen sich Kompetenzen als Lernziele ableiten, die
einer theologischen Ausbildung ihre Teilhabe an der *missio Dei* zusprechen lassen können, wie die Fähigkeit, auf der Basis einer persönlichen Spiritualität, an
der *missio Dei* durch angemessenes Kontextualisieren teilzuhaben und den Menschen in seinem positiven oder negativen Bezug zu Gott zu sehen, zu verstehen
und Wege zur Freiheit und Entwicklung zu zeigen.

Die biblisch theologische Begründung der
Bildungsdimension der *missio Dei*

Im Folgenden soll anhand ausgewählter Bibeltexte eine innere Logik der Bildungsdimension der *missio Dei* dargelegt werden, die, beginnend bei der Menschwerdung Gottes bis hin zu entsprechenden Kompetenzen, ein Feld abstecken,
aus dem sich eine Bildungstheorie ergibt, die der *missio Dei* entspricht.

Die Grundlage ist die Menschwerdung Gottes. Damit findet eine chris-
tologische Fokussierung statt, im Bewusstsein, dass sich eine trinitarische Gründung der *missio Dei* auch mit der Schöpfung und dem Geist Gottes als Sendung
beschäftigen muss. Das kann aber im Rahmen dieser Arbeit noch unterlassen

werden, weil die Forschungsfrage sich theologisch zuerst daran anbinden will, was Gott in seiner Menschwerdung von sich sichtbar gemacht hat. Wesentlich ist, dass Gott, sein Wort und das Mensch gewordene Wort eine Einheit eingehen, die so auch in den Bildungsauftrag innerhalb der Sendung der Jünger eingeht und nicht mehr herausgelöst und vereinzelt werden kann.

In den Evangelien des Johannes und des Matthäus werden der trinitarische Ursprung der Sendung Gottes, deren historisches Geschehen in Zeit und Raum, die Sukzession dieser Sendung und die damit verbundene Aufgabe theologischer Bildung zusammengesehen. Den trinitarischen Ursprung der Sendung Gottes beschreibt Johannes so: „Im Anfang war das Wort, und das Wort war bei Gott, und das Wort war Gott. Dieses war im Anfang bei Gott. Alles wurde durch dasselbe, und ohne dasselbe wurde auch nicht eines, das geworden ist" (Joh 1,1-3). Das historische Ereignis der Sendung beschreibt er so: „Und das Wort wurde Fleisch und wohnte unter uns, und wir haben seine Herrlichkeit angeschaut, eine Herrlichkeit als eines Eingeborenen vom Vater, voller Gnade und Wahrheit" (Joh 1,14). Aus diesem Text ergibt sich die Sukzession der Sendung: „Da sprach Jesus abermals zu ihnen: Friede sei mit euch! Wie mich der Vater gesandt hat, so sende ich euch" (Joh 20,21). Matthäus dann benennt die Bildungsdimension der Sendung: „und lehret sie halten alles, was ich euch befohlen habe" (Mt 28,20).

Mit der Menschwerdung Gottes verbundene Ziele und Attribute

Wenn es um die Menschwerdung Gottes geht, verbinden sich in den Zeugnissen der Schrift darüber Begriffe wie Freude (Lk 2,10), Friede (Lk 2,14), Menschenliebe (Tit 3,4) und Leben (Joh 5,26). Bemerkenswert ist, dass alle diese Worte und damit ja auch ihre Inhalte und Bedeutungen aus der Transzendenz heraus mit dem immanenten Ereignis der Menschwerdung Gottes verbunden werden. Es sind Engel, die die Freude anlässlich der Geburt Jesu verkünden, und die himmlischen Heerscharen, die den Frieden auf Erden ankündigen (Lk 2,10.14). Jesu Leben und Person werden als die Erscheinung der Menschenliebe Gottes bezeichnet und so mit der Transzendenz Gottes verknüpft (Tit 3,4). Das große Wort Leben wird in Jesus und über ihn an Gott selber festgemacht (Joh 5,26).

Eine Exegese mit Wortstudie kann das noch viel mehr vertiefen und aufzeigen, wie sich hier alttestamentlich verheißene Heilsdimensionen erfüllen, die über Israel hinaus der ganzen Welt und allen Völkern dieser Erde zugedacht waren.

Die Textstellen zeigen aber schon beim ersten Lesen die Dimensionen einer Verbindung zwischen göttlicher Transzendenz und dem immanenten Ereignis der Geburt Jesu und Menschwerdung Gottes. Freude, Friede, Menschenliebe und Leben zeigen auch, dass sie im Blick auf die Sendung Gottes, seiner *missio Dei*, seine Absichten und Ziele mit ihr für die Menschen darstellen. In der Freude zeigt sich der Wille Gottes zu einem Gemütszustand, der geradezu als Grundzustand menschlichen Empfindens in Bezug auf Gott und von daher für menschliches Miteinander gesehen wird. Im Frieden ist es das Ziel Gottes, den Zustand der Versöhnung, der Ruhe, der Einigkeit und Verständigung zu erreichen. Mit der Menschenliebe ist es die Absicht Gottes, den Menschen seine Vorstellungen und Ziele von Humanität, Philanthropie und Nächstenliebe erscheinen und sie daran teilhaben zu lassen.

Freude, Friede, Menschenliebe und Leben sind zugleich Ziele und Attribute der *missio Dei*. Sie ergeben über den Bildungsauftrag hinaus einen Sinnhorizont, in den sich jeder Aspekt von Theologie und jeder Zweck theologischer Ausbildung, als ihr übergeordneter Sinnzusammenhang, einbetten müssen.

Diese großen Worte beinhalten alle spirituellen, moralischen und ethischen Dimensionen von Bildung, die, unter Anwendung der Bildungstheorie nach Lester, den „*fitness of purpose*" zeigen, zu dem hin sich jede zweckorientierte theologische Bildung fortgesetzt hin entwickeln muss.

Von daher stellen sie die großen Ziele dar, auf die hin sich theologische Ausbildung ausrichten muss, wenn sie sich in Übereinstimmung mit ihrer Teilhabe an der *missio Dei* befinden will.

Alle diese Begriffe umschreiben die großen Erlösungsziele Gottes mit seiner Schöpfung und wurzeln tief in den alttestamentlichen Schriften der Propheten, der Weisheitsbücher und dem Pentateuch. Es soll hier genügen, darauf hinzuweisen und sie nicht inhaltlich weiter auszuführen, was die Sache einer eigenen theologischen Untersuchung sein müsste. Für die biblisch-theologische Gründung der Forschungsarbeit soll es genügen, festzustellen, dass mit dem Ereignis der Menschwerdung Gottes in Jesus, als Zentrum seiner Sendung, große Ziele und Attribute offenbart werden, die nicht davon zu lösen sind, sondern den übergeordneten und transzendent begründeten Sinnzusammenhang ergeben, in dem sich alle Theologie und theologische Ausbildung bewegen müssen, wenn sie die Teilhabe an der *missio Dei* zu ihrer Bestimmung machen.

Freude

Die Freude eröffnet die Reihe der Ziele und Attribute der *missio Dei*. Zuerst ver-
kündet von den Engeln bei seiner Geburt, bestätigt Jesus dieses Ziel für alle, die
sich von ihm rufen lassen: „Und der Engel sprach zu ihnen: Fürchtet euch nicht!
Denn siehe, ich verkündige euch große Freude, die für das ganze Volk sein wird"
(Lk 2,10). „Dies habe ich zu euch geredet, damit meine Freude in euch sei und
eure Freude völlig werde" (Joh 15,11). „Jetzt aber komme ich zu dir; und dieses
rede ich in der Welt, damit sie meine Freude völlig in sich haben" (Joh 17,13).

Friede

„Ehre sei Gott in der Höhe und Friede auf Erden bei den Menschen seines Wohl-
gefallens" (Lk 2,14). Der Lobgesang der himmlischen Heerscharen transzendiert
die Geburt Jesu in den Beginn der Erfüllung der Verheißung des Friedens Gottes
für die Erde und greift so das ganze Konzept des Schalom auf, wie es im Alten
Testament vorbereitet worden ist.

Menschenliebe

„Als aber erschien die Freundlichkeit und Menschenliebe Gottes, unseres Hei-
lands" (Tit 3,4). Die Menschenliebe Gottes, seine Philanthropie, wird hier offenbart als Wesenseigenschaft Gottes und in Jesus personifiziert.

Leben

„Denn wie der Vater Leben in sich selbst hat, so hat er auch dem Sohn gegeben,
Leben zu haben in sich selbst" (Joh 5,26). „Die Worte, die ich zu euch geredet
habe, sind Geist und sind Leben" (Joh 6,63). „Ich bin gekommen, damit sie das
Leben und volle Genüge haben sollen" (Joh 10,10).

Leben in voller Genüge offenbart sich theologisch als umfassender Ausdruck für eine mit der *missio Dei* beginnende und sich in ihr vollendende und
erfahrbare neue Wirklichkeit, die sich in Gottes Willen und seinem Ziel für die
Welt unumkehrbar und unwiderrufbar gründet. „Denn Gott hat seinen Sohn nicht
in die Welt gesandt, dass er die Welt richte, sondern dass die Welt durch ihn
errettet werde" (Joh 3,17), weil er „will, dass alle Menschen errettet werden und
zur Erkenntnis der Wahrheit kommen" (1 Tim 2,3-4).

Partizipation an der *missio Dei*

Die Teilhabe an der *missio Dei* schließt diese Dimensionen für alle ein, die sich ihr anschließen, und stellt zugleich ihre übergeordneten Ziele dar. Das macht Jesus in diesem Teil seines Gebetes kurz vor seiner Verhaftung deutlich und stellt, ganz in Übereinstimmung mit seiner Sendung der Jünger zuvor, noch einmal die Bedeutung für die *missio Dei* heraus, der Welt dadurch eine erlösende Gotteserkenntnis zu ermöglichen, die allerdings an die Einheit der Jünger und ihre weltweite Gefolgschaft gebunden ist:

> Wie du mich gesandt hast in die Welt, so sende ich sie auch in die Welt. Ich heilige mich selbst für sie, damit auch sie geheiligt seien in der Wahrheit. Ich bitte aber nicht allein für sie, sondern auch für die, die durch ihr Wort an mich glauben werden, damit sie alle eins seien. Wie du, Vater, in mir bist und ich in dir, so sollen auch sie in uns sein, damit die Welt glaube, dass du mich gesandt hast. Und ich habe ihnen die Herrlichkeit gegeben, die du mir gegeben hast, damit sie eins seien, wie wir eins sind, ich in ihnen und du in mir, damit sie vollkommen eins seien und die Welt erkenne, dass du mich gesandt hast und sie liebst, wie du mich liebst (Joh 17,18-23).

Jesus verbindet die Jünger und alle, die sich an sie glaubensmäßig anschließen lassen, direkt mit sich selber und dem Vater, wodurch Wesen, Inhalt, Ziel und Gestalt der *missio Dei* auf sie übergehen und damit bis heute in einer lebendigen und lebendig machenden Verbindung stehen. Bereits in den Lehrbriefen des Neuen Testamentes wird dies als universale Bildungsdimension aufgegriffen und in entsprechenden Lernzielen ausgedrückt, wie es der folgende Gedanke zeigt.

Die globale Partizipation

Genauso wie sich die *missio Dei* in den gesamten Raum der Schöpfung Gottes ausdehnt, ist sie auch global, international und kulturübergreifend in ihrer Bildungsdimension. „Darum gehet hin und machet zu Jüngern *alle* Völker" (Mt 28,19). Keine Ethnie und keine Kultur sind ausgeschlossen. Es gibt aber auch kein Recht auf Vorherrschaft oder Dominanz einzelner Theologien, Konfessionen oder Richtungen. Es gibt nur Teilhabe oder keine Teilhabe an der *missio Dei*, was sich letztlich an den übergeordneten Zielen von Theologie und ihrer Ausbildung erkennen lassen muss.

Von ihrer Grundintention, der Liebe Gottes her, ist die *missio Dei* inklusiv, was ihre Reichweite bis an die Enden des Himmels und der Erde betrifft, aber zugleich *ultimativ*, was den ausschließlichen Beweis dieser Liebe Gottes für die Menschen angeht: „Gott aber erweist seine Liebe zu uns darin, dass Christus für uns gestorben ist, als wir noch Sünder waren" (Röm 5,8).

Deshalb ist für Paulus das große Ziel aller theologischen Bildung mit der ultimativen Intention der *missio Dei* identisch. „Die Hauptsumme aller Unterweisung aber ist Liebe aus reinem Herzen und aus gutem Gewissen und aus ungefärbtem Glauben" (1Tim 1,5). Unter anderen Zielsetzungen als diese kann Paulus Theologie und theologische Ausbildung nur als „unnützes Geschwätz" abqualifizieren (Vers 7).

Von der *missio Dei* her ist das gut nachvollziehbar, ist sie doch mit der Liebe Gottes identisch und kann nur als ihr vollkommener Ausdruck aufgefasst werden und zugleich als Gottes Sein selbst, wie Johannes es offenbart: „Und wir haben erkannt und geglaubt die Liebe, die Gott zu uns hat. Gott ist die Liebe; und wer in der Liebe bleibt, der bleibt in Gott und Gott in ihm" (1 Joh 4,16).

Der Aspekt der Lernbarkeit der Liebe Gottes ist damit zugleich gegeben und schließt den Kreis, indem sie zur „Hauptsumme" aller Unterweisung und damit auch aller theologischen Bildung erhoben wird. Paulus sieht aus der Bildungsperspektive der *missio Dei* die Möglichkeiten dieses Ziel zu erreichen in zwei zusammenhängenden Wirklichkeiten, die je mit ihrer eigenen Dynamik die Liebe als Hauptsumme der theologischen Bildung hervorbringen. Zum einen ist es die Wirklichkeit der Präsenz Christi im Menschen des Glaubens und zum anderen ist es die Wirklichkeit der Schrift als offenbartes Wort Gottes. „Christus in euch, die Hoffnung der Herrlichkeit" (Kol 1,27) und „alle Schrift ist von Gott eingegeben" (2 Tim 3,16).

Die Präsenz Christi in den Menschen des Glaubens ermöglicht ihnen eine Bildung, die sie, in Weisheit gelehrt, zu einem Zielbild in Christus hin ausgestaltet – „indem wir jeden Menschen ermahnen und jeden Menschen in aller Weisheit lehren, um jeden Menschen vollkommen in Christus darzustellen" (Kol 1, 28). Das bedeutet konkret, dass auf der Basis des Offenbarungscharakters der Schrift ihre Nützlichkeit zu einer Bildung herangezogen wird, die sich in einer Handlungsfähigkeit beweist, die sich unter allen Umständen und in allen Kontexten bewährt. Die Schrift ist „nützlich zur Lehre, zur Überführung, zur Zurechtweisung, zur Unterweisung in der Gerechtigkeit, damit der Mensch Gottes vollkommen sei, zu jedem guten Werk völlig zugerüstet" (2 Tim 3,17).

Derart aus der Bildungsperspektive betrachtet, lassen sich die Begrifflichkeiten von Lernzielorientierung und Kompetenzenorientierung mit der *missio Dei* verbinden. Es ist geradezu die Bestimmung von theologischer Ausbildung, diese Bildungsaufgabe wahrzunehmen, wenn sie sich grundsätzlich als Theologie, also als Reden von Gott her im ursprünglichsten Sinne, begreifen will. Hier liegt die Chance, zu erkennen, dass theologische Ausbildung auf Hochschulebene in ihrem Bildungsauftrag über das hinausgehen muss, wie sie sich in ihrer gegenwärtigen wissenschaftsorientierten Gestalt und amts- und ordinationsgebundenen Zielrichtung zeigt.

Gott der Vater hat seine Menschwerdung im Sohn mit übergeordneten Zielen verbunden, die im Leben Jesu auf Erden bezeugt und bewiesen werden, und es zugleich in eine kommende Erfüllung hinein übersteigen. Dazu gehören an erster Stelle die Liebe Gottes (Joh 3,16), seine Menschenliebe (Tit 3,4), sein Wille zur Freude (Joh 15,9-11), zum Leben (Joh 1,1-5) und zum Frieden auf Erden (Luk 2,14).

Das heißt konkret, dass die Lernziele theologischer Ausbildung in einem übergeordneten Bezug stehen müssen zu Gottes Liebe, seiner Menschenliebe, der Freude, dem Leben und dem Frieden, wenn die *missio Dei* ihr Kriterium ist. Es ist eine theologische Aufgabe, die Begriffe Liebe, Leben, Freude und Frieden in ihrer Beziehung zu Gott und den Menschen hin zu durchdenken, das heißt, sie theologisch zu definieren und theologische Ausbildung in Bezug zu ihnen zu setzen.

Bildungstheoretisch ausgedrückt bedeutet das, darauf zu achten, dass alle Lehr- und Lernaktivitäten von Theologie, theologischer Bildung und Ausbildung Menschen dazu befähigen, tatsächlich die im jeweiligen Kontext gesteckten Zielen zu erreichen (*„fitness for purpose"*), und damit zugleich substanzielle Beiträge für die großen Ziele der Sendung Gottes für diese Welt zu leisten (*„fitness of purpose"*). Die bloße Annahme, dass sich das alles allein dadurch ergibt, dass Theologie ja ohnehin von Gott handelt, ist aus bildungstheoretischer Sicht ein Trugschluss.

Missio Dei, theologische Ausbildung und die Bestimmung des Menschen

Über die Bestimmung des Menschen theologisch zu reflektieren ist eine Konsequenz aus der *missio Dei* insofern, als diese Sendung sich zentral an den Menschen richtet und ihn meint. Das Wort Bestimmung soll dazu so breit gefasst sein, dass es sich innerhalb eines Verständnisses von Ziel, Aufgabe, Auftrag, Berufung und Zweck, aber nicht im Sinne von Determination, Schicksal oder

Befehl bewegt. Franz-Josef Overbeck (2000) hat hierzu eine Interpretation der theologischen Arbeit Wolfhart Pannenbergs vorgenommen, die sich mit der Bestimmung des Menschen trinitätstheologisch befasst. Für die *missio Dei* als Bestimmung für theologische Ausbildung ist seine Interpretation von Bedeutung. Overbeck zeigt, dass, von der grundsätzlichen Gottesebenbildlichkeit des Menschen herkommend, in Jesus Christus, der Gottes Bild ist, Gott selbst zeigt, wie die endgültige Bestimmung des Menschen aussehen soll.

> Der Mensch auf dem Weg zu seiner endgültigen Bestimmung in der Gottebenbildlichkeit sei der Mensch, der vom Ende der Geschichte und damit seiner Bestimmung wissen könne durch die Antizipation dieses Endes in Geschichte und Geschick Jesu Christi. In der Selbstoffenbarung Gottes in Jesus Christus sei realisiert, was in der eschatologischen Vollendung als die Bestimmung des Geschöpfs, insbesondere des Menschen, noch endgültig zu verwirklichen sei (Overbeck 2000:300).

Wenn so die Vollendung des Menschen nach Overbecks Interpretation von der Zukunft her gedacht werden kann (2000:300), dann sind damit auch die übergeordneten Ziele von Theologie und theologischer Ausbildung als von der Vollendung des Menschen in der Zukunft her zu denken. So soll mit Overbeck deutlich sein, dass „der Mensch noch auf dem Weg der Realisierung seiner Bestimmung ist, die am Ende der Geschichte erreicht wird" (:304).

Die „Bestimmung des Menschen zur Gottebenbildlichkeit ist seine Bestimmung dazu, < dass der Sohn in seinem Leben menschliche Gestalt annehme, wie es definitiv im Ereignis der Inkarnation geschehen ist.>" (:304).

So wird der Beitrag der Theologie und theologischer Ausbildung unter dem Kriterium der *missio Dei* noch deutlicher. Denn auch wenn es im Geiste geschieht, dass „der Mensch bei Jesus seiend gedacht wird" und über den Sohn beim Vater, verliert er „sein Selbst und seine selbständige Kreatürlichkeit nicht" (:307). Diese Gemeinschaft will als Glaube gelebt sein und konkret im jeweiligen Kontext des Menschen ausgestaltet sein. An dieser Stelle tritt das „Lehret sie halten alles, was ich euch gesagt habe" (Mt 28,20) hinzu und stellt Theologie und theologische Ausbildung in einen übergeordneten Zusammenhang und verleiht ihr so eine besondere Aufgabe, der Bestimmung des Menschen zu dienen. „Der Mensch [...] ist dazu bestimmt, Gott in seiner Gottheit zu verherrlichen und somit sich selbst zu finden, sich < [...] im Frieden mit Gott zu freuen>" (:307). Overbeck sieht da zu Recht die Berührung zwischen Anthropologie und Trinitätslehre. Die Freude als eines der übergeordneten Ziele kommt also auch in Overbecks Interpretation Wolfhard Pannenbergs explizit zur Sprache.

Diese Bezüge Overbecks zu Pannenberg sollen deutlich machen, dass die Bestimmung des Menschen theologisch reflektiert wird und das in Bezug auf die
Trinität und die Sendung Gottes.

Reiner Preul legt in seiner evangelischen Bildungstheorie (Preul 2013)
dar, „dass Bildung zur Bestimmung des Menschen gehört" (2013:74). Das ließ
sich theologisch bereits aus der *missio Dei* ableiten. So wird Bildung nach Preul
zu Recht zum Existenzial des Menschen und umfasst von Beginn seines Lebens
an bis zum Ende „alle Veränderungen und Entwicklungen im Verlauf seines Lebens, allerdings so, dass er sie auch mitbestimmt" (:74). So werden Lebensver-
lauf und Bildung identisch, aber nicht nur passiv verstanden, sondern auch aktiv
gestaltet, durch intendierte Lernprozesse. Bildung wird so mit Preul als „Realisierung der Bestimmung des Menschen am Ort des Individuums" (:75) verstanden. Bildung und Bestimmung sind so unauflöslich verknüpft und erfahren mit
der theologischen Vertiefung der Bestimmung hin zur Trinität, wie es Overbeck
bei Pannenberg nachgewiesen hat, auch ihre Verknüpfung mit der *missio Dei*.

So betont Pannenberg (1978) „die ewige Bedeutung des Individuums
und des individuellen Lebens, als einen der wichtigsten Beiträge des Christentums zur Erfahrung der Struktur menschlicher Existenz wie auch zur Entwicklung des Menschen selbst" (1978:8). Er stellt dann den Bezug zur *missio Dei* her,
indem er diesen Gedanken direkt mit der versöhnenden Liebe Gottes in Jesus
verbindet,

> der sich um jeden Menschen kümmert wie ein Kleinviehhalter, der dem armen
> Schaf, das er verlor, nachgeht, bis er es findet, wie die arme Frau, die ihr ganzes
> Haus durchsucht, bis sie das verlorene Geldstück gefunden hat, und wie der
> Vater, der sich über die Rückkehr seines verlorenen Sohnes freut. Das Bild Got-
> tes, der mit ewiger Liebe jeden einzelnen Menschen sucht, der verloren ging,
> verlieh dem menschlichen Individuum einen ewigen Wert und eine Würde, die
> bis dahin ohne Beispiel war (1987:8.9).

Entscheidend ist nun eben, was als Bestimmung des Menschen aufgefasst wird.
Und klar ist auch, dass ein christliches Bildungsverständnis, wie es dieser Arbeit
zugrunde liegt und sich folgerichtig auch nur als christlich in Theologie und theologischer Ausbildung zugrunde legen lassen kann, in einem pluralistischen
Kontext exklusiv neben vielen anderen Entwürfen steht (Preul 2013:77). Somit
sind die Leitmotive und übergeordneten Ziele Friede, Freude, Liebe und Leben
klar auf Gottes Verständnis davon bezogen, wie er sie in seiner Sendung des
Sohnes verkörpert und gelebt hat. Bildung erweckt und erweitert Handlungs-
möglichkeiten, wobei der Mensch sein eigenes Handeln begreifen, reflektieren

und in größere Sinnzusammenhänge stellen kann (:84). Er schließt sich in seiner Bildung also an die Dimensionen von Gott her verstandenen Friedens, der Freude, des Lebens und der Liebe konkret im Rahmen der kontextuellen Herausforderungen und Möglichkeiten seines Ortes in der Geschichte und seiner eigenen Person und seiner empirischen Lebenswelt an. So verwirklicht sich für theologische Ausbildung, dass „Bildung gesteigerte und über sich selbst aufgeklärte Handlungsfähigkeit ist" (:83) – über sich aufgeklärt in seiner Beziehung zu Gott, zur Welt, über die eigenen Möglichkeiten und Begrenzungen und die eigene Unvollkommenheit.

Theologie und theologische Ausbildung im Dienst der *missio Dei* können weder eine Neubelebung der Bildungsmission im Verständnis des 19. und 20. Jahrhunderts werden, noch können sie die Mission in dem Sinne, dass Menschen gebeten werden, in eine versöhnte Beziehung mit Gott durch Jesus, den Christus, einzutreten (vgl. 2 Kor 5,20), durch Bildungsmaßnahmen ersetzen. Mit Flett muss festgehalten werden:

> Our being witnesses is an act of God for it is entry into God's own self-knowledge. Our being witnesses is the living history of our fellowship with God. This is so because, as God is missionary from and to eternity, so mission characterizes our eternal future. Mission is not a contingency limited to the period before the eschaton; such a position begins with a phenomenon based in historical accident and human capacity, not with the God who is Father, Son and Spirit. Life in the Spirit is life in the realism of Easter and this is a life conditioned by the resurrection and ascension of Jesus Christ, and thus by our eschatological sending into all the world (Flett 2014:74.75).

So wird Theologie und theologische Ausbildung ja geradezu auf die *missio Dei* als ihr Kriterium verpflichtet. In ihrer Bedeutung für die Bildung liegt das Potenzial der *missio Dei*, das Kriterium für theologische Ausbildung zu werden. Die Lernziele theologischer Ausbildung müssen mit den Lernzielen der *missio Dei* übereinstimmen. Mit Preul wird festgehalten und zugrunde gelegt, dass der Glaube, wie folgt, als Bildung definiert werden kann.

Der Glaube ist unerlässlich, damit der Mensch seine „ontologische Position" einnehmen kann, die ihm „als von Gott geschaffenem und von ihm das Heil erwartendem und seine Bestimmung erhaltendem Wesen zukommt." Der „durch den Geist gewirkte Glaube an das in Christus verkörperte Evangelium führt den Menschen in den Frieden und die Gemeinschaft mit Gott, der die Sünde vergibt" (2013:120-125). So erhält der Mensch seine Würde und seine Anerkennung als Person und sein ewiges Heil nicht aus sich selbst. Und das befreit dazu, Gott und den Nächsten wirklich zu lieben und in dieser Liebe auch die Kraft zu

finden, entsprechend zu leben und zu handeln, wie es dem Willen Gottes entspricht. Dann lebt und handelt der Mensch in „wissentlicher und willentlicher
Übereinstimmung mit seiner ihm zugedachten Bestimmung" (2013:125). Und
das in aller Schwachheit und aller Unvollkommenheit. So wie der Glaube hier
die Bestimmung des Menschen realisiert, trifft er mit der Bildung zusammen,
insofern sie ja zutiefst von der *missio Dei*, im Halten der Worte Jesu, das Handeln
bestimmt.

Damit sollen die oben genannten Eigenschaften Gottes, wie sie in der
missio Dei aufscheinen, innerhalb der Grenzen menschlichen Vermögens in der
Bildung zu Lernzielen werden. Damit wird auch die Teilhabe an der *missio Dei*
als Bestimmung theologischer Ausbildung konkret, wobei hier deutlich gesagt
wird, dass solcher Art glaubensbasierte Lernziele zwar nicht einfach durch entsprechende Lehr- und Lernaktivitäten pädagogisch, didaktisch verfügbar und er-
reichbar werden, aber dass durch entsprechende Lehr- und Lernaktivitäten auf
ihre Erreichbarkeit *hin* gelernt werden kann und soll. Der Teilhabe an der *missio
Dei* als Bestimmung für theologische Ausbildung eignen damit Lernziele mit
entsprechenden Lehr-und Lernprozessen, die es zu gestalten gilt.

Wenn mit Müller (2010:95) zu recht postuliert werden muss, dass „Theologie Gotteserkenntnis lehren soll", und wenn die Erkenntnisquelle nicht Spe-
kulationen über Gottes unsichtbares Wesen, sondern die Menschwerdung seines
Wortes ist, dann sind mit der Teilhabe an der *missio Dei* Liebe, Menschenliebe,
Freude, Leben und Friede die Kategorien ihrer übergeordneten Bestimmung, zu
denen alle untergeordneten Bestimmungen in einem Bezug stehen müssen. Theologische Ausbildung, die ihre Bestimmung in der Anteilhabe an der *missio Dei*
hat, kann und darf sich deshalb weder außerhalb noch gegen die Kategorien
Liebe, Menschenliebe, Freude, Leben und Friede bewegen, sondern muss Lernziele formulieren, die übergeordnet mit ihnen zusammenhängen.

Missio Dei und die Notwendigkeit ihrer theologischen Ausarbeitung

Es ist ebenfalls John G. Flett, der darauf hinweist, dass es der *missio Dei* als
theologischem Konstrukt gegenwärtig an Entwicklung mangelt. Sie kann kein
theologischer Zusatz sein, sondern muss ihm zu Folge als Grundgedanke über
Gottes Sein, also ontologisch, trinitätstheologisch noch viel weiter entfaltet werden.

> Missio Dei lacks theological development. [...] Missio Dei serves an apologetic
> function, creating critical space for mission. But without sufficient theological
> development, reference to missio Dei disrupts a necessary doctrinal order. Ec

clesiology is properly derived from the doctrine of God, from Christology and Pneumatology. And because missio Dei is, above all, a statement of Trinitarian ontology, it seems to support this ordering. The problem with missio Dei, however, lies precisely in its Trinitarianism. Missio Dei equates 'sending' with the being of God. To say that God is missionary is to say that he sends, first, his Son and Spirit, and then his church, but then also creation itself. Detaching the 'sending' definitive of God's being from the missions of the Son and Spirit permits a whole range of sendings to be projected into God. In effect, missio Dei has proven easily susceptible to the political or social zeitgeist. Any resolution of the problems within missio Dei must begin with a more robust grounding in the doctrine of the Trinity (Flett 2014:74).

An dieser Stelle muss also noch theologische Arbeit geleistet werden. Diese Arbeit konzentriert sich auf den Bildungsaspekt. Mit Flett darf aber davon ausgegangen werden, dass es möglich ist, über die unumkehrbare Verankerung der *missio Dei* in der Trinität auch eine Lehre über Gott, das heißt eine Theologie mit entsprechender Ausbildung, zu gewinnen, die in ihrer Identität diesem Wesen Gottes entspricht und damit in sich selber Ausdruck der *missio Dei* ist. In diesem Ausdruck, das ist dann ihre im Kontext verwirklichte Teilhabe an der *missio Dei*, stimmt sie in ihren Zielen mit denen der *missio Dei* überein, weil sie selber Teil der Sendung Gottes ist in dem, was darin liegt, dass Jesus seine Jünger gesendet hat: „Da sprach Jesus abermals zu ihnen: Friede sei mit euch! Wie mich der Vater gesandt hat, so sende ich euch." (Joh 20,21) Flett drückt das so aus:

> Until we begin to think with our congregations through the nature and form of Christian mission in terms other than simple command, until we understand that mission is not a simple means by which the gospel is spread but itself belongs to the gospel, until we understand that the communication of the faith belongs to the cultivation of the faith, until we understand that witness to God indicates not distance from but fellowship with God, structural changes will only achieve so much. Finally, missio Dei tells us that witness, fellowship and joy are essentially related (1 John 1:1–5). It is with joy and in peace that we encounter one another and the world around us. It is the joy of being the children of the God who did not remain distant from us, but whose glory includes his coming to us (Flett 2014:77).

Theologisch werden hier die *missio Dei*, theologische Ausbildung, das Zeugnis des Glaubens, Freude und Gemeinschaft mit Gott zusammengebunden. Das öffnet theologischer Ausbildung die Türe, von einem Selbstverständnis als Teilhabe an der *missio Dei* her auch ihren Bildungsauftrag zu gestalten, eben in Übereinstimmung mit derselben.

Im Blick auf die Doxologie muss ebenfalls gesagt werden, dass Gottes eigene Sendung sich als zu seiner Ehre geschehen erwiesen hat und in der Vollendung erweisen wird. So darf auch die Teilhabe von Theologie und theologischer Ausbildung an der *missio Dei* nicht als letzte Erfüllung in sich selbst verstanden werden, sondern muss sich, in Übereinstimmung mit der *missio Dei* bleibend, den letzten Zielen Gottes öffnen, die über jeden Zweck hinaus darin liegen, dass ihm allein die Ehre gegeben wird.

Weitere Anfragen müssen gestellt werden im Interesse der Vernunft. Welche Aufgabe hat die menschliche Vernunft und welche Möglichkeiten werden ihr zuerkannt, wenn Theologie und theologische Ausbildung dazu bestimmt sind, an der *missio Dei* teilzuhaben? Ist so ein Konzept vernünftig kommunizierbar, oder ist es mit seiner paradigmatischen Verdichtung im Wort vom Kreuz als der Weisheit Gottes, die alle menschliche Weisheit verwirft (1Kor 1,18), nicht von vornherein unvernünftig und im Raum menschlicher Gelehrsamkeit deplatziert?

Hier hängt viel von der Durchsichtigkeit ab, mit der die Bildungsdimension einerseits theologisch begründet und andererseits im Vollzug des Bildungsgeschehens auch konkret als Freude, Frieden, Menschenliebe und Leben persönlich erfahrbar gemacht wird.

Zusammenfassung

Dieser Arbeit liegt ein Verständnis der *missio Dei* zu Grunde, das sie in der Trinität Gottes verankert. Es gehört also zum Wesen Gottes, sich zu senden und Menschen an seiner Sendung zu beteiligen. Gottes Motivation ist seine Liebe und sein Ziel ist die Gemeinschaft des erlösten Menschen mit ihm in Friede und Freude. Seine Art und Weise ist Menschenliebe. Weil nun Jesus selber Mission und Bildung in Matthäus 28,18-20 zusammenbindet, erhält die *missio Dei* von daher Legitimation und Auftrag, zur Bestimmung für theologische Ausbildung zu werden.

Die Kriterienbildung der *missio Dei* konkretisiert sich in Zielen, die sich mit den Wesenseigenschaften Gottes, die bei seiner *Menschwerdung* offenbart wurden, in Übereinstimmung befinden müssen. Dazu gehören im Wesentlichen Menschenliebe, Friede, Leben und Freude. Diese Ziele haben eine Verheißungsdimension, deren Erfüllung auf Erden in Gottes Macht allein besteht. Diese Dimension ist der Bildung unzugänglich. Sie kann nicht durch Bildung verwirklicht werden. Anders verhält es sich jedoch mit der Lernzieldimension. Der erlöste Mensch, der an der *missio Dei* partizipiert, lebt und wirkt unter der Mitwirkung des Heiligen Geistes Gottes Frieden, Leben und Freude in dieser Welt. An diese Grundkategorien ließen sich weitere Kategorien anbinden, die für die theologische Ausbildung relevant werden, wie zum Beispiel Trag- und Leidensfähigkeit und die Fähigkeit, die ganze Schrift für jede Art von Steigerung der Handlungsfähigkeit zum Guten nutzbar zu machen (2Tim 3,16).

In dem Sinne der *missio Dei* muss von einer *Menschwerdung* von Theologie und theologischer Ausbildung geredet werden, deren Ziel es sein muss, den Menschen nahe zu kommen und darin mit der heilsamen Nähe Gottes zu den Menschen verbunden zu sein. Theologische Ausbildung qualifiziert sich mit ihrer *„fitness of purpose"* im Sinne der *missio Dei*, wenn sie der Sendung Gottes und seinem Wesen gemäß Menschenliebe, Friede, Leben und Freude so als Lernziele integriert, dass sie zu Merkmalen theologischer Ausbildung werden.

Diese Arbeit versucht, angesichts einer noch fehlenden theologischen Weiterentwicklung der *missio Dei* (Flett 2014), aus einer theologisch begründeten Bildungsperspektive heraus mit ihrer Forschungsfrage zur Entwicklung der Teilhabe an der *missio Dei* als Zweck und Ziel von theologischer Ausbildung einen Beitrag zu leisten.

Die Relevanz der *missio Dei* dazu wird durch die neueren Reflexionen von Flett (2014) unterstrichen, sodass die Kriterien Menschenliebe, Friede, Freude und Leben als Ziele bestehen bleiben, auch wenn sie noch nicht theologisch abschließend durchdrungen wurden. Die Arbeit trifft auf eine aktuelle Suchbewegung, wie sie im Yale Center for Faith and Culture beschrieben wird:

> In all its activities, the Theology of Joy and the Good Life project seeks to involve and integrate the work of scholars working in sometimes disparate theological subfields, casting vision for a renewed and unified theological academy that places the articulation of normative visions of the good life at the core of its work (Yale 2017).

Ein angekündigtes Manifesto liegt derzeit noch nicht vor. Es ist aber deutlich, dass das Yale-Projekt sich mit der *missio Dei* grundlegend und im Sinne dieser Arbeit verbinden wird, wenn es heißt:

> These consultations respond to two parallel crises in contemporary theological discourse, one *external*, one *internal*. The external crisis has many faces: a loss of audience, a loss of institutional authority within the university at large, and a job crisis for young scholars in the field. *Internally*, theology largely misunderstands its own proper function. Contemporary theology is too often consumed by pursuing ends better pursued by other disciplines (e.g., the descriptive account of religious claims, practices, and rituals) or has functioned as a justifying ideology for ends unrelated to theologically-articulated visions of the good life. In short, theology has forgotten what it is *for*. In the face of these crises, this

series of consultations considers a proposal to put articulation of the "good life", the flourishing human life – on the Christian account, a life shaped by the story of Jesus Christ from expectation to exaltation – back at the heart of the theological enterprise. This is what theology is for; in its greatest expressions, this is what theology has always aimed at. And solving theology's *internal* crisis may solve its *external* crisis as well. If the business of theology is indeed to describe the flourishing human life, then now, as Western cultures fall ever deeper into a crisis of meaning, we may in fact be entering theology's finest hour (Yale 2017).

Mit der dringenden Frage nach der Bestimmung von Theologie und theologischer Ausbildung – „In short, theology has forgotten what it is *for.*" – wird genauso dringend die Frage nach normativen Visionen gestellt. Die Aussage macht aber auch deutlich, dass es eine Erinnerung an den Zweck braucht. Das setzt voraus, dass es bereits einen Zweck gibt. Es kann also nicht darum gehen, sich eine neue Sinnstiftung zu geben, also einen „Purpose" aus den kontextuellen Herausforderungen abzuleiten. Der vergessene Zweck ist die Bestimmung, das Ziel von Theologie, wie es sich nur aus ihren Ursprüngen her erklären lässt. Das ist die Erinnerung an den Ursprung der Theologie, als Reden von Gott her. Wenn Theologie in dieser Rückbesinnung auf das Reden Gottes, wie oben ausgeführt, wiederentdeckt, dass Gottes Wort und seine Sendung in Jesus identisch sind, dann kann sich ihr Reden von dort her, nur als Teilhabe an dieser Sendung erweisen.

Die Teilhabe an der *missio Dei* als Bestimmung bindet Theologie an den Gott, der sich selber gesendet hat, und stiftet ihr damit zugleich ihre Aufgabe, nämlich ihre Teilhabe an der *missio Dei* im Kontext, in dem sie lebt, in Ausbildung, Lehre und Forschung zu verwirklichen. Damit wird dann eine Konkretisierung der theologischen Ausbildung an den Kategorien Menschenliebe, Friede, Freude und Leben nicht vorbeigehen können. An dieser Stelle wird nach den theologischen Überlegungen der Blick auf die real existierende theologische Ausbildung wichtig. Im Sinnzusammenhang der *missio Dei* wird es der Blick auf die Menschen, die damit betraut sind.

Kapitel 4

Wie beurteilen Leitungspersonen theologischer Hochschulen die Frage nach der Bestimmung der theologischen Hochschulbildung? Eine empirische Untersuchung

Kategorienbildung und Operationalisierung der Forschungsfrage

Dass die Teilhabe an der *missio Dei* zur Bestimmung für theologische Ausbildung werden muss, ist im Kapitel 3 ausgeführt worden. Über die Bildungsdimension der *missio Dei* wird ihre Relevanz für konkrete theologische Ausbildung deutlich.

Es existieren bisher aber noch keine festen Zielbilder und Zielvorstellungen für theologische Ausbildung, die sich explizit auf die *missio Dei* berufen. Für eine Feldforschung ergeben sich daraus zwei wichtige Fragen, die in diesem Abschnitt geklärt werden sollen.

Warum ist erstens eine empirische Forschung unverzichtbar, wenn es um die Frage geht, wie die Teilhabe an der *missio Dei* zur Bestimmung für Theologie und theologische Ausbildung werden kann, und welche Bedeutung haben zweitens die Resultate dann für diese Bestimmung?

Die Bedeutung empirischer Forschung für das Forschungsproblem

Die Bedeutung erklärt sich durch das Wesen der *missio Dei* selber. Sie ist das Wirken Gottes in und für diese Welt. Ihr Kernprozess liegt in Gottes Menschwerdung in Jesus als seine Sendung und in der Fortsetzung dieser Sendung durch die Teilhabe von Jüngerinnen und Jüngern an ihr bis heute. Diese ausdrücklich zugewiesene Teilhabe des Menschen an Gottes Sendung (siehe Mt 28,20 und Joh 20,21) ist nicht willkürlich und nicht beliebig, sondern lässt sich als *Partizipationsprinzip* der *missio Dei* ausdrücken.

Das Partizipationsprinzip der *missio Dei* besagt, dass sich erst durch die konkrete Teilhabe des Menschen die konkrete Gestalt der *missio Dei* ergibt. Sie ist ein lebendiges Miteinander von menschlichem Wirken und Gottes Wirken. Das gilt für die Bildungsdimension genauso. Es gibt also aufgrund dieses Prinzips der menschlichen Teilhabe keine Schablone, kein fixes Vorbild, kein Idealbild, kein normatives zeitloses Modell für Theologie und theologische Ausbildung. Es geht eben darum, ihr durch die Teilhabe an der *missio Dei* eine Gestalt im jeweiligen Kontext von Zeit und Kultur, unter gegebenen Rahmenbedingungen, Vorgaben, Umständen und besonderen Herausforderungen zu geben.

Es geht nicht darum, im Voraus herauszufinden, welche Gestalt Theologie und theologische Ausbildung auf Hochschulebene einmal und für immer haben müssen, wenn sie an der *missio Dei* teilhaben sollen, oder beweisen sollen, dass sie daran Anteil haben, sondern wichtig ist, welche Gestalt sie dort annehmen werden, wenn die Menschen, die sie verantwortlich gestalten, an der *missio Dei* teilhaben. Das öffnet keine Tür für eine Beliebigkeit, sondern erfordert eine Besinnung auf die übergeordneten Ziele. Die sind, wie oben ausgeführt, an die Attribute und Ziele der Menschwerdung Gottes gebunden, wie Menschenliebe, Friede, Freude und Leben.

Die sichtbaren Akteure sind letztlich Menschen, die ihre Teilhabe an der *missio Dei* leben und in ihrem Kontext umsetzen, also kontextualisieren. Die menschliche Teilhabe an der *missio Dei* ist eine göttliche Bestimmung und darf damit weder ignoriert noch verändert werden. Diese Teilhabe kann nicht auf die Intelligibilität reduziert werden, sodass sie nur gedanklich und geistig fassbar und damit ausdrückbar, aber nicht mehr sinnlich wahrnehmbar ist. Gottes Sendung ist nicht nur gedanklich und geistig fassbar in Worten und Texten, also in philosophischem Sinne intelligibel, erfolgt, sondern vor allem sinnlich wahrnehmbar in Zeit und Raum in der Menschwerdung seines eingeborenen Sohnes. Dem entspricht auch die Sendung der Jünger in Person und sukzessive die persönliche Sendung der Nachfolgerinnen und Nachfolger Jesu bis auf den heutigen Tag.

Das Leben Jesu, sein Ethos, sein Vorbild und seine Lehre sind für immer konstitutiv für jede Fortsetzung der *missio Dei*, in jedem kulturellen Kontext, zu jeder Zeit und an jedem Ort der Erde. Das gilt auch für Theologie und theologische Ausbildung. So grundlegend und bestimmend damit die Person und Lehre Jesu zum Wesen der Teilhabe an der *missio Dei* gehören, so notwendig ist es aber auch danach zu fragen, wie denn in einer jeweiligen Zeit und Kultur die *missio Dei* gedacht, interpretiert und in Bezug zum Leben gesehen wird. Von der grundsätzlichen Notwendigkeit der Kontextualisierung von Theologie und theologischer Ausbildung her, wie sie in Kapitel 3 ausgeführt wurde, muss also auch die Teilhabe an der *missio Dei* als ihre konkrete Kontextualisierung verstanden und umgesetzt werden.

Deshalb ist eine Auswahl an *Menschen*, die theologische Ausbildung auf Hochschulebene verantworten, die Zielgruppe der Untersuchung. Gefragt werden soll dabei nach den *Intentionen,* die sie mit ihrer theologischen Bildung haben.

Ihre Absichten, Bestrebungen, Pläne, das, worauf sie ausgerichtet sind, ihr Streben und Trachten, ihre Hoffnungen und Sehnsüchte im Blick auf die Ziele theologischer Ausbildung sind Gegenstand der empirischen Untersuchung.

Die Forschung hat einen explorativen Charakter, weil sie daran interessiert ist, herauszufinden, welche großen Ziele in der theologischen Ausbildung auf Hochschulebene erreicht werden sollen, welche besonderen Herausforderungen und Aufgaben es dort heute gibt und ob und wie darin etwas von dem Gestalt annimmt, was sich in der *missio Dei* mit der Menschwerdung Gottes verbunden hat. Es geht also um die Menschen, die sich in einem realen Kontext von theologischer Ausbildung befinden und darum, ihnen dort zu begegnen und zu hören und zu verstehen, wie sie theologische Ausbildung konkret verantworten und in welche Sinnzusammenhänge sie sie stellen.

Es gibt einen evaluativen Aspekt insofern, als das Kriterium *missio Dei* an und für sich nicht durch die empirische Forschung verändert werden kann, also normativ ist. Die Vorstellungen von theologischer Ausbildung wären an ihr zu messen. Es gibt aber keine normative Vorstellung als ausgearbeitete Gestalt für theologische Ausbildung. Dennoch kann danach gefragt werden, was die in der konkreten Lebenswirklichkeit von Verantwortlichen für theologische Ausbildung vertretenen Vorstellungen für sie mit der *missio Dei* zu tun haben. Es kann weiter nach Räumen und Anschlussmöglichkeiten gesucht werden, wie theologische Ausbildung in Übereinstimmung mit der *missio Dei* Gestalt gewinnen kann.

Das führt zum zweiten Teil der Frage: Welche Bedeutung haben die Resultate der empirischen Forschung, wenn die *missio Dei* zum Zweck von Theologie und theologischer Ausbildung gemacht werden soll?

Die Bedeutung der empirischen Forschungsresultate

Die Bedeutung liegt in ihrer Rückwirkung darauf, die Formulierung von konkreten Zielen, von Kriterien für theologische Ausbildung unter dem Leitmotiv der *missio Dei,* im Kontext der Zeit vornehmen zu können. Bildung ist immer ein gegenseitig aufeinander einwirkendes Zueinander von Bildungsbedarf und Bildungsbedürfnis. Das gilt auch für theologische Ausbildung. Und das gilt für sie umso mehr, weil gerade das Partizipationsprinzip der *missio Dei* die gegenseitige

Durchdringung einfordert. Der Bedarf sozusagen, den die *missio Dei* im Großen normativ für die Welt umreißt, trifft ja mit ihren Attributen wie Friede und Leben auf die großen Themen der Menschheit und geht damit gerade nicht an ihrer Lebenswirklichkeit und ihren Bedürfnissen vorbei. So führte die literaturbasierte Untersuchung in Kapitel 2 und 3 zu der Erkenntnis, dass theologische Ausbildung eine Identität braucht und mit der *missio Dei* als ihrem Kriterium ihre Identität und zugleich ihre Aufgabe findet.

Im gleichen Moment ist aber die gelebte Wirklichkeit von theologischer Ausbildung im konkreten Kontext mitgestaltend. Das heißt, dass die Expertinnen und Experten, die zu ihrer theologischen Ausbildung auf Hochschulebene befragt werden sollen, mit ihren induktiv gefundenen Themen und Erzählungen auf die Kriterien rückwirken und diese differenzieren können und möglicherweise neue Kriterien gefunden werden können. Denn es liegt im Wesen der *missio Dei*, dass sie auf Anteilhabe ausgelegt ist, und es kann daher nicht sein, dass ein Forscher mit seiner literaturbasierten Arbeit an ihr den Anspruch erheben darf, alle ihre Kriterien vollständig deduktiv und normativ aufstellen zu können. Hier kommt der eigentliche Wert der empirischen Forschung zum Tragen. Sie ist unerlässlich, um die Bedürfnisse und kontextuellen Herausforderungen sowie die Ziele gegenwärtiger theologischer Ausbildung auf Hochschulebene hören und verstehen zu können und sie, dem Partizipationsprinzip der *missio Dei* zufolge, als ihren integrativen Bestandteil zu erfassen und in einen Bezug zu ihr zu setzen. Das geschieht dann konsequent aus der Bildungsperspektive heraus.

Es sollen auf diese Weise auch Räume und Anschlussmöglichkeiten für die Entwicklung des Kriteriums *missio Dei* für theologische Ausbildung erkundet werden. Das soll möglich werden, indem nach den Idealen, den Zielen und Visionen gefragt wird, die Verantwortliche für ihre theologische Ausbildung haben. Ebenso wichtig sind Erkenntnisse über die kontextuellen Herausforderungen und Aufgaben, denen sie sich im Kanon der Wissenschaften gegenübersehen, sowie die Frage danach, wozu sie heute ihre Absolventinnen und Absolventen durch ihre Ausbildung befähigt sehen möchten.

Im Grunde müssten auch die Studierenden und Alumni zu Wort kommen, weil sie ja letztlich erlebte theologische Ausbildung kontextuell umsetzen. Dazu müssten sie nach einiger Zeit ihrer Tätigkeit befragt werden. Das kann eine andere Forschung für sich sein, die dann wiederum ihre Ergebnisse mit denen dieser Arbeit ins Gespräch bringen müsste. Der Rahmen dieser Arbeit würde mit einer solchen Ausweitung gesprengt werden. So sollen also, im Bewusstsein, dass auch Studierende, als Empfänger und Zielpersonen von theologischer Ausbildung substanziell wichtig für ein Bildungsverständnis aus der Sicht der *missio Dei* sind, zunächst die Verantwortlichen für theologische Ausbildung als Expertinnen und Experten zu Wort kommen, indem sie anhand eines Interviewleitfadens ihre Erzählungen und Themen zum Ausdruck bringen können.

Es geht also nicht um eine Bewertung und einen Vergleich existierender theologischer Ausbildung als Geschehen auf Hochschulebene, weder untereinander, noch mit einem Idealverständnis der *missio Dei* als Kriterium. Stattdessen soll ein Ausschnitt der intelligiblen Wirklichkeit und der Intentionen theologischer Ausbildung aus der Sicht derer, die sie verantworten, erfasst und aus der Perspektive der Bildungsdimension der *missio Dei* untersucht werden, um im Lichte der Forschungsfrage zu einer Auswertung zu gelangen, die helfen soll, theologische Ausbildung mit dem Kriterium der *missio Dei* bildungstheoretisch weiterzuentwickeln. Dazu sollen die Forschungsresultate mit den Zielvorstellungen der *missio Dei* ins Gespräch gebracht werden.

Darlegung der Erhebungsmethoden

Anhand eines Interviewleitfadens wurden acht teilstrukturierte Experteninterviews durchgeführt. Mit der Forschungsfrage kongruent ging der Gedanke, auf jeden Fall eine persönliche Begegnung mit den Befragten zu haben, die den reinen Zeitrahmen des Interviews etwas übersteigt. Die Interviewpartnerinnen und -partner wurden im Vorfeld telefonisch kontaktiert und zusätzlich per E-Mail-Korrespondenz über das Forschungsinteresse und die Themenbereiche des Leitfadens in Kenntnis gesetzt und um einen persönlichen Gesprächstermin gebeten. Die Anonymisierung wurde schriftlich zugesagt und es ebenfalls schriftlich darüber informiert, ein digitales Aufnahmegerät einsetzen zu wollen

Nach den Terminabsprachen erfolgten die persönlichen Begegnungen mit den Befragten an ihren theologischen Ausbildungsstätten in ihrem beruflichen Umfeld, wo die Gespräche in ihren Büros unter vier Augen geführt und digital aufgezeichnet wurden. Nur ein Gespräch wurde bei der befragten Person zu Hause geführt und aufgezeichnet. Jede Begegnung begann mit einer gegenseitigen sehr freundlichen und wohlwollenden Begrüßung und Vorstellung und einer kurzen erinnernden Einführung in das Forschungsinteresse unter Bezugnahme auf die E-Mail-Korrespondenz. Ein kleines Gastgeschenk wurde vom Autor überreicht. Alle Befragten waren vorbereitet, freundlich, offen und am Thema sehr interessiert. Nach dem Einrichten des Aufnahmegerätes wurden die Interviews geführt. Nach dem Interview wurden noch ein paar persönliche Gedanken zum Thema ausgetauscht und teilweise gab es auch eine Führung durch die Bibliotheken oder Lehrsäle.

Jedes Interview, im WAV-Format aufgenommen, wurde als MP3-Datei vom Aufnahmegerät heruntergeladen und separat abgespeichert. Die Fragen eröffneten in den meisten Fällen eine kompakte Erzählung, die zu den Fragen neue Dimensionen eröffnete. Daraus wurde erkenntlich, dass sich die befragten Personen aufgrund der gelieferten Vorabinformationen gut vorbereitet hatten.

Im Anhang finden sich der Interviewleitfaden, die E-Mail-Korrespondenzen, die Vorabinformationen über das Forschungsinteresse und die Fragebereiche für das Interview. Telefongespräche, die im Vorfeld nötig waren, etwa, um die Expertinnen und Experten innerhalb einer Fakultät auszumachen und zu erreichen, wurden nicht dokumentiert.

Erläuterungen zur Datenaufbereitung

Die Datenaufbereitung wurde computergestützt durchgeführt. Die abgespeicherten MP3-Dateien wurden mithilfe der Software f4 jeweils einzeln transkribiert und für die Analyse vorbereitet. An den Audio-Aufnahmen und der Transkription wurde synchron gearbeitet. Die Interviews wurden nach ihrer Transkribierung aneinandergefügt und bei der Anonymisierung die Kürzel I für Interviewer und B1 bis B8 für die acht befragten Personen benutzt. Die Anonymisierung wurde von den Namen der Befragten als B1 bis B8 auch auf die Orte und Zeitangaben ausgedehnt. So wurden Städtenamen oder der Sitz der Ausbildungsstätte umgewandelt in neutrale Ausdrücke wie „Hier in unserer Stadt" oder „Hier an dieser Hochschule". Es wurden Zeitmarken gesetzt. Die Regeln für die Transkribierung sollten Gestik und Betonungen einschließen. Besondere Gestik wurde in Klammern eingefügt, etwa „(Klopfte heftig mit den Fingern auf den Tisch)". Die Betonung besonders hervorgehobener Begriffe, Satzteile oder einzelner Wörter wurde durch Großschreibung im Fließtext gekennzeichnet, zum Beispiel „WAHRNEHMEN, WAHRNEHMEN", weil davon auszugehen war, dass diese Betonung inhaltlich für die Analyse von Bedeutung sein würde. Pausen wurden mit „(.)" gekennzeichnet, wobei ein Punkt für eine Sekunde steht und ab drei Punkten in Klammern die Zahlen für die Zeit der Pause in Sekunden steht. Ein Interview wurde auf Englisch geführt und auch Englisch transkribiert und analysiert. Unverständliche Ausdrücke, die bisweilen bis zur Länge eines kleinen Satzes vorkamen, wurden mit „(unv.)" gekennzeichnet. Dabei ist davon auszugehen, dass diese wenigen unverständlichen Passagen keinen bedeutenden Einfluss auf die Analyse gehabt hätten. Mit „Mhm" wurden wortlose, aber vokale Zustimmungen transkribiert. Gesprächsunterbrechungen wurden mit einer Erklärung in Klammern vermerkt. Eigenarten der Sprechweise und Sprache wurden nicht geglättet, wenn etwa „Ich hab" statt „Ich habe" gesagt wurde. Auch wurde ein typisches „nicht?", das für den Ausdruck „nicht wahr?" steht, beibehalten. Auch Wiederholungen wurden transkribiert. Es wurden auch keine grammatikalischen Korrekturen vorgenommen und begonnene oder abgebrochene Sätze nicht vervollständigt, sondern im Original belassen. So spiegelt jedes Interview im Transkript einerseits die Einzigartigkeit der befragten Person und andererseits die Dynamik des Gespräches wider.

Nach der Transkribierung wurde das ganze Datenmaterial in einem zweiten Durchlauf in Sinnabschnitte unterteilt und so zusätzlich zu den Zeitmarken mit wieder aufrufbaren Absätzen versehen. Das so für die Analyse aufbereitete Datenmaterial wurde einmal als f4-Datei im Rich Text-Format abgespeichert und einmal als Word-Datei. Wenn die Datei auf f4 hochgeladen wurde, konnte sie mit den letzten Kodierungen eingesehen werden. Wird sie als Word-Datei geöffnet, erscheint das ganze Transkript mit den nummerierten Absätzen.

Beschreibung des Datenbestandes

Nach der Zusammenführung der einzelnen Transkripte zu einer einzigen Datei lag ein Dokument vor, das 44.809 Wörter umfasste und auf dessen Grundlage die Analyse erfolgte. Dem Transkript zugrunde lagen elf MP3-Dateien. Drei Interviews mussten einmal unterbrochen werden und lieferten so zusätzlich je eine weitere Audiodatei, die dann den weiteren Verlauf des Gespräches aufzeichnete. Die gesamte reine digitale Aufzeichnungszeit betrug fünf Stunden, einunddreißig Minuten und dreiunddreißig Sekunden. Die kürzeste Aufnahmezeit dauerte achtundzwanzig Minuten und die längste achtundfünfzig Minuten. Die durchschnittliche Aufnahmezeit eines Interviews liegt bei etwa einundvierzig Minuten. Die Spannweite der Begegnungszeiten liegt durchschnittlich bei eineinhalb Stunden.

Die Informationsquellen und Zusammenstellung der Stichprobe

Die Informationsquellen waren verantwortliche Leitungspersonen in theologischer Ausbildung auf Hochschulebene. Die Zusammenstellung der Stichprobe erfolgte aufgrund der Überlegung, für die Forschungsfrage Expertinnen und Experten zu befragen, die zum einen Verantwortung für die theologische Ausbildung tragen und zum anderen Nähe zu und Verantwortung für Studierende haben. Außerdem sollte nach Möglichkeit eine konfessionelle theologische Bandbreite einbezogen werden. Hier lag die Annahme zugrunde, dass der Bildungsschwerpunkt der Forschungsfrage, mit der *missio Dei* im Hintergrund, Interesse wecken, aber auch ein verbindendes Element darstellen und zugleich eine überkonfessionelle Perspektive eröffnen würde. Deshalb wurden protestantische, katholische und orthodoxe Hintergründe gesucht, um ein ökumenisches Bild zu erhalten.

Die Größe und Zusammensetzung der Stichprobe entwickelte sich aus den Zusagen für ein Interview, aber vor allem aus den Empfehlungen und Verbindungen, die sich aus den vorbereitenden Telefonaten mit den Dekanaten der Fakultäten ergaben.

Die Bestimmung der Interviewpartnerinnen und -partner ergab sich dann jeweils aus einem telefonischen Vorgespräch mit dem Dekanat oder Rektorat der jeweiligen Hochschule, in dem mündlich das Forschungsinteresse vorgetragen wurde. Die Telefonate waren eine gute Grundlage, Vertrauen aufzubauen und im Vorfeld auch die Person des Forschenden und sein Interesse persönlich bekannt zu machen. Es ging dabei immer darum, die Basis für ein Interview in Theologie allgemein und Bildungsarbeit überhaupt zu finden. Im Vorfeld sollte den Beteiligten deutlich werden, dass es sich um wissenschaftliche Experteninterviews handeln sollte und nicht um investigative Interviews, die im journalistischen Stil darauf ausgerichtet sind, durch eine entsprechende lenkende Fragetechnik an bestimmte Informationen zu gelangen.

Es folgte eine telefonische Weiterleitung zu den empfohlenen Personen. Somit darf angenommen werden, dass die befragten Personen tatsächlich die relevanten Interviewpartnerinnen und -partner waren.

Von elf Anfragen führten schließlich acht zu einer Terminabsprache für ein Interview. Die acht Expertinnen und Experten als verantwortliche Personen in theologischer Ausbildung waren Studiendekane, Studienleiter, Leiter für Kurrikulumsreformen, eine Institutsleiterin und ein Altrektor an theologischen Hochschulen aus verschiedenen Ländern Westeuropas.

Allen acht Personen ist erstens gemeinsam, dass sie aktiv in der Verantwortung für die Gestaltung von theologischer Ausbildung an ihren Hochschulen stehen. Ihnen ist zweitens gemeinsam, dass sie an ihren Ausbildungsstätten eine starke Überzeugung davon vertreten, theologische Ausbildung auf Hochschulebene zu betreiben und damit das Anliegen verbinden, für Kirche und Gesellschaft relevant zu sein. Diese Bereitschaft wurde in den vorbereitenden Telefongesprächen vor oder nach den erklärenden E-Mails mit dem Forschungsinteresse deutlich. Die dritte Gemeinsamkeit hat sich nach den Interviews ergeben. Alle Befragten hatten im Laufe ihres Lebens internationale theologische Erfahrungen gesammelt und wichtige Horizonterweiterungen durch internationale bedeutende persönliche Begegnungen mit Theologinnen und Theologen anderer Kontexte erfahren. Zu den Merkmalen ihrer theologischen Hochschulen und Fakultäten gehören erstens überkonfessionelle Bemühungen um Bildung und Theologie im Kontext der Bologna-Reform, zweitens das Ziel, wissenschaftlich fundiert die Relevanz des Evangeliums für Kirche und Gesellschaft zu fördern, drittens die Kompetenz zum Dialog mit der Orthodoxie und den reformatorischen Glaubensgemeinschaften mit dem Ziel, das gemeinsame christliche Zeugnis weltweit zu fördern, viertens die Kompetenz, bekenntnisgebunden wissenschaftlich Theologie zu treiben, fünftens Theologie interkulturell zu verstehen und die theologische Ausbildung für die Mission weiterzuentwickeln und sechstens ein starkes Interesse, theologische Ausbildung auf Hochschulebene in die Kirchen, die Gesellschaft und den Hochschulraum hinein für unsere Zeit bedeutsam zu machen.

Die Phase der telefonischen Anfragen mit E-Mail-Korrespondenz und die Phase der Datenerhebung konnte innerhalb von vier Monaten abgeschlossen werden. Alle persönlichen Angaben sind anonymisiert.

Benennung der Probleme

Die Sorgfalt der Fallauswahl

Die Fallauswahl sollte missionarische, ökumenische, bekenntnisorientierte, traditionelle, wissenschaftliche und visionäre Aspekte in Theologie und theologischer Ausbildung auf Hochschulebene in protestantischen, katholischen und orthodoxen Kontexten aus verschiedenen Ländern Europas zusammenbringen.

Aber diese Absicht hat sich als eine nicht einfache Suche nach den richtigen Expertinnen und Experten für das Forschungsprojekt herausgestellt. Es war schwierig, im Vorfeld die Expertinnen und Experten zu finden, denn es stellte sich heraus, dass im universitären Kontext die Unterscheidung zwischen Forschungsdekan und Studiendekan vorgenommen wurde. Der Autor musste sich darauf verlassen, mit der internen Weiterleitung an den Hochschulen auch die richtigen Personen im Interview befragt zu haben.

An dieser Stelle kamen dann die Fragen nach der Reichweite, den anfallenden Reisekosten und dem Zeitrahmen für die Phase der Datenerhebung eingrenzend ins Spiel.

Das Problem der Verallgemeinerung und Übertragbarkeit

Eine Verallgemeinerung ist bei qualitativer Forschung so nicht möglich.

Die vorliegende Fallauswahl hat einen hohen theologischen Kontrast, von protestantischen, katholischen über ökumenische bis hin zu orthodoxen Hintergründen. Das ermöglicht die Frage nach gemeinsamen Strukturen oder Regeln, da es sich ja im Grunde um Variationen einer Sache, nämlich theologischer Ausbildung auf Hochschulebene, handelt.

Quantitativ gesehen, besteht die Fallauswahl aus fünf protestantischen Personen mit jeweils unterschiedlichen evangelisch-theologischen Prägungen, gegenüber je einer katholischen, einer ökumenischen und einer orthodoxen befragten Person.

Bei diesem hohen Kontrast hat sich in der Auswertung eine relativ hohe Übereinstimmung in der Bildungsperspektive für die theologischen Ausbildungen trotz der unterschiedlichen Hintergründe ergeben. Es ist bemerkenswert, dass der orthodoxe Gesprächspartner dabei stark ins Gewicht fiel.

Eine mögliche Übertragung der Resultate in neue Kontexte muss reflektiert werden.

Es wurde keine Besprechung der Analyseergebnisse mit den Forschungsteilnehmenden selber mehr durchgeführt. Eine Rückmeldung zu den Resultaten ist bis jetzt auch nicht vorgenommen worden. Eine Rückkehr ins Forschungsfeld zwecks möglicher Korrekturen der Analyse ist im zeitlichen und finanziellen Rahmen der Arbeit nicht möglich gewesen.

Kein Forscherteam

Weil kein Forscherteam zur Verfügung stand, musste die Datenerhebung, Transkribierung und Analyse vom Autor selber durchgeführt werden, mit dem Problem, dass die Bearbeitung des Materials nicht von mehreren Kodierenden unabhängig voneinander vorgenommenen werden konnte. So ist es möglich, dass trotz mehrerer induktiver Durchläufe durch das gesamte Datenmaterial, die Kategegorienbildung nicht die vollständig mögliche Ausdifferenzierung erhalten hat, die mit einem Team hätte erreicht werden können.

Persönliche und wichtige Aussagen der Befragten

Es gab einige zentrale Aussagen, die sehr persönlich und in der Biografie der Befragten von hoher Bedeutung waren. Die zugesagte Anonymisierung machte ihre Verwertung problematisch. Zwei der acht Befragten machten bedeutsame Aussagen im Blick auf ihre theologische Entwicklung, die sehr schwierig zu kodieren waren. Die Aussagen konnten aber rein thematisch gesehen leichter kodiert und mit anderen eher sachlich gehaltenen Aussagen verknüpft werden. Es wurde in den persönlichen Aussagen deutlich, dass es die persönlichen Begegnungen der befragten Leiterinnen und Leiter mit Menschen auf internationaler Ebene waren, die große Veränderungen in ihren theologischen Konzepten bewirkt haben, mit großem Einfluss auf ihre Vorstellung von theologischer Ausbildung. Auf eine eigene Kategorienbildung wurde dennoch verzichtet, weil davon ausgegangen wurde, dass diese Erfahrungen eine Anschlussfähigkeit an Entwicklungen dokumentierten, die bei den anderen Befragten wegen deren internationalem Hintergrund schon vorlagen.

Darlegung der Analyseschritte

Der Einstieg mit der qualitativen Inhaltanalyse

Der Einstieg erfolgte als „inhaltlich strukturierende qualitative Inhaltsanalyse" (Kuckartz 20012:77). Diese Herangehensweise wurde gewählt, weil die befragten Personen sich über das Forschungsinteresse informiert und sich auf die Interviews gut vorbereitet hatten. Ihre Antworten ergingen kompakt, diszipliniert und eingegrenzt zu den Leitfragen, sodass es zunächst schien, als ob eine deduktive kategorienbasierte Auswertung mit anschließender ergänzender induktiver Auswertung der Daten bereits zielführend sein könnte. Die literaturbasierte Forschung zu Theologie und theologischer Ausbildung ermöglichte eine „Vorab-Kategorienbildung ohne empirisches Material" (Kukartz 2012:60) in der Gestalt eines Interviewleitfadens. Der Leitfaden orientierte sich an folgenden Kategorien:

1. Die Visionen und großen Ziele
2. Die zentralen zeitbedingten Herausforderungen
3. Die zentralen Aufgaben im Kanon der Wissenschaften
4. Die Auswirkungen des Bologna-Prozesses
5. Die Bedeutung von Gottes Menschwerdung als Paradigma für eine entsprechende zukünftige Kompetenzbildung
6. Die aktuelle Bedeutung für die Befähigung zur Menschenliebe, Freude, zum Frieden und zum Leben.

Die daraus abgeleiteten sechs Leitfragen bildeten mit ihren Thematiken die groben deduktiven Kategorien, mit deren Hilfe sich die Antworten strukturieren ließen. Die Untersuchung folgte zunächst dem Ablaufschema der inhaltlich strukturierenden Inhaltsanalyse, wie sie Kuckartz (2012:78) beschreibt.

Das gesamte Datenmaterial wurde deduktiv strukturiert. Diese Vorgehensweise diente als Vorbereitung für einen zweiten Durchlauf, in dem schließlich auch induktiv die Bildung von Subkategorien erfolgen sollte, „wobei nur das der jeweiligen Hauptkategorie zugeordnete Material herangezogen wurde" (:69).

Diese Einschränkung erwies sich aber als kritisch. Die inhaltlichen Kategorien aus dem Interviewleitfaden waren nicht ausreichend, um die Tiefe der Antworten zu erfassen, und die notwendige „hermeneutisch-interpretative" Textarbeit (:53) befriedigend zu unterstützen. Es wurde immer deutlicher, dass die befragten Personen in ihren Antworten wichtige Konzepte und neue Themen in ihren Antworten und Erzählungen „verborgen" hatten, die nicht zu den Hauptkategorien passten und neue erforderlich machten. Das stellte vor die Entscheidung, die Vorgehensweise im Stil der inhaltlich strukturierenden qualitativen Inhaltsanalyse beizubehalten und dabei wenig von den tieferliegenden Konzepten und neuen Themen in die Schlussfolgerungen aufnehmen zu können, oder aber mit Hilfe des „offenen Kodierens" die Daten im Sinne der Grounded Theory „aufzubrechen" (Kuckartz 2012:67).

Die Pfadänderung zur Grounded Theory

Ausschlaggebend für die Änderung der Vorgehensweise war die Überzeugung, dass die empirische Forschung nur dann einen relevanten Beitrag im Gespräch mit den Ergebnissen des literaturbasierten Teils der Arbeit leisten kann, wenn die interviewten Personen ihre eigenen Themen, Inhalte, Anliegen und Konzepte mitgestaltend einbringen können, was sich aus dem Partizipationsprinzip der *missio Dei* zwingend ergibt Das aber erforderte eine Analyse im Stil der Grounded Theory, die über eine „bloße Beschreibung oder Klassifizierung" hinaus zu einer Theoriebildung vordringt, die „einen Erklärungswert für die untersuchten Phänomene hat" (Breuer 2010:41).

In den Mittelpunkt der Forschung traten nun die Generierung von theoretischen Aussagen und die Entwicklung von Kategorien am Datenmaterial. Das offene Kodieren des gesamten Datenmaterials markierte den Übergang in diese Vorgehensweise.

Der Weg über die Kodierung und Kategorienbildung zur Schlüsselkategorie

In mehrfachen Durchläufen durch das gesamte Datenmaterial wurde „iterativ-zyklisch" (Breuer 2010:55) gearbeitet und so Konzepte im Datenmaterial identifiziert. Diese Arbeit des Kodierens umfasste im Unterschied zum inhaltsanalytischen Vorgehen nicht nur die Zuordnung von Codes oder Kategorien zu Teilen des Materials, sondern den ganzen Analyseprozess vom offenen Kodieren über das axiale Kodieren und selektive Kodieren bis hin zur Schlüsselkategorie. Dabei gab es auch „Rücksprünge" (Breuer 2010:55), wenn schon kodiertes Material erneut untersucht werden musste, wenn sich Hinweise auf eine neue treffendere Zuordnung ergaben oder ein Konzept sich noch differenzierter herausstellte als bisher.

Was allerdings nicht geleistet werden konnte, waren neue Datenerhebungen. Die Methodik der Grounded Theory dieser Arbeit stützte sich deshalb nur auf die einmal erhobenen Daten der transkribierten Interviews. Sie wurden aber intensiv untersucht und erschlossen sich im Nachhinein als Gespräche, weil sie die Übereinstimmung von Fragendem und Befragten im Blick auf das Forschungsinteresse, im Blick auf die Dringlichkeit der Problemstellung und im Blick auf die gemeinsame Lebenswelt in theologischer Ausbildung zur Geltung brachten.

Das offene Kodieren

Mit dem „Konzept-Indikator-Modell" (Breuer 2010:71) wurden die Aussagen mit der Fragestellung untersucht, welches Konzept sich hinter dem „unmittelbar Greifbaren" (2010:71), also dem Indikator für etwas, in einer Ausführung verbirgt. Solch ein Konzept, wie etwa die Bemühung von Theologen im Kanon der Wissenschaften auch als Wissenschaftler anerkannt zu werden, wurde dann mit dem Entwurf eines abstrakten Begriffes gekennzeichnet, der oft aus Aussagen der Befragten selber stammte, wie „Sprachfähigkeit". So wurden zahlreiche Oberbegriffe (Codes) gefunden, denen jeweils etliche unterschiedliche und manchmal überschneidende Eigenschaften (Dimensionen) zugewiesen werden konnten. Durch ständiges Vergleichen der Codes und ihrer Eigenschaften konnten Kontraste gebildet, Ähnlichkeiten und Zusammenhänge gefunden werden. Die ursprünglichen deduktiven Kategorien des Gesprächsleitfadens wurden so aufgelöst.

Das axiale Kodieren

Mit diesem Schritt wurden die im offenen Kodieren „aufgebrochenen" Daten neu konfiguriert. Es konnten die zentralen Themen und ihre Dimensionen identifiziert werden. Dafür wurden die herausgearbeiteten Kategorien in Beziehung zueinander gesetzt und in eine Ordnung gebracht. Als Sortierlogik diente das paradigmatische Modell (Breuer 2010:86), mit dem Versuch eine Art „qualitative Gewichtung" vorzunehmen und das selektive Kodieren vorzubereiten. So ergab sich etwa für das Thema des „unausgeschöpften Bildungspotenziales" seine innere Verwandtschaft mit dem Thema der „Gesellschaftsrelevanz" und dem Thema des „Ringens um eine Vision". Demgegenüber standen die miteinander verwandten Themen der „Wissenschaftlichkeit und Sprachfähigkeit" und „Auswirkungen des Bologna-Prozesses". Ein drittes und letztes großes Thema bildeten die „Zieldivergenzen und Probleme", was zu allen anderen Kategorien Bezüge aufwies.

Mit dieser Arbeit an einer Zusammenfügung und Analyse der entwickelten Konzepte und Kategorien wurde es möglich, eine nächste Kodierung auf höherem Abstraktionsniveau zu leisten.

Das selektive Kodieren

Das selektive Kodieren war gekennzeichnet durch die Suche nach einem „konzeptuellen Zentrum" (Breuer 2010:92), um das herum sich alle anderen Kategorien als Theoriebausteine anordnen lassen könnten. Es ging um die möglichst alle Kategorien (Themen) umspannende Geschichte im Datenmaterial, ein Konzept, das in dem „konstruierten Kategoriengefüge eine hohe theoretische Integrationskraft aufweist" (2010:92). Ziel dieses Vorgangs war die Formulierung einer Schlüsselkategorie. Diese konnte schließlich als „das Fehlen einer transzendenten Begründung für die Bestimmung von Theologie und theologischer Ausbildung auf Hochschulebene" offengelegt werden. Sie ist das Zentrum der Geschichte „vom Glauben an eine bildungsbasierte, gesellschaftsrelevante Gestaltungskraft von Theologie und theologischer Ausbildung und ihrem Ringen um Selbstbehauptung im Hochschulraum", die als Umfassung der axialen Kodierung bestimmt werden konnte. Vom verdichtetsten Punkt aus wurde wieder aufgefächert zu einer integrierten Theorie anhand der gefundenen Kategorien. Mit Hilfe der Schlüsselkategorie ergaben sich Schlussfolgerungen, die in Kapitel fünf ins Gespräch mit den Ergebnissen des literaturbasierten Forschungsteiles gebracht wurden.

Die Vorgehensweise im Einzelnen

Die Analyse erfolgte computergestützt mit der QDA-Software f4analyse. Die Analyseschritte entsprechen zunächst einer *inhaltlich strukturierenden qualitativen Inhaltsanalyse.* Die Inhalte der transkribierten Interviews wurden mit dieser Methode zuerst *deduktiv geordnet, strukturiert* und für einen weiteren Analyseschritt vorbereitet. Immer noch im Kontext der inhaltlich strukturierenden qualitativen Inhaltsanalyse wurden dann zu den deduktiven Kategorien ausdifferenzierende Subkategorien induktiv gefunden. Bei diesem Schritt wurde schnell klar, dass sich noch andere Themen und Konzepte in den Inhalten verbargen, die von den deduktiven Kategorien nicht erfasst werden konnten. Sie zu erfassen war aber unbedingt nötig, weil der Eindruck verstärkt wurde, dass sie im Licht der Forschungsfrage Problemanzeigen und wichtige Ansätze liefern können. Schon während der Interviews, in den Zeiten der Begegnung mit den Befragten, wurde deutlich, dass sie mit den Antworten ihre Überzeugungen und Vorstellungen transportierten, die den Rahmen der Frage manchmal sprengten. Um an dieser Stelle methodisch den Inhalten der Interviews und der Forschungsfrage gemäß weiter arbeiten zu können, wurde versucht, diese neuen Themen und Konzepte einzufangen. Deshalb wurde das gesamte strukturierte Datenmaterial nun induktiv offen kodiert anhand zweier Fragen: Was ist die Antwort auf die gestellte Frage und was wird noch gesagt? So wurden einerseits die an die Inhalte deduktiv herangetragenen Kategorien ausdifferenziert und andererseits induktiv neue Kategorien gebildet.

Bei diesem Analyseschritt wurde deutlich, dass es über die diversen Erzählungen der subjektiven Sichtweisen hinaus zwei zugrunde liegende gemeinsame Themen gab, die quer durch alle Kategorien und Daten hindurch auftauchten, aber dennoch immer in Bezug zur jeweiligen Frage standen. Um diese gemeinsamen Themen zu finden, wurde explorativ im Stil der Grounded Theory auf neue Hauptkategorien für sie hingearbeitet. So mussten die alten deduktiven Hauptkategorien modifiziert werden, um das durchgängige Hauptthema in den Interviews mit zu erfassen.

Das durchgängige Hauptthema war eine durchgängige Problemanzeige, nämlich wie die Gesellschaftsrelevanz erreicht und die Wissenschaftlichkeit von Theologie und theologischer Ausbildung durchgehalten werden kann. Dieser Befund konnte als gemeinsamer Zugang zu den anderen Kategorien und wegen seiner Bezüge zu den meisten Fragen auch als Zugang zu dem gesamten Datenmaterial angesehen werden. Zusammen mit einer Analyse und Schlussfolgerungen aus den einzelnen Kategorien wurden empirisch basiert theoretische Aussagen zur Forschungsfrage möglich.

Die Analyseschritte werden nun im Einzelnen beschrieben. In den teilstrukturierten Interviews wurden bei allen acht Personen immer dieselben sechs Fragen dieses Leitfadens gestellt:

1. Was ist Ihr großes Ziel, die *Vision*, die Sie für Ihre theologische Ausbildung haben?

2. Was sind für Sie *zentrale Herausforderungen*, die in unserer Zeit an theologische Ausbildung auf Hochschulebene gestellt werden?

3. Was sind für Sie *zentrale Aufgaben* von Theologie auf Hochschulebene im Kanon der Wissenschaften?

4. Welche *Auswirkungen* hatte/hat der Bologna-Prozess, der für die europäische Bildungsreform auf Hochschulebene steht, auf Ihre theologische Ausbildung?

5. Wenn Sie an *Nähe zu den Menschen* denken, die in Gottes Menschwerdung vorgebildet ist, welche moralischen, ethischen und spirituellen *Kompetenzen* glauben Sie, benötigen Ihre Absolventinnen und Absolventen heute?

6. Welche Bedeutung hat theologische Ausbildung in Ihren Augen für die Befähigung zur *Menschenliebe, zur Liebe, zur Freude, zum Leben und zum Frieden?*

So ergaben sich insgesamt sechs Narrationen pro Person als Antworten auf jede die Fragen. Eine Analyse jedes einzelnen Falles für sich wäre eine Längsschnittanalyse gewesen. Das ist nicht vorgenommen worden, weil das Forschungsinteresse wegen des hohen theologischen Kontrastes auf die Befunde quer durch alle acht Narrationen auf jede Frage hin gerichtet war, um Gemeinsamkeiten oder Unterschiede zu finden.

Im ersten Durchlauf durch das gesamte Datenmaterial wurden entlang der sechs Fragen des Interviewleitfadens sechs grobe vorläufige Hauptkategorien gebildet, die den sechs Fragen entsprechen. Das Datenmaterial wurde damit erst *deduktiv* strukturiert und jedes Interview in sechs Bereiche unterteilt, weil alle Befragten sich auch zu diesen Bereichen explizit geäußert hatten.

Die Strukturierung des Datenmaterials ergab damit acht Antworten zu jeder der sechs Fragen. Mit Hilfe der Software f4 wurden die Einzelinterviews des Transkripts aufgelöst und nach den Antwortbereichen neu zusammengestellt. Alle Antworten der ersten befragten Person (B1), die sie zur Frage nach der Vision und den großen Zielen gegeben hatte, wurden zur Kategorie *Vision und große Ziele* hinzugefügt. Alle Antworten der ersten befragten Person (B1), die sie zur Frage nach den zentralen Herausforderungen gegeben hatte, wurden zur Kategorie *Zentrale Herausforderungen* hinzugefügt, und so weiter. Die Ordnung B1 bis B8 ist chronologisch. Das erste Interview nennt die befragte Person B1 und das letzte Interview die befragte Person B8. Auf diese Weise wurde das Datenmaterial für die Kodierung vorbereitet.

In einem Schema sieht der erste Analyseschritt als Strukturierungsarbeit so aus:

Sechs deduktive Kategorien entsprechend der sechs Fragen des Interviewleitfadens					
Vision und große Ziele	Zentrale Herausforderungen	Zentrale Aufgaben im Kanon der Wissenschaften	Auswirkungen des Bologna-Prozesses	Was Gottes Nähe zu den Menschen für die Kompetenzbildung bedeutet	Die Bedeutung von theologischer Ausbildung für die Befähigung zur Menschenliebe
Alle Antworten von **B1-B8** dazu	Alle Antworten von **B1-B8** dazu	Alle Antworten von **B1-B8** dazu	Alle Antworten von **B1-B8** dazu	Alle Antworten von **B1-B8** dazu	Alle Antworten von **B1-B8** dazu
Im Ergebnis beinhaltet jetzt jede deduktive grobe Kategorie alle Antworten, die alle acht Befragten jeweils dazu gegeben haben.					

Mithilfe der Software f4 konnten nun alle Antworten der befragten Personen zu einer Kategorie aus dem Transkript auf einmal aufgerufen werden, wobei die Antworten nach zugehörigen Personen voneinander abgegrenzt waren.

Im zweiten Durchlauf des Datenmaterials wurden dann innerhalb jeder einzelnen deduktiven Kategorie die acht Antworten induktiv offen kodiert, um nach Themen und Konzepten zu fragen.

Kodiert wurden einzelne kurze Sätze, bis hin zu längeren Abschnitten. Es wurde nicht mehr deduktiv nach Antworten auf die Fragen gesucht, sondern vielmehr induktiv, innerhalb der Antwortbereiche, die je eigenen Ansichten, Konzepte und auch die Abweichungen und Besonderheiten gehört. Hier wurden In-Vivo-Codes und zugehörige Subcodes gebildet.

In diesem Analyseschritt ist erstens deutlich geworden, dass die Befragten in ihren Antworten innerhalb der deduktiv gebildeten Kategorien viel mehr erzählten. So wurden beispielsweise in der Antwort auf die Frage nach den Visionen und großen Zielen auch Hindernisse und Probleme, theologische Diskurse und ganz persönliche Hoffnungen oder Wünsche thematisiert.

Zweitens wurde deutlich, dass es viele übergreifend ähnliche, manchmal verschiedene und auch neue Themen und Konzepte gab. So wurde beispielsweise in den Antworten auf die Frage nach den Aufgaben von Theologie und theologischer Ausbildung im Kanon der Wissenschaften auch Visionäres thematisiert oder auch Probleme mit der Authentizität des persönlich gelebten Glaubens. Die inhaltlichen Berührungen und die Vielzahl an neuen übergreifenden Themen und Konzepten sowie die Diversität und Kontraste bei der offenen Kodierung innerhalb der deduktiven Kategorien haben deshalb dazu geführt, dass quer durch die groben sechs deduktiven Kategorien hindurch insgesamt dreißig induktive Kodierungen mit teilweise bis zu sechzehn Subkodierungen vorgenommen werden konnten.

In diesem Arbeitsschritt wurden also die Abgrenzungen der deduktiven Kategorien gegeneinander aufgehoben und das gesamte Datenmaterial durch die dreißig induktiv vorgenommenen Kodierungen neu strukturiert. Dieser Schritt ist eine Pfadänderung der Vorgehensweise weg von der inhaltlich strukturierenden qualitativen Inhaltsanalyse hin zur Vorgehensweise der Grounded Theory. Erst damit wurde es möglich, die aufgebrachten neuen Themen und Erweiterungen in den Antworten aufzunehmen und so die Basis für eine neue Kategorienbildung zu schaffen, die als Umwandlung der groben deduktiven Kategorien zu verstehen ist. Verwandte Codes wurden zusammengeführt, Kontraste und Widersprüche konnten festgestellt werden.

Hier soll nur die Liste der dreißig Kodierungen aufgeführt werden, ohne die zugehörigen Subcodes, um die Schritte plausibel und nachvollziehbar zu machen. Alle Aussagen der Befragten, mithin das gesamte Datenmaterial, konnten kodiert werden:

1. Theologie kann diese Leitworte der Menschheit, Philanthropie, Liebe, Friede, Freude und Leben, wieder zur Geltung bringen.
2. Theologische Ausbildung hat für die Befähigung zur Menschenliebe, zur Liebe, zum Frieden, zur Freude und zum Leben keine größere Bedeutung als andere Ausbildungen auch.
3. Das Problem der Motive.
4. Theologische Ausbildung ist und bleibt anspruchsvoll.
5. Das Gottesbekenntnis soll im Blick auf die heutige Lebenswirklichkeit zur Geltung gebracht werden.
6. Den liebenden philanthropischen Blick auf die Menschen gewinnen.
7. Gesprächsfähigkeit erlangen und Begegnungen suchen.
8. Problem der Authentizität des eigenen Christseins.
9. Problem mangelnder Begegnungsräume.
10. Kompetenzen aus der Menschwerdung Gottes abzuleiten ist eine gute Frage, aber zweifelhaft, ob es möglich ist.

11. Die Menschwerdung Gottes ist die Quelle allen theologischen Arbeitens und Handelns.
12. Das Bologna-System ist ambivalent. Es kann theologische Bildung fördern oder hindern.
13. Theologische Bildung wurde durch Bologna gefördert.
14. Theologische Bildung wurde durch Bologna nicht genug gefördert oder ihre Ziele abgewandelt.
15. Im Konzert der Wissenschaften als gleichberechtigter Partner von Gott her reden.
16. Problem der Verluste.
17. Problem von Fragmentierungen.
18. Problem Rechtfertigungsdruck.
19. Institutionelle Probleme.
20. Theologische Probleme.
21. Problem Ökumene.
22. Problem von kirchlichen und akademischen Zieldivergenzen.
23. Bestimmung der Theologie. Den Menschen im Heilsplan Gottes und seinem Auftrag darin sehen. Der universale Blick auf Mensch und Wirklichkeit.
24. Ziele müssen erinnert werden. Die großen Visionen sind heute eher selten.
25. Problem Vorurteile.
26. Theologie muss sich neu definieren.
27. Gesellschaftsrelevanz erreichen.
28. In der universitären Bildung präsent sein.
29. Theologie dient den Aufgaben der Kirche.
30. Ein Neues hervorbringen.

Schematisch sieht der Schritt so aus:

Vision und große Ziele	Zentrale Herausforderungen	Zentrale Aufgaben im Kanon der Wissenschaften	Auswirkungen des Bologna-Prozesses	Was Gottes Nähe zu den Menschen für die Kompetenzbildung bedeutet	Die Bedeutung von theologischer Ausbildung für die Befähigung zur Menschenliebe
Kodierung aller Antworten von **B1 – B8** dazu	Kodierung aller Antworten von **B1 – B8** dazu	Kodierung aller Antworten von **B1 – B8** dazu	Kodierung aller Antworten von **B1 – B8** dazu	Kodierung aller Antworten von **B1 – B8** dazu	Kodierung aller Antworten von **B1 – B8** dazu
Zusammenführung verwandter Codes quer durch die sechs Kategorien. Feststellung von Kontrasten und Widersprüchen.					
Das Ergebnis sind dreißig Codes zuzüglich ihrer zugehörigen Subcodes, die induktiv aus dem gesamten Datenmaterial quer durch alle sechs deduktiven Kategorien gewonnen wurden und das gesamte Datenmaterial abdecken. Sie bilden die Basis für sechs neue induktive Kategorien.					

Aus den zentralen Themen und ihren zugehörigen Codes wurden dann sechs neue Hauptkategorien gebildet mit ihren zugehörigen Dimensionen. Aus den Hauptkategorien und ihren Dimensionen wurde anschließend eine Tabelle erstellt, die Zitate als Ankerbeispiele enthält. Hier folgt die Liste der sechs neuen Hauptkategorien:

1. Gesellschaftsrelevanz
2. Große Ziele
3. Bildungspotenzial
4. Zieldivergenzen und Probleme
5. Wissenschaftlichkeit und Sprachfähigkeit
6. Bologna-Prozess

Die Hauptkategorien, mit ihren zentralen Themen und zugehörigen Dimensionen, wurden dann je für sich im Licht der Forschungsfrage analysiert. So wurde es möglich, eine Schlüsselkategorie zu bilden. Sie wurde aus einer Zusammenschau der Analyse der Hauptkategorien abgeleitet und wird weiter unten vor Beginn der Schlussfolgerungen aus der empirischen Forschung vorgestellt.

Auf der Grundlage der Analyse der gefundenen zentralen Themen im Licht der Forschungsfrage und nach dem Auffinden der Schlüsselkategorie wurden dann Schlussfolgerungen gezogen, die als Resultate die empirische Forschung abschließen und die Grundlage dafür bilden, mit dem Ergebnis der literaturbasierten Forschung im Kapitel 5 ins Gespräch zu treten. Schematisch sieht dieser Weg so aus:

Dreißig Codes und ihre zugehörigen Subcodes bilden sechs neue Hauptkategorien					
Große Ziele	Gesellschaftsrelevanz	Bildungspotenzial	Zieldivergenzen & Probleme	Wissenschaftlichkeit & Sprachfähigkeit	Bologna-Prozess
Analyse der zugehörigen Themen und Subcodes	Analyse der zugehörigen Themen und Subcodes	Analyse der zugehörigen Themen und Subcodes	Analyse der zugehörigen Themen und Subcodes	Analyse der zugehörigen Themen und Subcodes	Analyse der zugehörigen Themen und Subcodes
Zusammenschau der Analysen und Auffinden einer Schlüsselkategorie beim selektiven Kodieren					
Schlussfolgerungen im Licht der Forschungsfrage					
Implikationen der empirischen Ergebnisse für die theologische Ausbildung Kapitel 5					

Rechenschaft über die Interpretation

Die Interpretation der Daten erfolgte zuerst als inhaltlich strukturierende qualitative Inhaltsanalyse (Mayring 2010. Hug & Poscheschnik 2010. Kuckartz 2012). Es gab innerhalb dieser Analyse den wichtigen Schritt, weiter von einer deduktiven Analyse, die sich sehr an den Interviewleitfaden hielt, hin zu der offenen induktiven Kodierung. Das ermöglichte es erst, die Komplexität der Daten zu erschließen und deren Bedeutung für die differenzierte Antwort auf die Forschungsfrage zu erkennen. Diese Arbeit erfolgte im Stil der Grounded Theory (Glaser, Strauss, & Paul 2010. Breuer 2010), weil es nun darum ging, das zugrunde liegende Hauptthema zu finden, das sich schon während der ersten Analyse andeutete, aber nicht mit den deduktiven Kategorien zu fassen war, auch nicht mit ihrer induktiven Ausdifferenzierung.

Es war notwendig, die Methode der inhaltlich strukturierenden qualitativen Inhaltsanalyse zu verlassen und in die Methode der Grounded Theory überzuge-
hen, um den Inhalten der Interviews gerecht zu werden und zu den theoretischen Aussagen zu gelangen. Im Mittelpunkt des Interpretationsprozesses standen dann alle zentralen Themen und Unterthemen, die die befragten Personen
zur Sprache gebracht hatten.

Mit dem Auffinden der zentralen Themen reduzierte sich die Daten-
menge erheblich. Es wurde möglich, die Fülle an Dimensionen in ihnen zu integrieren und so eine Basis zu schaffen, um nach der Analyse der sechs neuen
Hauptkategorien zu einem zentralen Thema vorzudringen. Dieses zentrale
Thema aller Interviews im Lichte der Forschungsfrage öffnete den Zugang zu
einer Theoriebildung im Gespräch mit Resultaten des literaturbasierten Teils der
Arbeit aus den Kapiteln 2 und 3.

Ergebnisdarstellung

Die Ergebnisdarstellung besteht aus zwei Tabellen, in denen der Verlauf und die
Ergebnisse der empirischen Forschung in einer Übersicht präsentiert werden. Im
Anschluss an die Darstellung der Tabellen werden in diesem Abschnitt die In-
halte erklärt, die notwendig sind, um die Analyse plausibel zu machen.
Tabelle 1:
Verlauf der Forschung von der qualitativ strukturierenden Inhaltsanalyse bis zur Auffin-
dung der Hauptkategorien im Stil der Grounded Theory:

(Qualitativ strukturierende Inhaltsanalyse) Sechs deduktive Kategorien werden entlang des Interviewleitfadens gebildet und das Datenmaterial damit strukturiert.					
1	2	3	4	5	6
Vision und große Ziele	Zentrale Herausfor-derungen	Zentrale Aufgaben im Kanon der Wis-senschaften	Auswir-kungen des Bologna-Prozesses	Was Gottes Nähe zu den Men-schen für die Kompe-tenzbildung bedeutet	Die Bedeutung von theo-logischer Ausbildung für die Be-fähigung zur Men-schenliebe
Pfadänderung zur Grounded Theory. Offenes Kodieren **innerhalb** der deduktiv er-stellten sechs Kategorien.					

Entdeckung zugrundeliegender Hauptthemen oder Probleme, die nicht erfasst werden konnten.

Axiales Kodieren

(Exploratives Forschen, Hinarbeiten auf neue Hauptkategorien im Stil der Grounded Theory, die die zugrundeliegenden Hauptthemen und Probleme in den Inhalten mit erfassen)

Zusammenführung verwandter Codes aus 199 Kodierungen quer durch die sechs Kategorien. Feststellung von Kontrasten und Widersprüchen. Auffinden von neuen Themen und Konzepten.

Das Ergebnis sind dreißig Codes zuzüglich ihrer Subcodes:

1. Theologie kann diese Leitworte der Menschheit, Philanthropie, Liebe, Friede Freude und Leben, wieder zur Geltung bringen.
2. Theologische Ausbildung hat für die Befähigung zur Menschenliebe, zur Liebe, zum Frieden, zur Freude und zum Leben keine größere Bedeutung als andere Ausbildungen auch.
3. Das Problem der Motive.
4. Theologische Ausbildung ist und bleibt anspruchsvoll.
5. Das Gottesbekenntnis soll im Blick auf die heutige Lebenswirklichkeit zur Geltung gebracht werden.
6. Den liebenden philanthropischen Blick auf die Menschen gewinnen.
7. Gesprächsfähigkeit erlangen und Begegnungen suchen.
8. Problem der Authentizität des eigenen Christseins.
9. Problem mangelnder Begegnungsräume.
10. Kompetenzen aus der Menschwerdung Gottes abzuleiten ist eine gute Frage, aber zweifelhaft, ob es möglich ist.
11. Die Menschwerdung Gottes ist die Quelle allen theologischen Arbeitens und Handelns.
12. Das Bologna-System ist ambivalent. Es kann theologische Bildung fördern oder hindern.
13. Theologische Bildung wurde durch Bologna gefördert.
14. Theologische Bildung wurde durch Bologna nicht genug gefördert oder ihre Ziele abgewandelt.
15. Im Konzert der Wissenschaften als gleichberechtigter Partner von Gott her reden.
16. Problem der Verluste.
17. Problem von Fragmentierungen.
18. Problem Rechtfertigungsdruck.
19. Institutionelle Probleme.
20. Theologische Probleme.
21. Problem Ökumene.

22. Problem von kirchlichen und akademischen Zieldivergenzen.
23. Bestimmung der Theologie. Den Menschen im Heilsplan Gottes und seinem Auftrag darin sehen. Der universale Blick auf Mensch und Wirklichkeit.
24. Ziele müssen erinnert werden. Die großen Visionen sind heute eher selten.
25. Problem Vorurteile.
26. Theologie muss sich neu definieren.
27. Gesellschaftsrelevanz erreichen.
28. In der universitären Bildung präsent sein.
29. Theologie dient den Aufgaben der Kirche.
30. Ein Neues hervorbringen.

Tabelle 2:
Verlauf der Forschung bis zu den Schlussfolgerungen im Licht der Forschungsfrage

Aus den dreißig Codes und ihren zugehörigen Subcodes werden sechs neue Hauptkategorien gebildet und ihr jeweiliges Thema formuliert. Die neuen Hauptkategorien 1-4 integrieren dabei die deduktiven Kategorien 1, 2, 5 und 6 des Leitfadens und die neuen Hauptkategorien 5 und 6 die deduktiven Kategorien 3 und 4.					
1 Große Ziele (GZ)	2 Gesellschaftsrelevanz (GR)	3 Bildungspotenzial (B)	4 Zieldivergenzen & Probleme (ZP)	5 Wissenschaftlichkeit & Sprachfähigkeit (W)	6 Bologna-Prozess (B)
Themen der sechs Hauptkategorien:					
Das Ringen um eine umfassende, Grenzen überschreitende Vision	Das Verlangen, sowohl die Gesellschaft zu erreichen, als auch der Kirche zu dienen und ein Neues hervorzubringen	Ein noch nicht ausgeschöpftes Bildungspotenzial	Die Ziele, Absichten und Aufgaben und die Selbstverständnisse von Theologie und Kirchen stimmen oft nicht überein	Die schwierige Aufgabe, wie man sich selbst als Wissenschaft behauptend und von Gott her reden wollend ein	Der Bologna-Prozess ist zwar ambivalent, aber mehrheitlich eine Hilfe für die Gestaltung von Lehr-

				gleichbe-rechtigter Partner im Konzert der Wissenschaften werden kann	und Lernprozessen
36 Codes	32 Codes	65 Codes	57 Codes	39 Codes	33 Codes
Einzelanalysen der sechs Hauptkategorien, ihrer Themen und Subcodes					
Selektives Kodieren. Zusammenschau der Analysen und Auffinden des alle Hauptkategorien umspannenden Themas:					
Die Verantwortlichen auf Hochschulebene für Theologie und theologische Ausbildung glauben an deren bildungsbasierte, gesellschaftsrelevante Gestaltungskraft, aber vermissen eine Vision dafür. Der Druck, sich wissenschaftlich behaupten zu müssen, neutralisiert diesen Glauben im universitären Kontext.					
Zentrales Phänomen im Licht der Forschungsfrage					
Das Fehlen einer transzendenten Begründung für die Bestimmung von Theologie und theologischer Ausbildung auf Hochschulebene ist das Hauptproblem					
Schlussfolgerungen im Licht der Forschungsfrage					

Die Tabellen erklären sich wie folgt:

Die ersten sechs deduktiven Kategorien in Tabelle 1 sind die auf ihre Themen reduzierten Fragen des Interviewleitfadens. Sie hatten den Zweck, das gesamte Datenmaterial in sechs Bereiche zu strukturieren. Jeder Bereich enthielt damit die ganze Summe der Antworten, die im Verlauf der Interviews jeweils zu der entsprechenden Frage gegeben wurden. Dieser Schritt beinhaltete noch keine Analyse. Diese Art der Strukturierung wurde gewählt, um die Antworten auf jede Frage, die sowohl konkrete Antworten waren als auch Anlässe für die Befragten, um verwandte oder neue Themen in Bezug zu ihr zu setzen, als jeweils ganze Einheiten zu bewahren.

Die Kategorie „Vision und große Ziele" zum Beispiel enthielt also alle Antworten aller Befragten, die sie in der Zeit geäußert haben, bis eine neue Frage des Leitfadens einsetzte und ein neues Thema eröffnete.

Danach wurde nacheinander innerhalb der sechs großen Antwortbereiche offen induktiv kodiert. Dabei wurde festgestellt, dass sich viele Antworten deutlich von den deduktiven Kategorien abgrenzen ließen und neue eigene Kategorien bildeten. Auch konnten viele Antworten kategorienübergereifend als untereinander verwandt identifiziert werden. So stellte sich beispielsweise heraus, dass in allen Kategorien anlässlich ihrer jeweiligen Fragen auch grundlegende Probleme angesprochen wurden, die ebenfalls kategorienübergreifend in Beziehung zueinander standen. Der Schritt des offenen Kodierens als induktive Methode war unerlässlich, um die vorhandenen Themen und Konzepte aufzufinden. Mit dem Abschluss des offenen Kodierens lag dann das ganze Datenmaterial als 199 unterschiedliche und verwandte Kodierungen vor, in sechs Kategorien unterteilt. Die verwandten Codes mussten nun gruppiert und unterschiedliche Codes für sich genommen werden. Dabei wurde deutlich, dass die deduktiven Kategorien das nicht mehr leisten konnten. Sie konnten die Differenzierungen und Divergenzen in den Antworten nicht wiedergeben. Deshalb wurden die Abgrenzungen zwischen den Antwortbereichen aufgehoben und quer durch alle sechs alten Kategorien hindurch aus den Kodierungen neue Kategorien anhand der gefundenen Themen, Konzepte und Aussagen gebildet.

Damit war aber der Übergang in die Grounded Theory vollzogen. Das Ergebnis waren dreißig Kategorien mit jeweils einer größeren Anzahl an Dimensionen. Die Software f4 ermöglichte es, den Ursprung jeder neuen Kategorie oder einer ihrer Dimensionen zurückzuverfolgen. Beispielsweise erhielten alle Antworten zur Frage nach den großen Zielen und Visionen eine rote Markierung und jeweils einen passenden Begriff oder eine prägnante Aussage als Code oder Subcode. Die Farbe wurde nicht geändert, auch wenn sich beim offenen Kodieren später neue Zuordnungen zwingend ergaben. Auf diese Weise wurde sichtbar, wie beispielsweise eine Aussage über die Unvollkommenheit des Menschen in Theologie und theologischer Ausbildung, die ursprünglich in der Antwort auf die Frage nach den großen Zielen gegeben und deshalb rot markiert war, ihren Weg in eine der dreißig neuen Kategorien als das Problem der Authentizität des eigenen Christseins fand.

Aus diesen dreißig Kategorien und ihren Dimensionen wurden dann sechs Hauptkategorien gebildet, die die alten sechs Kategorien in sich aufnahmen. Damit beginnt Tabelle 2. Die Antworten aus der Frage nach den großen Zielen und Visionen bildeten die neue Hauptkategorie „Große Ziele" und lieferten auch Daten für die neuen Hauptkategorien „Gesellschaftsrelevanz" und „Bildungspotenzial". Die zwei Fragen nach den Herausforderungen und Aufgaben für Theologie und theologische Ausbildung lieferten Daten für die neuen Kategorien „Wissenschaftlichkeit und Sprachfähigkeit" sowie „Zieldivergenzen und Probleme". Im Wesentlichen unverändert blieb nur die Kategorie „Bologna-Prozess". Mehrheitlich aus den Aussagen der Antworten zu den Bereichen „Vision und große Ziele", „Zentrale Herausforderungen", „Was Gottes Nähe zu den Menschen für die Kompetenzbildung bedeutet" und der „Bedeutung von theologischer Ausbildung für die Befähigung zur Menschenliebe" wurden die neuen Kategorien „Große Ziele", „Gesellschaftsrelevanz" und „Bildungspotenzial" gebildet. Die neue Kategorie „Zieldivergenzen und Probleme" besteht aus Aussagen aus allen Bereichen. „Wissenschaftlichkeit und Sprachfähigkeit" entstand größtenteils aus den Antwortbereichen zu den Fragen nach den Aufgaben im Kanon der Wissenschaften und nach den zentralen Herausforderungen.

Auf die Grafik unten folgt eine Einzelanalyse der sechs neuen Hauptkategorien mit ihren zugehörigen Themen. Diese Analysen helfen, ein zentrales Thema zu finden, das alle Hauptkategorien umfasst. Dieses zentrale Thema gibt Aufschluss über ein zugrunde liegendes Hauptproblem, das als Schlüsselkategorie gelten kann. Die Erklärung der Schlüsselkategorie erfolgt abschließend zur Darstellung der Resultate. Von dort aus werden Schlussfolgerungen gezogen, die im Lichte der Forschungsfrage in der Zusammenfassung in die Frage nach Implikationen für Theologie und theologische Ausbildung münden.

Grafik 1: Quantitative Darstellung der Hauptkategorien

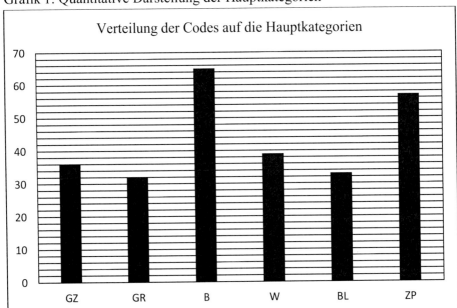

Die Grafik stellt die Hauptkategorien quantitativ als Säulendiagramm dar. Die Zahlenreihe 0-70 links zeigt die Anzahl der Codes an, das ist die Anzahl der für die Kategorie relevanten Zitate im Datenmaterial. Auffällig ist, dass am meisten zum *Bildungspotenzial (B)* gesagt wurde, direkt gefolgt von einer hohen Anzahl von Äußerungen zu den *Zieldivergenzen & Problemen (ZP)*.

Insgesamt haben alle Hauptkategorien zusammen 262 Kodierungen. Die Hauptkategorie *Bildungspotenzial (B)* bildet mit 65 Codes die größte. Die Kategorie *Gesellschaftsrelevanz (GR)* ist zwar quantitativ die kleinste, wurde aber stets im Kontext von *Große Ziele (GZ)* und *Bildungspotenzial (B)* genannt. *Wissenschaftlichkeit & Sprachfähigkeit (W)* und *Zieldivergenzen & Probleme (ZP)* stehen inhaltlich nahe beieinander, weil sie die Spannungsfelder umfassen, während *Bologna-Prozess (BL)* alleine steht in einer Ambivalenz von hilfreich und weniger hilfreich, aber eher nichts mit den übrigen Kategorien zu tun hat. Die Kategorien B, GZ und GR haben zusammen 133 Kodierungen und die Kategorien W und ZP zusammen 96 Kodierungen. So wurde insgesamt öfter über die Möglichkeiten als über die Schwierigkeiten gesprochen, aber in eben nicht geringem Ausmaß über die Probleme.

Analyseresultate der Hauptkategorien und ihrer Themen

Die Analyseresultate unten bestehen aus einer Zusammenfassung und Bewertung der Inhalte der Kategorien *Große Ziele, Gesellschaftsrelevanz, Bildungspotenzial, Wissenschaftlichkeit & Sprachfähigkeit, Bologna-Prozess* und *Zieldivergenzen & Probleme* im Licht der Forschungsfrage. Sie enthalten noch keine Schlussfolgerungen, sondern ermöglichen das selektive Kodieren zwecks Auffinden einer Schlüsselkategorie. Die Reihenfolge der Darstellung entspricht der Reihenfolge der Darstellung in der Grafik.

Analyseresultat Große Ziele (GZ)
Thema (GZ):
Das Ringen um eine umfassende, Grenzen überschreitende Vision

Theologie und theologische Ausbildung beziehen ihre Motivation nicht aus dem universitären Kontext, in dem sie sich befinden, und beschränken ihre Wirksamkeit nicht darauf, auch wenn sie diesen Kontext bejahen. Damit wird gesagt, dass sie kein Produkt der Hochschulen sind, es gab sie schon vorher und sie sind dort hingelangt, aber nicht nur dorthin. Sie leben auch an sehr vielen anderen nichtuniversitären theologischen Ausbildungsstätten. Theologie braucht eine Vision, die alle Grenzen überschreitet. Es hängt von den theologisierenden Individuen ab, ob es eine Bewegung über das Bestehende hinaus gibt, in der Wagnis und Neugier zur Geltung kommen und der Mensch in seiner Einzigartigkeit, Gottesebenbildlichkeit und seiner Teilhabe am Heilsplan Gottes für diese Welt Gegenstand der Bildungsbemühungen wird.

Die Frage nach der Bestimmung von Theologie und theologischer Ausbildung geht damit über gegenwärtige kontextuelle Anforderungen an sie weit hinaus, auch wenn solche Anforderungen integriert werden. Zu diesen kontextuellen Anforderungen gehören die Flüchtlingsfrage und das Problem des religiösen Friedens. Theologie hat hier eine Bestimmung, Antworten zu finden und sich an bestehenden gesellschaftlichen Debatten zu beteiligen. Sie muss dabei aber ihren universalen Blick auf Mensch und Wirklichkeit erhalten und in dieser Universalität von Gottes unsichtbarer Dimension in der Wirklichkeit her wirksam werden.

Aber auch eine klare Neudefinierung von Theologie, die dieses Vorhaben verwirklicht, wird eingefordert. Dazu soll sie ihren Binnenraum verlassen und den methodischen Anschluss etwa an die Kulturwissenschaften suchen. Ihr Potenzial an Globalität und Interkulturalität muss entfaltet werden und das Ziel, einen religiösen Frieden herzustellen, vor Augen stehen.

Im Alltag des universitären Kontextes müssen Ziele, vor allem die seltenen großen Visionen, stets erinnert werden. Der Universitätsapparat ist dabei eher problematisch als hilfreich, wenn sich dort alle Ziele letztlich um die Wissenschaftlichkeit drehen müssen. Theologie muss sich intern darum bemühen, eine Zielsetzung und Bestimmung zu definieren, wie etwa in den Diskussionen über das „Manifesto Gutes Leben", ohne dabei nur daran zu denken, wie ihr Fortbestand auf Hochschulebene gesichert werden kann.

Analyseresultat Gesellschaftsrelevanz (GR)
Thema (GR):
Das Verlangen, sowohl die Gesellschaft zu erreichen, als auch der Kirche zu dienen und ein Neues hervorzubringen

Gesellschaftsrelevanz zu haben und zu verwirklichen ist ein großes Ziel und gründet in einem festen Glauben an die Bedeutung hochwertiger akademischer theologischer Bildung als entscheidender Mehrwert für die Mitgestaltung gesellschaftlicher Prozesse, für den Dialog zwischen Religion und Gesellschaft, für das Präsentmachen Gottes in der Gesellschaft überhaupt und für die Weiterentwicklung durch Prägung von Theologengenerationen zum Nutzen der Kirchen.

Die Dimension, darin über wissenschaftliche und institutionelle Ziele hinauszugehen, ist bewusst und erhält eine Intention in der Ausbildung von Pastoren und religionssensiblen Lehrkräften. Dabei werden Glaubwürdigkeit und die Fähigkeit zur Selbstkritik angesprochen.

Dieses Ziel, Gesellschaftsrelevanz zu verwirklichen, liegt letztlich außerhalb des universitären Kontextes und wird Absolventinnen und Absolventen als Aufgabe übertragen, die in pastoralen und religionspädagogischen Berufen oder als Religionslehrerinnen und -lehrer in Ausübung ihrer Tätigkeiten den Menschen die Liebe Gottes bringen und so zugleich den Zielen der Kirche dienen sollen, Menschen in die Gemeinschaft mit Gott zu führen.

Die Gesellschaftsrelevanz von Theologie ist zutiefst eine geglaubte Sache. Sie wird der Theologie zugesprochen. Wenn die Verwirklichung der Relevanz für die Gesellschaft aber an die theologische Ausbildung geknüpft wird, dann müssen auch konfessionsübergreifende Ausbildungsabsichten und Lernziele gefunden werden. Hier ein Neues entstehen zu sehen durch ein Zusammenwachsen der Theologien der großen christlichen Konfessionen auf Hochschulebene vermittels Kommunikation, gegenseitigem Verstehen und Kontextualisierung divergierender Glaubensinhalte, ist eine konkrete Hoffnung für die Zukunft, aber vollständig abhängig von der Initiative der mit der Bildungsentwicklung betrauten Personen.

Analyseresultat Bildungspotenzial (B).
Thema (B):
Ein noch nicht ausgeschöpftes Bildungspotenzial

Der Theologie und der theologischen Ausbildung wird ein bedeutendes Potenzial, zur Menschenliebe zu befähigen, zugeschrieben und die Entwicklung dahin auch als dringlich angesehen.

Dabei steht Menschenliebe für eine Reihe Befähigungen, die in den Kontext der „Nähe zu den Menschen" einzuordnen sind und somit für gewöhnlich im Zentrum der beruflichen Praxis von Theologinnen und Theologen stehen. Die Menschwerdung Gottes und damit seine Nähe zu den Menschen werden dabei teilweise als Grundlage und Ausgangsort aller theologischen Arbeit und einer persönlich tragenden Gotteserfahrung gesehen. Auch der Fokus auf eine trinitarische Theologie wird als eine Öffnung hin zur möglichen Teilhabe des Menschen an der Sendung Gottes für diese Welt verstanden. In diesem Zusammenhang wird die Bedeutung von Gemeinschaft für das Theologisieren und das Leben hervorgehoben, ebenso wie die intensive Beschäftigung mit dem, was Jesus selber in den entsprechenden Texten der Bibel wichtig war. Hierzu gehört auch die Feststellung, dass Sprache und Begegnung im Studium die Mittel sind, die eine theologische Existenz bilden.

Einige persönliche Erzählungen an dieser Stelle beleuchten, wie durch die Nähe zu signifikanten Personen im akademischen Kontext besonders in Nordamerika und Großbritannien, sei es durch das Studium selber oder persönliche Kontakte, theologische Paradigmenwechsel eingeleitet wurden, die für die selber verantwortete Arbeit in Theologie und theologischer Ausbildung richtungsweisend wurden.

Es wird eine Zuwendung zu den Menschen hin befürwortet, bestehend aus einem philanthropischen Blick und verbunden mit dem Anliegen, die heilsame Nähe Gottes in persönlichen Begegnungen zu vermitteln. Damit sind grundlegend wichtige praktisch-theologische Linien gezeichnet, die die Sendung Gottes zu einem Kriterium für theologische Ausbildung machen können, aber es gibt wenige Ansätze, dies bildungsmäßig zielgerichtet aufzugreifen.

Es gibt aber auch einzelnen Widerspruch. Auf der einen Seite werden der Theologie und theologischer Ausbildung Potenziale manchmal ganz entschieden sogar zugesprochen, bis dahin, dass die Befähigung zur Menschenliebe etwa eindeutig Teil der theologischen Ausbildung sein müsse, aber vereinzelt gibt es ebenso starke Zweifel daran, ob das überhaupt möglich sein kann.

In diesem Zusammenhang wird der Blick auf die Studierenden gerichtet und neben Herausforderungen wie Mängel an Sprache und Ausdruck, zunehmender fehlender religiöser Sozialisation und einer gewissen Instabilität, wird die Spiritualität als ein zentrales Thema gesehen. Hier beherrscht die Spannung zwischen Eigenverantwortung und Freiheit der Einzelnen einerseits und einem an sie zu erhebenden Anspruch authentisches Christsein zu leben andererseits das Feld.

Unbestritten ist, dass Theologie einen existenziellen Eigenvollzug erfordert und sehr wohl die eigenen Unvollkommenheiten offenbart. Dennoch wird gerade das Bewusstsein eigener Schwäche als die Möglichkeit gesehen, vom Kreuz Christi her, solidarisch die Gebrochenheit der gegenwärtigen Welt einzubeziehen in die Liebe Gottes und somit an die postmoderne Wahrnehmung der Welt heute anzuknüpfen, die sich selber mehr und mehr als unvollkommen und widersprüchlich sehen kann. Besonders hervorgehoben wird in diesem Zusammenhang, eine entsprechende Sprachfähigkeit gerade auch interreligiös zu erlangen und entsprechende Begegnungen proaktiv zu suchen, mit dem Ziel, Antworten geben zu können, das Gottesbekenntnis geltend zu machen, intellektuell redlich und verantwortet zu sein, lernfähig zu bleiben, differenziert denken und ausgewogen urteilen zu können und dabei seine eigene Identität kritisch zu erfahren.

Deutlich wird, dass der universitäre Kontext dafür weniger geeignet ist, der gemeindliche dafür umso mehr.

Analyseresultat Wissenschaftlichkeit & Sprachfähigkeit (W).
Thema (W):
Die schwierige Aufgabe, wie man, sich selbst als Wissenschaft behauptend und doch von Gott her redend, im Konzert der Wissenschaften ein gleichberechtigter Partner werden kann

Die Existenz von Theologie und theologischer Ausbildung an den Universitäten ist eine geschichtlich gewachsene Wirklichkeit, die an sich nicht infrage gestellt wird. Universitäres Arbeiten im Sinne der Forschung und Lehre entspricht grundsätzlich einem dem christlichen Glauben eigenen Wissensdrang und einer gesunden Neugier. Das Streben nach Wahrheit und die Forschung verbinden im Grunde Theologie mit den anderen Wissenschaften und schließen sie nicht aus. Aber es wird auch angemerkt, dass ein universitärer Kontext etwas Vorgefundenes ist, in den man sich dann hineinbegibt, weil er schon existiert, aber ihn vielleicht nicht selbst geschaffen oder ausgesucht hätte.

Es wird deutlich, dass unter der Voraussetzung, dass es Gott gibt, und einem entsprechenden offenen theistischen Weltbild Wissenschaftlichkeit möglich ist, bis dahin, gegenüber der herkömmlichen universitären Theologie eine Hochschulalternative zu bilden. Betont wird, dass unter den eigenen Voraussetzungen der Wissenschaftlichkeit Forschungsmethoden anderer Disziplinen zum Einsatz kommen. Von daher ist Theologie wesensmäßig auf Interdisziplinarität angelegt.

Ein hoher Anspruch an eigene Qualität ist eine der wichtigsten Voraussetzungen, um den akademischen und institutionellen Ansprüchen gerecht zu werden. Dazu gehört auch der Anspruch an Studierende, ihren Glauben zu reflektieren und selbständig Denken zu lernen. Erschwert wird das aber durch Vorurteile, als sei Theologie kirchlicherseits weisungsgebunden oder durch einen Eindruck der Fremdheit ihr gegenüber. Damit wird das Ziel, die Frage nach Gott konstruktiv und nicht abgrenzend zu stellen, nicht leicht zu erreichen sein. Besonderes Potenzial wird darin gesehen, dass Theologie im Kontext der Interreligiosität eine „Innenbetrachtung" von Religionen vornehmen kann und damit die Wahrheitsfrage verbinden kann, was andere Wissenschaften in diesem Feld nicht leisten können. Hier wird auch in einer zu entwickelnden interkulturellen Theologie eine große Chance gesehen, die aber nicht näher definiert wird.

Dennoch ist die gleichberechtigte Partnerschaft mit den anderen Wissenschaften noch nicht durchgehend gegeben. Als Brücke werden eine lebendige Sprache, die über jede Reproduktion hinausgeht, persönliche Initiativen zum Aufbau von fach- und fakultätsübergreifenden Partnerschaften und eine intellektuelle und vernunftmäßige Verantwortetheit des Glaubens, die einen Dialog ermöglicht, gefordert.

Analyseresultat Bologna-Prozess (BL)
Thema (BL):
Der Bologna-Prozess als Hilfe für die Gestaltung von Lehr- und Lernprozessen

Theologie und theologische Ausbildung werden im Grunde von der mit dem Bologna-Prozess beabsichtigten ökonomischen Bestimmung von Hochschulbildung überraschenderweise fast nicht berührt.

Die Bologna-Reform, als ambivalentes Konstrukt, trifft auf einen universitären Raum, der Verantwortungsübernahme nicht fördert, sodass grundsätzlich beide Auswirkungen möglich werden, die Förderung von Lehren und Lernen oder deren Behinderung. Die Erfahrungen sind unterschiedlich aber mehrheitlich positiv.

Die Reform hat teilweise den idealen Rahmen gebildet, Vorstellungen von theologischer Ausbildung umzusetzen oder zu verbessern. Besonders hilfreich werden die Lernerzentrierung, die Lernzielorientierung und die Reflexion der Lernprozesse mit der erforderlichen Evaluation und die Öffnung für internationale Studierende gesehen. Der Bologna-Prozess hat die Frage, wozu Theologie und theologische Ausbildung existieren und was sie erreichen wollen, für sie konstruktiv gestellt und zur Reflexion darüber angeregt.

Demgegenüber stehen Erfahrungen von mangelnder Flexibilität und geringen Möglichkeiten von Schwerpunktsetzung in den Studien. Vereinzelt wird auch erkannt, dass ein Nützlichkeitsbeweis der Theologie im Raum steht, wenn die Ökonomisierung der Hochschulbildung konsequent vorangetrieben wird.

Analyseresultat Zieldivergenzen & Probleme (ZP)
Thema (ZP):
Die Ziele, Absichten und Aufgaben und die Selbstverständnisse von Theologie und Kirchen stimmen oft nicht überein

Die Ausgangslage für Theologie und theologische Bildung auf Hochschulebene im Blick darauf, ihr Potenzial zu entfalten, ist alles andere als einfach. Sie leidet unter einem grundlegenden Mangel an Ganzheitlichkeit und einer manifesten Abkoppelung von ihren Kirchen. Das zeigt sich am stärksten in einer konsequent selbst durchgeführten und aufrecht erhaltenen Trennung von Spiritualität und Bildung. Bemühungen, diese Felder wieder zusammenzuführen sind selten. Dabei gibt es beeindruckende und erfolgreiche Versuche. Doch es überwiegt, dass alle Verbindungsversuche zwischen universitärem und kirchlichen Leben, sowie die Annäherung zwischen Bildung und Spiritualität in die Verantwortung oder das Belieben der Studierenden gestellt werden. Immerhin gibt es dahingehend hier und da freiwillige Angebote. Aber es muss meistens hingenommen werden, wenn Studierende nur im Blick auf einen bezahlten und abgesicherten Beruf hin das tun, was dazu nötig ist, und übergeordnete Ziele gar nicht in den Blick nehmen.

Zwischen den Vorhaben der akademischen Theologie und den Absichten der Kirchen gibt es erhebliche Zieldivergenzen. Übereinstimmungen ergeben sich nicht von allein und das Potenzial einer kritisch inspirierenden Begleitung der Kirchen wird kaum genutzt, es sei denn, dass sich eine Hochschulausbildung explizit und primär als Bildung ihrer eigenen kirchlichen Eliten versteht.

Es gibt ein grundlegendes Misstrauen innerhalb der Kirchen gegen eine theologische Hochschulausbildung. Gleichzeitig aber schwindet in einigen Kirchen selbst, aufgrund einer zunehmenden Säkularisierung, die Dringlichkeit der Wahrheitsfrage und damit der Anspruch an eine qualitativ hochwertige Auseinandersetzung mit ihr. An ihre Stelle tritt zum Teil ein Glaubensverständnis, das sich statt mit Wahrheit und ihren Dimensionen für das Leben, mehr mit der Suche nach den persönlichen Sinngebungen beschäftigt, die der Glaube liefern kann.

Akademische Theologie und ihre Ausbildung kann aber auch nicht einfach nur in unauflöslicher bestimmender Bindung seitens ihrer Kirchen wirksam werden. Dem steht der Anspruch der universitären Bildung und Arbeit entgegen. So steht man unter einem doppelten Rechtfertigungsdruck, nämlich den Ansprüchen der Wissenschaft und denen der Kirchen gleichzeitig gerecht werden zu müssen. An den Universitäten gibt es grundsätzliche Vorurteile gegen die Theologie als Wissenschaft, die teils damit beginnen, sie als Fremdkörper zu sehen und soweit gehen können, ihren Ort innerhalb der Wissenschaften überhaupt infrage zu stellen. Angesichts dieser Schwierigkeiten ist Theologie aber noch weit davon entfernt, einen inneren Zusammenhalt zu gestalten, geschweige denn mit Engagement an einer gemeinsamen Theologie der großen christlichen Konfessionen zu arbeiten. Die orthodoxe Theologie mit ihrer einzigen Fakultät an einer deutschen Universität hat sich dies aber zum erklärten Ziel gesetzt. Neben der schwachen Zusammenarbeit der großen christlichen Konfessionen gibt es auch innerhalb der eigenen Fakultäten eine latente interdisziplinäre Dysfunktion. Theologische Fächer arbeiten meistens isoliert voneinander und berühren sich kaum.

Wenn ihre Stimme im Kanon der Wissenschaften zu hören ist, dann ist sie vor allem durch den Verlust ihrer Deutungskompetenz im Blick auf Mensch und Wirklichkeit geprägt, weil sie sich selber auf rein ethische oder religionswissenschaftliche Kompetenzen reduziert. Diese ganze Problematik steht in einem eigenartigen Widerspruch zu den erklärten Absichten und angenommenen Möglichkeiten im Blick auf ihren Wunsch nach Interdisziplinarität und Sprachfähigkeit im Kanon der Wissenschaften sowie nach Gesellschaftsrelevanz, was weiter unten dargestellt wird. Ungelöst scheinen auch die alten grundlegenden Fragen an Theologie aus der Aufklärung und die neueren aus der Postmoderne zu sein. Dabei gibt es eine Anschlussmöglichkeit an einen reichen Erkenntnisschatz christlicher jahrhundertealter Theologie.

Ganz profane aber nicht unerhebliche Probleme stellen manchmal die Finanzen dar und eine sinkende Zahl von Studierenden und Absolvierenden.

Von den Analyseresultaten zur Schlüsselkategorie

Die Analyse der Hauptkategorien hat erstens ergeben, dass es ein Ringen um große Ziele gibt, dass ein Bildungspotenzial gesehen wird, das gar nicht ausgeschöpft ist an Möglichkeiten, und dass ein allem zugrunde liegender Glauben an die Gesellschaftsrelevanz existiert. Zweitens wurde deutlich, dass es große Zieldivergenzen gibt zwischen den Interessen der Theologie, der Wissenschaft und der Kirchen im Blick auf theologische Ausbildung. Drittens wurde deutlich, dass für sie im Kanon der Wissenschaften eine unerfüllte Suche nach Sprachfähigkeit und Partnerschaft besteht. Viertens und letztens wurde klar, dass der Bologna-Prozess für theologische Ausbildung auf Hochschulebene mehrheitlich eine Hilfe war, den lernenden Menschen in den Blick zu bekommen und so neu über

Lernziele nachzudenken. *Auf die Frage nach dem Thema, das diese Ergebnisse umfasst, kann deshalb geantwortet werden, dass der Glaube an eine bildungsbasierte, gesellschaftsrelevante Gestaltungskraft von Theologie und theologischer Ausbildung und ihr Ringen um Selbstbehauptung im Hochschulraum das die sechs Hauptkategorien umgreifende große Thema und zugleich das Grundproblem darstellt.*

Das ist insofern keine neue Erkenntnis, als die Spannung zwischen Glaube und Wissenschaft, mithin die Spannung zwischen dem Bezug von Theologie auf Gott und institutioneller Wissenschaft schon lange wahrgenommen wird und letztlich unauflösbar ist. Der Mehrwert dieser Forschung besteht aber darin, dass gerade aus der Bildungsperspektive, aus der sie erfolgt ist, sich innerhalb dieser Spannung etwas Neues in den Fokus drängt. Es geht darum, wie die Pole des Spannungsfeldes, das sind die Wissenschaft und die Theologie mit ihren jeweiligen weltanschaulichen Grundlagen, Voreinstellungen und Zielen, nun gerade in der Bildung mit ihren Kräften aufeinander wirken und so eine Spannung aufrechterhalten können. Die Spannung wäre aufgehoben, wenn sich entweder die Wissenschaft mit der Theologie oder die Theologie mit der Wissenschaft konsequent mit den jeweils anderen Grundlagen und Zielen in völlige Übereinstimmung bringen würde.

Die empirische Forschung hat ergeben, dass Theologie und theologische Ausbildung das zwar genauso wenig tun, wie die Wissenschaften auch, sie sich aber gegenwärtig mehr in der Defensive bewegen. Für sie ist die Gefahr groß, sich in der Ausbildung einer klerikalen Elite zu isolieren oder sich in eine Religionswissenschaft zu transformieren.

Der Schlüssel zum Problem ist ein „blinder Fleck". Die folgende Schlüsselkategorie zeigt zugleich das Hauptproblem an in dem großen Thema, das die Hauptkategorien umspannt: *Das Fehlen einer transzendenten Begründung für die Bestimmung von Theologie und theologischer Ausbildung auf Hochschulebene.*

Das Fehlen einer solchen Begründung zwingt sie dazu, sich auf Hochschulebene quasi abzuspalten und als Wissenschaft eine neue Identität anzunehmen, was sie aber in einen Konflikt mit sich selbst bringt. Warum ist diese Schlüsselkategorie plausibel? Als „argumentum e silentio" offenbart sie scheinbar eine gewisse Anfechtbarkeit. Aber es ist unbedingt zu betonen, dass die Ziele, die geglaubte Gesellschaftsrelevanz und die Wissenschaftlichkeit von Theologie und theologischer Ausbildung sich *nicht* in Übereinstimmung miteinander befinden, sondern divergieren und jeweils ein Eigenleben entwickeln. Es fehlt ihnen das alles zusammenhaltende Band. Das Band ist die transzendente Begründung der Bestimmung von Theologie und theologischer Ausbildung.

Schlussfolgerungen im Licht der Forschungsfrage

Die Bestimmung zur Teilhabe an der *missio Dei* bietet sich als konsequente Fortführung der vorhandenen Ansätze geradezu an

Weil Theologie und theologische Ausbildung grundlegend einen übergeordneten Sinnzusammenhang ihrer Ziele haben, ist die Teilhabe an der *missio Dei* als ihre Bestimmung schlüssig. Es ist das Konzept, das die in der empirischen Forschung gefundenen Ansätze, Vorstellungen und Ziele integrieren, vertiefen und theologisch klar ausdrücken kann.

„Der universale liebende Blick von Gott her auf Mensch und Wirklichkeit", der Theologie und ihrer Ausbildung zugesprochen wird, legt ihre grundlegende Anbindung an die *missio Dei* offen. Das sagt aber aus, dass sie sich in ihrem Selbstverständnis, und damit in ihrer Wissenschaftsidentität, zutiefst von einem entsprechenden Sendungsverständnis her definieren muss und nicht nur von einer traditionellen Anwesenheit als Fakultät in der Hochschulbildung her.

Es geht vielmehr darum, auf Hochschulebene und im Kanon der Wissenschaften ihr Sendungsverständnis durch eine gute Kontextualisierung zu leben. Ihre Wissenschaftlichkeit ist damit ein der Sendung untergeordnetes, aber nicht übergeordnetes Ziel. Das wird auch von Karl Jaspers (1961) gestützt, der die Wissenschaftlichkeit der Theologie darin sieht, dass sie unter der Voraussetzung, dass es Gott gibt, aussprechen darf und muss, was darin liegt und was es bedeutet, allerdings ohne einen Anspruch darauf, sich darin mit Gott gleichzusetzen und sich so quasi unfehlbar zu machen.

Auf diese Weise ist Theologie zwar auch unterwegs, aber nur im Hinblick auf ihre Absicht, zum Pastorendienst oder Lehrkräfte für Religionslehre und Religionspädagogik auszubilden. Im Konzert der Wissenschaften ist es mehr ein Wunsch, die Sendung von Gott her für eine positive Entwicklung der Wissenschaften insgesamt umzusetzen. Noch scheint es notwendiger zu sein, sich den anderen Wissenschaften gegenüber als ebenbürtig zu erweisen. Aber das wirft die Frage auf, ob es der Theologie nur um wissenschaftliche Akzeptanz durch nachweisbare Gleichheit und Vergleichbarkeit gehen darf, oder darüber hinaus darum, die eigene Identität auf Hochschulniveau zur Geltung zu bringen. Das eine schließt das andere nicht aus. Auch wenn gesagt wurde, dass es darum geht, die Wahrheitsfrage zu stellen oder die Frage nach Gott hochzuhalten, bleibt zu fragen, wo das tatsächlich außerhalb des Binnenraums der Theologie an den Fakultäten geschieht oder geschehen kann.

Auch wenn die Theologie sich behaupten muss, bleibt die Frage, ob die anderen Wissenschaften überhaupt bereit dazu sind, die der Theologie eigenen Voraussetzungen zur Wissenschaftlichkeit zur Kenntnis zu nehmen und zu akzeptieren. Ein Dialog lebt letztendlich von einer beiderseitigen Initiative. An dieser Stelle muss mit Preul festgehalten werden, dass es keine neutrale Bildung gibt, wenn es letztlich darum gehen muss, durch sie den lernenden Menschen handlungsfähig zu machen.

> Diese Handlungsfähigkeit aber – wenn sie kein heteronomes Sichindienstnehmen-lassen sein, sondern dem Sicherschlossensein des Menschen als zur Selbstbestimmung bestimmter Person Rechnung tragen soll – ist nicht ohne Gewissheit über Grund, Verfassung und Bestimmung des menschlichen Lebens sowie des Weltprozesses insgesamt möglich, eine Gewissheit, die nur je individuell im Lebensprozess des einzelnen zuteilwerden, reifen und symbolisiert werden kann. Somit ist jeder Bildungsprozess prinzipiell auf religiöse Überzeugung angelegt, er ist im Kern ein religiöser Lernprozess. Die Vorstellung, eine Bildungstheorie ließe sich auf dem Boden religiöser, weltanschaulicher Neutralität errichten, erweist sich als Fiktion (Preul 2017).

Auch wissenschaftliche Hochschulbildung wird sich also, wenn sie sich im Leben eines Menschen verwirklicht, damit verbinden lassen müssen.

Die Bestimmung soll in einer Vision zum Ausdruck kommen, die eine unmittelbare Bedeutsamkeit für die Gesellschaft aufzeigt

Die geglaubte gesellschaftsrelevante, bildungsbasierte Gestaltungskraft von Theologie und theologischer Ausbildung braucht eine Vision. Ziel und Zweck der theologischen Hochschulbildung wird in einer Gestaltungskraft zwar von Gott her für die Gesellschaft gesehen, bleibt aber in der Definition vage und zum Teil divergent.

Es ist aber bildungstheoretisch gesehen sinnlos, an der Entwicklung von theologischer Ausbildung zu arbeiten und dabei an ihre Gesellschaftsrelevanz nur absichtsvoll mitzudenken, sich aber nicht auf den Weg zu machen, entsprechende Lernzielen mit dazu passenden Lehr- und Lernaktivitäten zu formulieren.

Die gesuchte Vision muss in Übereinstimmung mit Zweck und Ziel von Theologie und theologischer Ausbildung grundlegend und konfessionsübergreifend zum Ausdruck gebracht werden. Denn ein *„fitness of purpose"* in dem Sinne, dass es ein großes Ziel für die theologische Ausbildung gibt, das die Vielzahl an rein kontextuellen und zeitgebundenen Zwecken als *„fitness for purpose"* übersteigt, ist in den Antworten der Interviews deutlich geworden. Nicht nur die insgesamt überwiegende hohe Anzahl von 133 Kodierungen der Kategorien *Bildungspotenzial*, *Große Ziele* und *Gesellschaftsrelevanz* zusammen genommen sprechen dafür, sondern vor allem ihre inhaltlichen Berührungen. Auch wenn es keine völlige Einstimmigkeit in Einzelheiten gibt, so sind sich doch alle Befragten darin einig, dass Theologie und theologische Ausbildung für den Hochschulraum selber und dann für die Gesellschaft relevant sind. Es gab keine Stimme, die das verneint hat.

Aber gestaltend für theologische Ausbildung sind die Dimensionen Bildungspotenzial, Gesellschaftsrelevanz und Große Ziele dann wiederum kaum. Sie finden im universitären Bildungsalltag keinen Raum. Sie finden ihren Raum allein im kirchlichen und persönlichen, privaten Kontext oder in intendierten interreligiösen Begegnungen auf akademischem Niveau, die aber noch nicht fest im Curriculum verankert sind. Damit allein werden die geglaubte Gesellschaftsrelevanz, die großen Ziele und das hohe Bildungspotenzial jedoch noch nicht zum Ziel der Ausbildung, auch wenn es so erhofft wird.

Demgegenüber steht mit insgesamt 96 Kodierungen ein relativ starkes Feld an Herausforderungen und Problemen, in dem die Frage nach der wissenschaftlichen Selbstbehauptung einen großen Anteil hat. Inhaltlich ist die Fixierung darauf, an den Universitäten eine gleichberechtigte Partnerschaft im Konzert der Wissenschaften zu erlangen, viel ausschlaggebender für die Gestaltung von theologischer Ausbildung und ihren Zielen als die erhoffte Gesellschaftsrelevanz. Und genau dadurch wird diese Fixierung auch zum Hindernis für die Verwirklichung von Lernzielen, die mit den großen Zielen, dem erkannten Bildungspotenzial und der erwarteten Gesellschaftsrelevanz übereinstimmen sollen.

Es ist deutlich, dass Gesellschaftsrelevanz, Bildungspotenzial und große Ziele inhaltlich die wichtigsten und persönlich leidenschaftlichsten Themen sind, aber ihre Umsetzung in den Fragen nach den größten Herausforderungen und Aufgaben im Kanon der Wissenschaften dann kaum noch vorkommt. Es wirkt so, als ob der Anspruch der Wissenschaftlichkeit eine neutralisierende und ausgrenzende Wirkung hat, die dazu führt, dass diese großen Ziele nur noch eine Existenz als Hoffnung führen können.

Der Druck nach Anerkennung im wissenschaftlichen Bereich droht eine Vernachlässigung entscheidender Ansprüche der göttlichen Sendung, der *missio*

Dei, an Theologie und ihre Ausbildung nach sich zu ziehen.

So werden Spiritualität oder Philanthropie letztlich als private Sache beliebig, vom persönlichen Bezug weitgehend ausgeklammert und nur dann relevant, wenn es schließlich um den kirchlichen Dienst gehen muss.

Wenn der Begriff Philanthropie aber übereinstimmend einen theologisch relevanten Inhalt hat, dann geht es nicht darum, zu rechtfertigen, was an Philanthropie akademisch ist, sondern darum, wie und wo im Curriculum der Theologie Philanthropie als Schlüsselbegriff christlichen sozialen Verständnisses theologisch fundiert zu einem wichtigen Lernziel auf entsprechendem akademischem Niveau werden kann.

Die ethische, moralische und spirituelle Dimension von theologischer Ausbildung ist durch Gott bestimmt

Die bildungsbasierte, gesellschaftsrelevante Gestaltungskraft von Theologie und theologischer Ausbildung lebt von ethischen, moralischen und spirituellen Dimensionen, die weit über ihre kontextuell begründbare Legitimität hinausweisen.

Hier entsteht die Frage, ob diese Dimensionen nicht auch auf eine sehr purpose-orientierte und utilitaristische Funktion reduziert werden können, ob also auch rein „*fitness for purpose*" konstruierte Bildungsentwürfe moralisch, ethisch und spirituell sein können. Sie können es. Das Problem besteht darin, dass Moral, Ethik und Spiritualität sich über die Zeit dem *purpose* unterordnen oder sich in seinen Dienst stellen werden. Das ist der Grund, weshalb es in Theologie und theologischer Ausbildung durchaus christlich moralisch, christlich ethisch und christlich spirituell zugehen kann, ohne eine Teilhabe an der *missio Dei* aufzuweisen. Es ist erst diese Teilhabe, die Moral, Ethik und Spiritualität aus jeder Unterordnung oder Indienstnahme durch fremde Bestimmungen befreit und wieder sinnstiftend und zielgebend anbindet an die Moral, Ethik und Spiritualität, die mit der Sendung Gottes übereinstimmt.

Damit erfüllt sie die bildungstheoretisch wichtigsten Voraussetzungen, um den Zielen theologischer Ausbildung grundlegend einen „*fitness of purpose*" zuzusprechen. Diese Kriterien nach Lester sind alle erfüllt und somit haben Theologie und theologische Ausbildung eine starke Öffnung dahingehend, den Menschen zu einem lernenden Menschen zu machen, der sich daran beteiligt, eine nach vorne hin offene Entwicklung hin zur Weisheit zu fördern.

Damit ist auch gesagt, dass die Zielsetzung, eine Ausbildung der eigenen Eliten im Sinne der eigenen Kirchen zu leisten, noch kein Ziel im Sinne der „*fit-*

ness of purpose" ist, auch wenn Ethik, Moral und Spiritualität darin vorkommen, weil diese Sinngebung der theologischen Ausbildung sich primär nur nach dem eigenen konfessionsgebundenen Bedarf richtet und den konkreten kontextuellen Herausforderungen durch die jeweilige Hochschule.

Am Beispiel der Philanthropie heißt das, dass sie nicht in den Dienst genommen und darauf eingeengt werden darf, nur den Zielen der eigenen Konfession zu dienen. Es geht vielmehr darum, zu entdecken, was Philanthropie als christlicher Schlüsselbegriff sozialen Handelns vermag, wenn sie, gelernt, aber frei wirken darf in den jeweiligen Kontexten ihrer Herausforderung. Damit ist auch gesagt, dass sich Theologie und theologische Ausbildung nicht nur intensiv um eine theologische, sondern auch bildungsrelevante Durchdringung der Begriffe Philanthropie, Frieden, Leben und Freude bemühen müssen, um ihre Gesellschaftsrelevanz tatsächlich bildungsbasiert wirksam werden zu lassen.

Die derzeit in Yale geführte Diskussion um die Relevanz der Theologie entlang des „Manifesto Gutes Leben" muss deshalb letztlich in eine Bildungsdimension einmünden. Auch wenn es noch so schwierig erscheint, aber Philanthropie, Leben, Friede und Freude sind erst in ihrer Umsetzung wirksam und nicht in einer postulierten Bedeutung. Deshalb ist es von großer Wichtigkeit, sich in der Theologie und theologischen Ausbildung um ihre *bildungsbasierte* Gesellschaftsrelevanz zu bemühen.

Der Wunsch nach Gesellschaftsrelevanz ist konfessionsübergreifend und wird mit der Bedeutung Gottes für diese Welt begründet

Ein ökumenischer Bildungsansatz kann die gesellschaftsrelevante Gestaltungskraft glaubwürdig machen. Die Zieldivergenzen zwischen den Kirchen und ihrer jeweiligen theologischen Hochschulbildung stellen Theologie in ein doppeltes Spannungsfeld. Zur Spannung zwischen den Kircheninteressen und den Hochschulzielen ihrer Theologien einerseits kommt die Spannung der divergierenden Zielsetzungen der konfessionsgebundenen Theologien untereinander hinzu.

Nun wird aber der Hochschulraum mit seinen Möglichkeiten für theologische Arbeit als gesellschaftsrelevant erachtet. Die Relevanz besteht dabei nicht einfach in einer freien Forschung und Lehre, sondern darin, dass diese in allen Fakultäten letztlich gewissen Zielen dient, die der Gesellschaft zugutekommen sollen. Wenn die Theologie konfessionsübergreifend in den Zielen übereinstimmt, die in einem übergeordneten Sinnzusammenhang stehen, dann erhöht sie ihre Glaubwürdigkeit und es bleibt noch genug Raum für Vielfalt und Verschiedenheiten. Es muss deshalb verstärkt an gemeinsamen Zielen von Theologie für die Gesellschaft gearbeitet werden. Das ist bildungstheoretisch denkbar, auch wenn es theologisch gesehen schwierig ist. Dieser Ansatz muss von einer neuen Arbeit an der Übereinstimmung der Ziele mit den Zielen Gottes her entwickelt werden und kann sich nicht aus der bestehenden Arbeit heraus als Konsensversuch entwickeln.

Die Selbstbehauptung im Hochschulraum
soll Teil der Zielbestimmung sein

Die Selbstbehauptung im Hochschulraum fordert Theologie zu einem ihr entsprechenden Selbst- und Sendungsbewusstsein heraus.
Jede Wissenschaft hat ein Selbstverständnis, eine wissenschaftliche Identität. In ihr liegt Ursprung, Aufgabe und Ziel. So lässt sich die jeweilige Bestimmung einer wissenschaftlichen Disziplin erklären und so ergeben sich die Verbindungen mit und Abhängigkeiten von anderen Disziplinen. Theologie ist aber in einer besonderen Lage, weil ihr Ursprung und Ziel außerhalb der Grenzen von Wissenschaftlichkeit liegen. Ihre Wissenschaftlichkeit ist deshalb mehr Wirkungsfeld für sie, als ihr eigentliches Ziel.

Es ist nicht die Bestimmung der Theologie, rein wissenschaftlich zu sein. Sofern sie die Wissenschaftlichkeit zu ihrem wichtigsten Ziel macht, wird der vielfach beklagte trennende Graben zur Lebenswirklichkeit der Kirchen und ihrer Ziele sowie den Bedürfnissen der Gesellschaft nur tiefer. Es ist unbestritten, dass sich Theologie intern als Reden von Gott her versteht. Damit muss sich dann konsequenterweise ein entsprechendes Sendungsbewusstsein verbinden, wenn wiederum unbestritten zugrunde liegt, dass das Reden Gottes in der Sendung seiner selbst, als lebendiges Wort in seinem Sohn, seinen Höhepunkt gefunden hat und dabei sich selbst in eigenen Attributen der Philanthropie, des Friedens und der Freude ausgewiesen und bestimmt hat.

Theologie kann sich nicht ohne den Anschluss an diese Sendung Gottes verstehen und wirken. Die Frage ist, ob sie das alles als Wissenschaft verleugnen muss, um sich an der Hochschule behaupten zu können, oder ob sie in Übereinstimmung mit der Sendung Gottes dort sein und mitsprechen kann und darf. Tatsache ist, dass sie zwar auf Hochschulebene präsent ist, aber durchaus skeptisch betrachtet wird. Tatsache ist aber auch, dass sie dort ausdrücklich gewollt ist, zumindest seitens des Wissenschaftsrates in Deutschland, oder aber aufgrund ihrer Tradition und eines nach wie vor hohen Anspruches an die Ausbildung der Theologinnen und Theologen, der Religionslehrerinnen und Religionslehrer im Allgemeinen.

Dennoch gibt es den Druck zur Selbstbehauptung bis hin zur Rechtfertigung der Existenz, der sich an der Wissenschaftlichkeit festgemacht und noch zu keiner befriedigenden Lösung geführt hat.

An dieser Stelle scheint der Bologna-Prozess einen neuen Aufbruch zu ermöglichen, der noch nicht richtig erkannt wird. Unter Beibehaltung von Wissenschaftlichkeit hat er den Fokus von der Wissenschaftlichkeit an sich weg und hin auf den lernenden Menschen gerichtet. Damit hat er der Theologie zweifelsfrei eine Tür aufgestoßen, um sich über ihre eigenen Ziele neu im Klaren zu werden. Denn die Fokussierung auf den Menschen und sein Lernen haben dazu geführt, Lernziele zu bestimmen und Wege dahin aufzeigen zu müssen. Wissenschaftlichkeit ist nicht mehr das Ziel, sondern Bildung ist das Ziel und Wissenschaftlichkeit ist ein Mittel dazu. Für die Theologie bedeutet das, dass sie sich auf den Menschen konzentrieren kann, der im Zentrum aller Bildungsbemühungen steht. Damit stehen auch wieder die Fragen nach dem Menschenbild und der Bestimmung des Menschen im Raum, auf die die Theologie in Übereinstimmung mit ihrem Selbstverständnis und ihrer eigenen Bestimmung antworten kann. Mit der *missio Dei* als ihrem Kriterium ist sie dazu in der Lage, ohne sich sofort sprachlich und inhaltlich bei anderen Wissenschaften bedienen zu müssen.

Bei näherem Hinsehen entspricht diese Auswirkung der Intention von Bologna, weil die angestrebte Neuausrichtung von Hochschulbildung auf ihre Ökonomisierung, quasi wie eine Zwischenstufe, erst die Identität und damit die grundlegenden Ziele der Wissenschaften neu definieren und beeinflussen muss. Der Theologie hilft genau das, sich ihrer ureigenen Ziele wieder bewusst zu werden und sich ihr Bildungspotenzial zu erschließen, ohne sich einer Fremdbestimmung fügen zu müssen.

Der Bologna-Prozess fördert die Reflexion einer Bestimmung mehr, als dass er sie fremdbestimmt

Der Bologna-Prozess hat der Theologie neue Bildungsdimensionen eröffnet, die es zu nutzen gilt. Die Schlüsselkategorie der bildungsbasierten, gesellschaftsrelevanten Gestaltungskraft von Theologie und theologischer Ausbildung zeigt außerdem an, dass es überwiegend erfolgreich gelungen ist, die Bologna-Reform von deren intendiertem Ziel, alle Hochschulbildung zu einem Zulieferer für eine weltweit stärkste wissensbasierte Wirtschaftskraft Europas zu machen, weitgehend zu trennen und den eigenen Zielvorstellungen dienstbar zu machen. Damit hat sich nicht bestätigt, dass der Bologna-Prozess, wie im literaturbasierten Teil herausgearbeitet, die Identitätsfrage an Theologie und theologische Ausbildung gestellt hat. Gleichwohl ist die Frage nach der Identität und Bestimmung von Theologie und theologischer Ausbildung ein Thema geworden.

Bologna hat entgegen der Erwartung des Autors keineswegs zu einer Ökonomisierung der theologischen Ausbildung geführt. Stattdessen hat der Prozess geholfen, grundlegend über Lernziele nachzudenken. Jetzt liegen als wertvoll erachtete neue Bildungs- und Evaluationswerkzeuge vor, die mit ihrer Lernzielorientierung und anderen Elementen helfen können, die erkannten Potenziale von Theologie und theologischer Ausbildung wirksam werden zu lassen. Das ist eine große Chance, die Ziele theologischer Ausbildung zu überdenken und in den größeren Sinnzusammenhang zu stellen, der der Theologie eignet. Von dort her dann ließe sich eine Bildung gestalten, die einerseits den Ansprüchen der Hochschulbildung gerecht wird und andererseits dabei in ihrer größeren Zielsetzung ihrer Identität entspricht, die sich letztlich aus der Sendung Gottes ableiten lässt.

Ebenfalls entgegen der durch die Literaturforschung entstandenen Erwartung des Autors, ist nicht der Bologna-Prozess der Grund einer Identitätskrise von Theologie und theologischer Ausbildung, sondern der dominierende Anspruch an Wissenschaftlichkeit, der einerseits an sie herangetragen wird und den sie andererseits an sich selbst erhebt. So kann Theologie in der Gestalt der Religionswissenschaft wissenschaftlich sein, ohne große Probleme zu haben, akzeptiert zu werden. Dagegen ist eine Theologie des Alten oder Neuen Testamentes als Wissenschaft nicht vermittelbar.

Dass aber gerade hier der Bologna-Prozess durch seine Lerner- und Lernzielorientierung einen neuen Weg gewiesen hat, der durch den Anspruch der Wissenschaftlichkeit hindurch zum Menschen wieder vordringt, ihn in die Mitte der Bildungsbemühungen stellt und für wissenschaftliches Arbeiten entsprechend nachvollziehbare Kriterien schafft, ist noch zu wenig reflektiert und fruchtbar gemacht.

Zusammenfassung

Theologie, die ihren Fokus primär auf ihre Ausbildung richtet und sich damit als Bildung von Gott her versteht, kommt ihrer Bestimmung weitaus näher, als Theologie, die sich primär in ihrer Wissenschaftlichkeit behaupten will. Damit soll gesagt sein, dass theologische Ausbildung auf Hochschulebene versuchen muss, ihre Gestalt der Wissenschaftlichkeit in die Bildungsdimension der *missio Dei* hinein zu transzendieren. Erst dann kann sie deren übergeordnete Bildungsziele Friede, Freude, Leben und Menschenliebe so integrieren, dass sie wie selbstverständlich, weil identitätsmäßig angelegt, zu ihrem Bildungsauftrag gehören.

Das Bildungspotenzial von Theologie unter dem Kriterium der *missio Dei* auszuschöpfen ist aber ein Unterfangen, das vor neue Herausforderungen stellt, und bereits im Vorfeld nicht ohne Widerspruch unter den Personen ist, die sie zu verantworten haben.

Aus dem empirischen Befund der Arbeit erwächst eine kritische Bedingung für die literaturbasierten Ergebnisse der Untersuchungen in Kapitel 2 und 3. Es muss sich in der Lebenswirklichkeit, im Vollzug der theologischen Ausbildung erweisen lassen, dass die Teilhabe an der *missio Dei* als Bestimmung der theologischen Ausbildung eine ihr entsprechende Bildungsdimension hat und somit auch eine Dimension der Lernbarkeit für den Menschen. Zugleich gibt es hier die Widersprüche, wonach die Bedeutung der theologischen Ausbildung für die Befähigung allein schon zur Philanthropie sehr stark betont, aber auch spontan verneint wird, und die Nähe Gottes zu den Menschen als Paradigma für einen Kompetenzerwerb von Nähe zu den Menschen ebenfalls stark betont, aber auch kritisch gesehen wird.

Dieses Ergebnis der empirischen Forschung zeigt aber an, dass ein Diskurs über die Thematik angebracht ist, der sich nicht erübrigen kann. Im folgenden Abschlusskapitel werden Implikationen benannt und Reflexionen angestellt, die diesen Diskurs anregen und fördern sollen.

Deshalb soll das zentrale Thema und die Schlüsselkategorie, die in der empirischen Forschung gefunden wurden, in den Implikationen für theologische Ausbildung reflektiert werden. Wenn als Schlüsselkategorie das Fehlen einer transzendenten Begründung für die Bestimmung von Theologie und theologischer Ausbildung auf Hochschulebene ausgemacht wurde, dann legt das die Schlussfolgerung nahe, dass die Notwendigkeit besteht, eine solche zu finden. Mit der Teilhabe an der *missio Dei* wäre sie gegeben.

Kapitel 5

Mögliche Implikationen der Untersuchungsresultate für die theologische Ausbildung

Gesellschaftsrelevanz durch *glaubensbasierte* Lernziele

Als zentrales Thema aus der empirischen Forschung wurde ausgemacht, dass die Verantwortlichen auf Hochschulebene für Theologie und theologische Ausbildung an deren bildungsbasierte, gesellschaftsrelevante Gestaltungskraft glauben, aber eine Vision dafür vermissen. Der Druck, sich wissenschaftlich behaupten zu müssen, wie es der universitäre Kontext verlangt, neutralisiert diesen Glauben und scheint es zu verhindern, eine notwendige transzendente Begründung für Theologie und theologische Ausbildung wissenschaftsfähig zu machen.

Damit wird mehreres gesagt. Es existiert zwar eine Überzeugung davon, dass Theologie und theologische Ausbildung gesellschaftsrelevant sind, aber der Mangel an einer konsistenten transzendenten Begründung für die Existenz von Theologie und theologischer Ausbildung auf Hochschulebene ist das Problem.

Diese Überzeugung der Gesellschaftsrelevanz kann letztlich nur in dem Glauben wurzeln, dass Gott mit dieser Welt zu tun haben will und das Reden von ihm her in dieser Welt nötig ist, um diesen Willen Gottes kundzutun, zu verstehen und umzusetzen. Diese Überzeugung ist unauflöslich mit dem Glauben an Gott verbunden und gründet sich in dem, was Gott offenbart hat. Die Gesellschaftsrelevanz liegt also primär nicht in dem, was sich die Gesellschaft von der Theologie und theologischer Ausbildung erwünschen mag, sondern in dem, was Gott für die Welt will. Sie liegt auch nicht in dem, was Theologie und theologische Ausbildung aus sich heraus als relevant für die Gesellschaft ansehen. Somit werden Theologie und theologische Ausbildung irrelevant, wenn sie ihre Ziele nur aus sich selber setzen und so die Übereinstimmung mit den Zielen Gottes für diese Welt gefährden. Sie werden ebenfalls irrelevant, wenn sie sich ihre Ziele und Bestimmungen primär von anderen setzen lassen. Relevanz und Irrelevanz definieren sich zuerst über ihre Übereinstimmung mit Gottes Zielen für die Welt. Das bedeutet aber zugleich, dass Relevanz und Irrelevanz nicht abhängig sind von der Akzeptanz, die sie letztlich in der Welt finden.

Das heißt aber nicht, dass Theologie und theologische Ausbildung sich nicht kümmern müssen, ob und wie ihre Themen angenommen, akzeptiert und gelernt werden. Sie müssen sich also zwei kritischen Fragen zugleich stellen:

Wird Theologie in Übereinstimmung mit den Zielen Gottes mit dieser Welt getrieben und gelehrt? Begegnen diese Bemühungen wirklich den kontextuellen Herausforderungen? Bemühen sich Theologie und theologische Ausbildung darum, den Kontext, in dem sie arbeiten sollen, ins Gespräch mit Gottes Sendung für diesen Kontext zu bringen?

Damit wird gegen Lester (1999) nicht an ein nach vorne hin völlig offenes Lernen des Menschen zur Weisheit hin geglaubt, deren autonome Quellen im Menschen selber liegen, sondern eine Bildung aus Liebe zur Liebe hin proklamiert, wobei sich Liebe von der Liebe Gottes zu den Menschen her definiert, wie sie sich in der *missio Dei* offenbart hat.

So begegnen Theologie und theologische Ausbildung in ihrer Teilhabe an der *missio Dei* letztendlich durch Menschen dem Menschen. Als Bildung „realisiert sie so die Bestimmung des Menschen am Ort des Individuums" (Preul 2013:75). „Die Realisierung der Bestimmung des Menschen am Ort des Individuums ist ein Moment innerhalb der Realisierung der Bestimmung des Menschen in der Geschichte, und diese wiederum ist ein Moment im Rahmen des Deo creante existierenden und aufgrund des Schöpferwillens auch zielgerichteten Gesamtprozesses der Schöpfung" (2013:75). Der zielgerichtete Gesamtprozess der Schöpfung ist mit den Zielen der *missio Dei* identisch.

Was Preul hier für die Bildung postuliert, gilt genauso für die Bildungsdimension der *missio Dei*. Von der kosmischen Dimension der *missio Dei* her, geht es bis an den Ort des Individuums, wo, ohne einen qualitativen Unterschied zur übergeordneten Dimension und in Übereinstimmung mit ihr, nichts Geringeres als die Bestimmung des Menschen realisiert wird.

Nun muss deutlich gemacht werden, dass das kein Automatismus ist. Dem Partizipationsprinzip der *missio Dei* entsprechend kann das gelingen, muss aber nicht. Menschen steht die Entscheidung frei, die Gesellschaftsrelevanz von Theologie und theologischer Ausbildung anzuerkennen, anzunehmen und zu lernen oder aber sie abzuweisen und möglicherweise sogar zu bekämpfen.

Die Faktoren des möglichen Gelingens sind wesentlich. Angefangen bei der notwendigen aber noch lange nicht selbstverständlichen Übereinstimmung der übergeordneten Ziele von Theologie und theologischer Ausbildung mit der *missio Dei* („*fitness of purpose*"), bis hin zur de facto Teilhabe aller Beteiligten daran, müssen letztlich in der Bildungsdimension Lernziele formuliert werden, die mit der *missio Dei* grundlegend übereinstimmen und von dort her im konkreten Kontext relevant sind („*fitness for purpose*").

Diesen Lernzielen soll sich in theologischer Ausbildung durch entsprechende Lehr- und Lernaktivitäten genähert werden, denn ihrer ist nicht einfach habhaft zu werden. Sie sind nicht methodisch didaktisch verfügbar. Dennoch, diese Lernziele müssen sich als gesellschaftsrelevant erweisen, dem Partizipationsprinzip der *missio Dei* gemäß, nicht nur als normativer Bildungsbedarf, sondern sie müssen auch einem Bildungsbedürfnis entgegenkommen. Deshalb soll an die aktuelle theologische Diskussion um die Freude angeknüpft werden, wie sie im Yale Center for Faith and Culture geführt wird.

Miroslav Volf (Volf & Crisp 2015) hat in seinem Artikel *The crown of the Good Life: a Hypothesis* begonnen, Freude theologisch tiefer zu reflektieren und sie, über einen bloß psychologischen Kontext hinaus, in ihren übergeordneten Zusammenhang zu stellen, in dem der Mensch und die Freude in Bezug zu Gott gesetzt werden. An diese Reflexion soll nun angeknüpft und der Versuch unternommen werden, sie für die theologische Ausbildung fruchtbar zu machen. Freude gehört mit den Worten Frieden, Leben und Liebe zu den großen Leitworten des Menschen in allen Kulturen und Zeiten. Volf sieht es eingebettet in ein universal menschliches Bedürfnis nach einem „good life" (Volf 2015:ix). Er beschreibt ein solches Leben synonym zu „flourishing […] the life that is lived well, the life that goes well, and the life that feels good" (:ix). „The good life consists not merely in succeeding in one or another endeavor we undertake, whether small or large, but in living into our human and personal fullness – that, in a word, is flourishing life" (:ix). Theologisch ist dazu zu sagen, dass menschliche und persönliche Fülle sich nicht außerhalb der Bestimmung des Menschen finden lassen können. Das „good life" eines Menschen ist sein Leben in Übereinstimmung mit seiner Bestimmung.

Darin hat Freude für Volf ihre zentrale Bedeutung. Er differenziert den Begriff und unterscheidet Freude als Emotion von bloßen Gefühlen, Spaß oder Annehmlichkeit. Freude ist für ihn „the emotional substance and manifestation of the good life"(Volf & Crisp 2015:129). Wesentlich ist dabei, dass Freude nicht in einer Sache selber liegt, sondern darin, wie der Mensch etwas aufnimmt und wahrnimmt. In Abhängigkeit von der Wahrnehmung des Gegenstandes entsteht die Freude. Sie ist als aktive Antwort zugleich eine Deutung des Gegenstandes: „it is tied to how I perceive things rather than to what things are in themselves"(:129). Volf entwickelt den Gedanken weiter und kommt zum Ergebnis, dass Freude ein „emotional attunement between the self and the world – usually a small portion of it – experienced as blessing" (:130) ist. So legt er vier tragende Elemente der Freude zugrunde. Das sind ihr absichtsvoller Gegenstand, dessen Wahrnehmung als gut, die Erfahrung des Gegenstandes als unverursacht und eine positiv hedonische Antwort darauf (:130).

Volf integriert in ein solches Verständnis auch das Leid. „Of course we don't rejoice *because* of suffering. […] When we rejoice while suffering it is because of some good that is ours despite the suffering (for instance, God's character, deeds, and the promise of redemption) or because of a good the suffering will produce" (:131).

Seine theologischen Erklärungen münden darin, dass diese Freude in Gemeinschaft erfahrbar und deshalb zutiefst relational sei. Sie sei abhängt davon, dass tatsächlich etwas existiert, das als Gegenstand der Freude dienen kann, und er plädiert für die Suche nach ihr.

An dieser Stelle muss jetzt die Bildungsdimension der *missio Dei* greifen. Freude ist in der Tat ein zentrales Motiv der *missio Dei*. Mit der Menschwerdung Gottes, dem Evangelium und der Person des auferstandenen Christus fest verbunden, kommen Menschen und sogar Engel zur Freude (Lk 2,10; 15,10; 24,41.52; Mt 13,44; 28,8). Jesus lehrt Freude: „Das sage ich euch, damit meine Freude in euch bleibe und eure Freude vollkommen werde" (Joh 15,11). Er verspricht und kündigt sie an.

> Wahrlich, wahrlich, ich sage euch: Ihr werdet weinen und klagen, aber die Welt wird sich freuen; ihr werdet traurig sein, doch eure Traurigkeit soll in Freude verwandelt werden. Eine Frau, wenn sie gebiert, so hat sie Schmerzen, denn ihre Stunde ist gekommen. Wenn sie aber das Kind geboren hat, denkt sie nicht mehr an die Angst um der Freude willen, dass ein Mensch zur Welt gekommen ist. Und auch ihr habt nun Traurigkeit; aber ich will euch wiedersehen, und euer Herz soll sich freuen, und eure Freude soll niemand von euch nehmen (Joh 16,20–22).

Jesus verknüpft Freude mit Gebet: „Bisher habt ihr um nichts gebeten in meinem Namen. Bittet, so werdet ihr nehmen, dass eure Freude vollkommen sei" (Joh 16,24). Jesus hinterlässt seine Freude, wie ein Vermächtnis, seinen Jüngern: „Nun aber komme ich zu dir und rede dies in der Welt, damit meine Freude in ihnen vollkommen sei" (Joh 17,13).

Jesus hat Freude gelehrt. Seine Jünger haben das als Apostel auch getan und so findet sich Freude als Thema und Ziel sehr oft in den Evangelien und Briefen. Exemplarisch sei nur erwähnt, wie Paulus sich in 2Kor 1,24 als Mitarbeiter (συνεργοί) zur Freude für seine Gemeinde versteht und damit seinem Dienst einschließlich seiner Lehrtätigkeit eine übergeordnete Bestimmung gibt, die ganz in Übereinstimmung mit den Zielen der *missio Dei* ist.

Freude ist also keineswegs ein Randthema. Sie ist im Gegenteil fester Bestandteil der Wirklichkeit des Reiches Gottes: „Denn das Reich Gottes ist nicht Essen und Trinken, sondern Gerechtigkeit und Friede und Freude im Heiligen Geist" (Röm 14,17). Freude ist fester Bestandteil geistlichen Lebens: „Die Frucht des Geistes aber ist: Liebe, Freude, Friede, Langmut, Freundlichkeit, Güte, Treue, Sanftmut, Enthaltsamkeit" (Gal 5,22). Freude war fester Bestandteil und Ziel der Lehrtätigkeit Jesu.

Theologie und theologische Ausbildung müssen sich, mit der Teilhabe an der *missio Dei* als ihrer Bestimmung, damit identifizieren und Freude zu einem ihrer erklärten Ziele machen.

So naiv das klingen mag, aber nur unter einer völligen Neuausrichtung von Theologie und theologischer Ausbildung unter den Leitworten Friede, Menschenliebe, Freude und Leben werden sie ihre latente Gesellschaftsrelevanz entfalten können. Niemand wird die Gesellschaftsrelevanz von Friede, Menschenliebe, Leben und Freude ernsthaft bezweifeln können. Empirisch belegt ist in dieser Arbeit neben der Begeisterung der meisten Befragten dafür, aber auch der Zweifel einiger, ob so etwas überhaupt möglich ist.

Es darf nicht geschehen, dass diese Leitworte, anstatt dass sie übergeordnet alle Theologie und theologische Ausbildung ausrichten, nur zu Themen werden, die *innerhalb* der Spiritualität, Missionstheologie oder Ethik oder irgendwo in der praktischen Theologie *isoliert* reflektiert und behandelt, aber dann ins privat charakterlich-menschliche Verhalten abgeschoben werden.

Die Aufgabe ist es, die Begriffe Freude, Friede, Leben und Menschenliebe zuerst theologisch zu durchdringen, wie Volf es mit der Freude begonnen hat. Zugrunde liegen muss ein trinitätstheologischer Ansatz. Der Mensch ist in seiner Gottesebenbildlichkeit von Gott zum Frieden, zur Freude, zum Leben und zur Menschenliebe geschaffen worden. In Christus hat Gott den Menschen dazu erlöst. Im Geiste hat Gott den Menschen dazu befähigt, entsprechend zu denken und zu handeln. In der Bildung des Menschen werden dann, in Gemeinschaft mit anderen und im jeweiligen Kontext, die möglichen Wege zum Frieden, zur Liebe, zur Freude und zum Leben erforscht, gelehrt, gelernt, gelebt und vorgelebt, in vollem Bewusstsein aller Schwachheit und Unvollkommenheit, aber auch in vollem Bewusstsein der Übereinstimmung mit Gottes Zielen für diese Welt. Die theologische Durchdringung der Begriffe muss ähnlich wie bei Volf methodisch erfolgen. Es gilt dabei, ihre tragenden Elemente zu finden, die sie inhaltlich bestimmen und ihr Wesen klären und so unterscheidbar und anwendbar machen. Dann können am Ende Theologie und theologische Ausbildung einen Beitrag zu einer Menschenbildung leisten, die in ihrem Gesamtbild tatsächlich ein „Flourishing" (Volf 2015) zeigt. Flourishing ist aber auch ein klares Konzept der positiven Psychologie, die als empirische Wissenschaft offiziell mit Martin Seligman im Jahre 1998 begann und seither ein starkes Wachstum ihrer Bedeutung erlebt (Blickhan 2015:18). „Positive Psychologie betrachtet menschliche Entwicklung als natürlichen Prozess, in dem Menschen danach streben, sinnvoll, glücklich und gut zu leben. Dies geschieht in ganz unterschiedlichen sozialen Kontexten und so umfasst positive psychologische Forschung Arbeits- und Familienleben ebenso wie die Schule und das Zusammenleben in der Gesellschaft" (Blickhan 2015:324). Seligman geht weiter und formuliert eine Vision des Aufblühens für die Menschheit durch ein „Ja sagen zu mehr Wohlbefinden", indem Menschen, in wiedergewonnener Kindlichkeit, Ja sagen lernen „zu mehr positiven Gefühlen, zu mehr Engagement, zu besseren Beziehungen, zu mehr Sinn im Leben und zu mehr positiver Leistung" (Seligman 2014:339). Der positiven Psychologie liegt eine solide wissenschaftlich fundierte Forschung zugrunde, die es möglich gemacht hat, Tugenden und Charakterstärken zu formulieren, die berechtigterweise als ein Aufblühen (Flourishing) des Menschen betrachtet werden können.

Genau hier kann das Flourishing, wie Volf es für den Raum der Theologie sieht, hinzutreten, indem es das ersehnte gelungene Leben des Menschen als ein Leben zeigt, das der Mensch in Übereistimmung mit seiner Bestimmung leben kann, eine Bestimmung, die ihm Gott gegeben hat und die sich in den Leitworten der Menschen wie Friede, Leben, Freude, und Menschenliebe widerspiegelt.

Der Glaube an eine bildungsbasierte Gesellschaftsrelevanz von Theologie und theologischer Ausbildung ist empirisch belegt worden. Dieser Gesellschaftsrelevanz kann sich unter den im Bologna-Prozess eingeführten Grundsätzen der Lernzielorientierung und unter dem Kriterium der *missio Dei* für Theologie und theologischer Ausbildung folgendermaßen genähert werden: *Absolventinnen und Absolventen der Theologie haben am Ende ihrer Ausbildung Freude, Leben, Menschenliebe und Frieden trinitätstheologisch reflektiert, ihre persönliche Beziehung dazu angefangen zu klären oder geklärt, deren Bedeutung für die heutige Zeit und ihren jeweiligen Kontext definiert, in Gemeinschaft*

Wege zur Freude, zum Frieden, zur Menschenliebe und zum Leben erforscht, gelernt, erlebt und ihre eigene Handlungsfähigkeit darin gesteigert.

Entscheidend für die Academia ist, dass solch ein Lehr- und Lernprozess auf dem entsprechenden akademischen Niveau stattfindet. Dann muss er die Vorgaben der Kultusministerkonferenz (KMK) umsetzen, die im Deutschen Qualifikationsrahmen (DQR) dafür genannt sind, und einfordern, dass die Studierenden

> über Kompetenzen zur Bearbeitung von neuen komplexen Aufgaben- und Problemstellungen sowie zur eigenverantwortlichen Steuerung von Prozessen in einem wissenschaftlichen Fach oder in einem strategieorientierten beruflichen Tätigkeitsfeld verfügen. Die Anforderungsstruktur ist durch häufige und unvorhersehbare Veränderungen gekennzeichnet (DQR Handbuch 2013:20).

Und dass sie

> über Kompetenzen zur Gewinnung von Forschungserkenntnissen in einem wissenschaftlichen Fach oder zur Entwicklung innovativer Lösungen und Verfahren in einem beruflichen Tätigkeitsfeld verfügen. Die Anforderungsstruktur ist durch neuartige und unklare Problemlagen gekennzeichnet (DQR Handbuch 2013:21).

Die Umsetzung ist eine Aufgabe für die Bildungsverantwortlichen. Sie können so anfangen, den Graben zwischen Theologie und theologischer Ausbildung in wissenschaftlicher Gestalt auf Hochschulebene und der Gemeinde, beziehungsweise der Kirche und der Gesellschaft, zu überbrücken, indem sie sich empirisch an die Lebenswirklichkeit der Menschen anschließen, mit dem Ziel, ihren Beitrag dazu zu leisten, dass im großen Sinnzusammenhang letztendlich der Friede Gottes als Gottes Bestimmung für diese Welt, die seine Schöpfung ist, hergestellt werden kann. Die postulierte Gesellschaftsrelevanz von Theologie und theologischer Ausbildung ist mit der Gesellschaftsrelevanz der *missio Dei* identisch.

Die Teilhabe an der *missio Dei* als Bestimmung konstituiert Theologie und theologische Ausbildung neu

Hier kommt die Schlüsselkategorie aus der empirischen Forschung zur Geltung. Theologie und theologischer Ausbildung fehlt eine konsistente transzendente Begründung für ihre Existenz überhaupt und für ihr Wirken auf Hochschulebene im Besonderen. Theologie in der Gestalt der Wissenschaftlichkeit, wie sie auf Hochschulebene konfessionsübergreifend existiert, ist im Zusammenspiel ihrer drei Grundgestalten (Seckler 2012:133-140) des „von Gott-Kündens", des „Vernunftinteresses an Gott" und des „Verstehen Wollens des Glaubens" eine Glaubenswissenschaft. Sie wird nach Seckler (2012:144) durch fünf Momente konstituiert. Diese sind erstens ihr „*Gegenstandsbereich*", der Gott direkt, die Welt und den Menschen im Hinblick auf Gott als die alles bestimmende Macht erkennt. Es sind zweitens ihre „*Erkenntnisquellen und Wahrheitskriterien*", unter denen das Wort Gottes an erster Stelle steht, als norma normans, und sich so die Vernunft als weitere Erkenntnisquelle und Wahrheitskriterium zuordnet und hermeneutische Prozesse erforderlich macht. Drittens ist es ihre „eigentümliche *Subjektivität* und *Wirklichkeits-Habe*, der Glaube", ein ihre wissenschaftliche Identität stiftendes Merkmal. Der sie tragende „*gesellschaftliche Ort*" ist viertens die Kirche, der sie dient, die sie kritisch inspirierend begleitet, und über die sie ihre gesellschaftliche Relevanz entfaltet. Als Glaubenswissenschaft wird sie fünftens von der *Wissenschaftlichkeit* selbst konstituiert, was ihre Methodik, ihren Forschungsethos und die Wahrheitssuche betrifft.

Die Teilhabe an der *missio Dei* als Bestimmung ist nicht ein addiertes sechstes konstituierendes Moment, sondern integriert unter Beibehaltung der fünf konstituierenden Momente Theologie und theologische Ausbildung auch in ihrer Wissenschaftlichkeit auf Hochschulebene in eine neue Grundgestalt, die in Anlehnung an den Philipperbrief jetzt als *Knechtsgestalt* bezeichnet werden soll. Knechtsgestalt deswegen, weil sie unter den Wissenschaften nicht herrschen, sondern dienen soll. Dienen aber heißt, in Übereinstimmung mit der Sendung Gottes, von Gott her reden. Das „von Gott-Künden" (Seckler 2012:133) wird so zum primären Auftrag. Theologie und theologische Ausbildung werden in umfassender Weise zu einem Dienst an Gottes Schöpfung und an den Menschen, indem sie sich die Ziele Gottes mit der *missio Dei* zu eigen machen und so innerhalb der Wissenschaften, in dieser Welt und unter den Menschen ihren Platz einnehmen und wirken.

Im Blick auf ihre Wissenschaftlichkeit im Kanon der Wissenschaften kann das nur bedeuten, dass sie wie Jaspers (1961:52) es sagt, „unter der Voraussetzung der Existenz der Offenbarung Gottes denkt. Sie spricht aus, was darin liegt und was daraus folgt. Sie entwickelt Denkformen, das Unaussprechliche aussagbar zu machen".

Unter dem Kriterium der *missio Dei* verbindet sich damit ihre Knechtsgestalt, als Gott und den Menschen dienend, und der Anspruch, unter Besinnung auf die Grenzen des Wissens selbst, dennoch gehört und ernst genommen zu werden, weil sie unter der Voraussetzung der Existenz der *Offenbarung Gottes* folgerichtig unter der Voraussetzung der Existenz *der Sendung Gottes* denkt und redet.

Damit ist die Teilhabe an der *missio Dei* als Bestimmung für Theologie und theologische Ausbildung gleichzeitig ihre Sendung, auch in den Raum der Wissenschaften hinein und damit in den Bildungsraum auf Hochschulebene, in den universitären Bildungsraum. Insofern hat sie auch den Glauben konstituiert, wie oben angeführt, und kann so als Sendung hervortreten, „als Gegenbewegung gegen einen welt-losen, unpolitischen Glauben. Sendung antwortet auf die welt-weiten Zusammenhänge, in denen jede persönliche Entscheidung steht, und auf die ökologische Krise, die nicht allein das Heil, sondern das elementare Überle-ben der Menschheit infrage stellt" (Hallensleben 1994:396).

Gerade die Knechtsgestalt ermöglicht einen Dialog, der „eine unhinter-gehbare Eigenständigkeit und Andersheit der Dialogpartner voraussetzt". Sen-dung ist „nicht die Exekution eines machtvollen Willens Gottes, sondern die Ein-ladung zu einer Umkehrbewegung auf Gott hin" (1994:397). Diese Umkehrbe-wegung hat ihre Ziele, die mit der *missio Dei* übereinstimmen. Die Schlüsselka-tegorie der empirischen Forschung dieser Arbeit soll helfen, hier konkret zu wer-den. Deshalb soll sie im folgenden Abschnitt noch einmal aufgegriffen und dis-kutiert werden.

Die Gesellschaftsrelevanz der *missio Dei*

Sie ist christozentrisch und sich sendend

Die Gesellschaftsrelevanz von Theologie und theologischer Ausbildung ist mit ihrer Bestimmung, der Teilhabe an der *missio Dei*, identisch. Es kommt zur Sen-dung in die Gesellschaft in Übereinstimmung mit dem, was Gott in Jesus die Menschen lehren will. Sie sollen zu Lernenden werden, die das Leben in der Bestimmung Gottes heilsam gestalten (Mt 28,20). Die Gesellschaftsrelevanz der *missio Dei* ist ihre christozentrische Ausrichtung und transzendente Begründung zugleich. An dieser Stelle soll mit einem Anschluss an die theologische Besin-nung Karl Hartensteins zu den Ergebnissen der Konferenz des Internationalen Missionsrates in Willingen 1952, auch der Anschluss an das ursprünglich ge-dachte christozentrische und missionarische Verständnis der *missio Dei* erfolgen und damit aufgezeigt werden, dass die Gesellschaftsrelevanz der *missio Dei* folgerichtig nur in Knechtsgestalt wirksam werden kann. Das ist die Gestalt des Dienens, was sich in der Gesinnung und den Taten zeigen muss.

Wenn sich Theologie und theologische Ausbildung in Übereinstimmung mit der *missio Dei* bewegen wollen, dann geht es um ihre „Teilhabe an der Sendung des Sohnes, der *missio Dei*, mit dem umfassenden Ziel der Aufrichtung der Christusherrschaft über die ganze erlöste Schöpfung" (Hartenstein 1952).

Dazu aber müssen Theologie und theologische Ausbildung zuallererst über sich selbst die Christusherrschaft aufrichten lassen. Das wiederum kann nur geschehen, wenn Theologinnen und Theologen an sich selber das „Herrschaftsein Jesu Christi bewirken lassen" (1952:54) und so „von dem persönlichen Anschluss an den Christus leben, der mit seiner Gemeinde seinen kosmischen Plan durchführt" (:54).

Die Bestimmung zur Teilhabe an der *missio Dei* für Theologie und theologische Ausbildung macht sie christozentrisch, denn sie richtet die Christusherrschaft über sie auf und schließt ihre Trägerinnen und Träger an Christus an. Solchermaßen gebunden an Christus, gibt es keinen Triumphalismus für sie, kein Recht auf Macht und Herrschaft, sondern in der Gesinnung Christi, als die eines Dieners, eines Knechtes, wirken und leben Theologie und theologische Ausbildung „zwischen Kreuz und Reich, zwischen der ersten und zweiten Ankunft des Herrn" (:54). Angewiesen auf die Wiederkunft Christi, grenzt sich ihr Verständnis von Gesellschaftsrelevanz scharf ab, sowohl gegen „einen humanistischen Entwicklungsgedanken, einer allmählichen Durchchristung der Welt", als auch gegen eine Reduktion auf ein rein individuell zu fassendes persönliches Unternehmen der Seelenrettung.

Der persönliche Anschluss an den Christus, wie Hartenstein es in seiner theologischen Besinnung auf das ursprüngliche Konzept der *missio Dei* nennt, wird somit zu einem zentralen Kriterium für Theologinnen und Theologen im Blick auf ihren Glauben, ihr Leben und ihre theologische Arbeit. Aber das ist nicht alles, was darin liegt. Dieser persönliche Anschluss an den Christus ermöglicht es erst, dass die folgerichtig christozentrisch und missionarisch zu fassende ethische, moralische und spirituelle Dimension von theologischer Bildung, die sie in ihrer Bestimmung zur Teilhabe an der *missio Dei* erhält, zu den Menschen hin im Raum der Hochschulen, in der Kirche und in der Gesellschaft wirksam wird. Der persönliche Anschluss an Christus als kritische Bedingung der *missio Dei* für Theologinnen und Theologen bestimmt auch, in welcher Gestalt sie, in ihrer Anteilhabe an der Sendung Gottes in Christus für die Welt, Theologie und theologische Ausbildung leben. Diese Darstellung ist das Konzept der Inkarnation und nicht der Macht (Graf 2014).

"Inkarnation statt Macht"

Friedrich Wilhelm Graf (2014) sieht eine wesentliche Bedeutung der Menschwerdung Gottes darin, dass sie es dem Menschen unmöglich macht, sich mit politischen und gesellschaftlichen Machtansprüchen auf Gottes Macht oder Allmacht zu berufen. Die Brisanz dieser Thematik ist gegenwärtig nicht zu bestreiten. Er führt aus, dass „Inkarnation meint: Gott negiert sich selbst, er wird zum anderen seiner selbst, er wird im Juden Jesus von Nazareth Mensch. […] Inkarnation heißt: Gott will selbst gar nicht allmächtig, er will menschlich sein" (2014:253). Mit dieser scharfen Abgrenzung gegen jeden politischen und religiösen Machtmissbrauch stimmt auch die notwendige Ausgestaltung eines persönlichen Anschlusses an den Christus in Glauben und Leben überein, wenn die Anteilhabe an der *missio Dei* zur Bestimmung theologischer Ausbildung wird. So wird auch „die zentrale Bedeutung der ganzen menschlichen Person in ihrer weiteren Umwelt für die Verwirklichung der Zielsetzungen Gottes mit seiner Schöpfung bejaht" (Gunton 2001:141). Bleibt das Konzept der Inkarnation im Blick auf den Menschen von der *missio Dei* her bestimmt, so wird über den notwendigen persönlichen Anschluss an den Christus keine Emanzipation von ihm möglich, etwa dergestalt, dass sich von jeder Art von menschlicher Befindlichkeit auf der Erde ein Rückschluss auf Gott ergeben kann und eine Identifikation von Gott und Mensch auf diese Weise hergestellt wird, die Menschliches göttlich und Göttliches menschlich werden und letztlich ineinander aufgehen lassen kann.

Der Mensch, der an den Christus angeschlossen ist, setzt die Sendung des Sohnes Gottes fort. Seine Gesinnung ist die eines Knechtes, eben die, die auch Christus hatte.

Die Kompetenzenorientierung integrieren

Das Ziel von Theologischer Ausbildung ist als Handlungsfähigkeit des Menschen in seiner Teilhabe an der *missio Dei* beschrieben worden. Handlungsfähig zu sein ist aber nichts Anderes als kompetent zu sein. Mit der Wende in der Bildung weg vom reinen Wissenstransfer und hin zum lernenden Menschen, der sich entwickeln soll, ist auch mit der Orientierung auf Kompetenzen ein Weg gewiesen, der für theologische Ausbildung relevant ist und für sie durch den Bezug zu den Taten Gottes, den Taten Jesu und der Jünger selbstverständlich sein sollte. Ziel der theologischen Ausbildung ist die Fähigkeit im Sinne Gottes in und für diese Welt zu handeln.

Insofern ist der Kompetenzbegriff durchaus biblisch-theologisch begründbar und für die theologische Ausbildung relevant. So ist Paulus davon überzeugt, dass „alle Schrift von Gott eingegeben" ist und bildungsorientiert benutzt werden darf, „[...] damit der Mensch Gottes vollkommen sei, zu jedem guten Werk völlig zugerüstet" (2Tim 3:16.17). Ähnlich der Apostel Johannes, der ausdrücklich nicht will, dass sich die christliche Liebe auf einen Sprechakt reduziert, sondern will, dass sich Liebe in Tat und Wahrheit, also als eine Handlungsfähigkeit, erweisen muss: „Kinder, lasst uns nicht lieben mit Worten noch mit der Zunge, sondern in Tat und Wahrheit" (1Joh 3,18). Beide Apostel zeigen damit aber auch, dass die Handlungsfähigkeiten, die sie erreicht sehen möchten, eine transzendente Begründung haben, indem die Tat der Liebe mit Wahrheit verbunden werden soll und die Befähigung zu jedem guten Werk aus einer Bildung hervorgehen soll, die auf göttlich inspiriertem Schriftgut gründet. So gründen sie die Kompetenzen der Liebe und Befähigung zu jedem guten Werk in der Teilhabe an der *missio Dei*.

Ein bewusst als Teilhabe an der *missio Dei* theologisch reflektiertes Kompetenzenmodell für theologische Ausbildung und das als konfessionsübergreifendes und länderübergreifendes Projekt ausgestaltet, würde theologische Ausbildung unmittelbar relevant machen für die Kirche selber und für die Gesellschaft, weil solch ein Modell sowohl die Zielsetzungen von Theologie, nämlich ihre Bestimmung zur Teilhabe an der *missio Dei,* und die an sie gestellten Anforderungen seitens ihres Kontextes, sei es Hochschule, Gesellschaft oder Kirche, in entsprechende Kompetenzen transformieren kann.

Ein gutes Beispiel dafür ist das „Kompetenzenstrukturmodell" von Thomas Schaufelberger (Schaufelberger & Hartmann 2016), das mit seinen „fünf Dimensionen" für das evangelisch-reformierte Pfarramt in der Schweiz als Orientierungsmodell einen wichtigen Impuls zur Veränderung in theologischer Ausbildung geben will. In diesem Modell umschließt die Dimension „Glaubwürdig leben" die anderen Dimensionen „Einfluss nehmen", „Lösungen entwickeln", „Ergebnisse erbringen" und „Beziehungen gestalten" wie ein Ring (2016:26). In der Dimension „Glaubwürdig leben" „geht es um die Persönlichkeit und theologische Existenz, soweit sie beobachtbar ist" (2016:27). Persönlichkeit und theologische Existenz verdichten sich in den Aspekten „Leben aus dem Evangelium", „Berufsidentität" und „Selbstmanagement". Bedeutsam aus der Perspektive der Forschungsfrage ist die Tatsache, dass das persönliche Leben aus dem Evangelium zu den elementaren und alle anderen Dimensionen umschließenden „Standards für die Aus- und Weiterbildung" dazugehört. Es geht also nicht darum, eine Liste von allen möglichen brauchbaren Kompetenzen zu erstellen, sondern mit dem Modell ihre durchreflektierte Ordnung und Zuordnung zu zeigen, die den Zielen theologischer Ausbildung entsprechen soll.

In der Beschreibung des Lebens aus dem Evangelium wird dann erwartet, dass aus der Praxis des eigenen geistlichen Lebens Kraft und Motivation für das pfarramtliche Handeln geschöpft (2016:37) und die eigene Glaubenspraxis und das eigene Handeln erkennbar verbunden werden (:37). Die Persönlichkeit und theologische Existenz sind sowohl Grundlage als auch Zusammenhalt des Modells.

Der Spiritualität gewinnt damit eine besondere Schlüsselstellung. Es gehört zu diesem gut durchdachten Modell, dass sogar die Möglichkeiten und Grenzen menschlichen Vermögens und Könnens in der Aufgabe, das Evangelium zu verkünden, reflektiert werden und die Abhängigkeit vom Wirken Gottes betont wird (2016:60-64).

Die entscheidende Frage wird aber sein, ob solch ein Modellentwurf nur in den Dienst des Erhalts zukunftsgefährdeter Kirchen gestellt wird, oder in den größeren Zusammenhang der Teilhabe an der *missio Dei.* Erst wenn letzteres auch explizit als Bestimmung für solche Modelle genannt wird, muss nicht offen im Raum stehen bleiben, was Thomas Schaufelberger in der Einführung zu seinem Modell fragt:

> Die Analysen der Anforderungen an Kirche und Pfarrberuf machen deutlich, dass sich in der Pfarrausbildung eine Lücke abzeichnet: Mit der aktuellen Pfarrausbildung können wir genau die guten Resultate erzielen, die wir im Moment erzielen. Genügen sie für die Zukunft? Um die künftige Entwicklung zu antizipieren, genügt ein Rückgriff auf die vergangene Erfahrung nicht mehr alleine (Schaufelberger & Hartmann 2016:24).

Es braucht die Ausrichtung der theologischen Ausbildung anhand ihrer Bestimmung als Teilhabe an der *missio Dei,* indem Kompetenzen eingeführt werden, die ihr entsprechen.

Der Ort der *missio Dei* in der Theologie

Die vorliegende Arbeit ist einer bildungstheoretischen Perspektive auf Theologie und theologischer Ausbildung verpflichtet. Wenn die Teilhabe an der *missio Dei* zur Bestimmung theologischer Ausbildung geworden ist, dann muss daran gearbeitet werden, wo sie in der Theologie verortet sein muss, damit sie als *das* konstituierende Moment für Theologie und theologische Ausbildung bewahrt und wirksam erhalten werden kann. Es geht um die Begründung, warum die *missio Dei* zentral in der systematischen Theologie angesiedelt werden muss, sodass sie alle deren Bereiche zusammenhalten und auf das Ziel Gottes mit den Menschen, der Welt und seiner ganzen Schöpfung hin in Bewegung bringen kann. Dazu soll ganz grundlegend vor Augen geführt sein, dass Gott für die Theologie in Übereinstimmung mit Seckler

> nicht nur ein materialer Teilbereich der Theologie, sondern zugleich ihr umfassendes und grundlegendes *Formalprinzip* ist. Thomas von Aquin, dem wir diese Lösung im Wesentlichen verdanken, betont deshalb, dass in der Theologie *alle* Themen *in Ansehung Gottes* (sub ratione Dei) zu behandeln sind, sei es, dass diese Themen Gott selbst direkt betreffen, sei es, dass sie eine Beziehung zu Gott als der alles bestimmenden Macht aufweisen. Damit erhält der Theologiebegriff [...] seine *formelle Konzentration auf Gott* zurück. Gott ist infolgedessen nicht etwa nur das wichtigste Spezialthema der Theologie, sondern zugleich ihr umfassender Horizont. Ihr Identitäts- und Einheitspunkt liegt somit genau in dem, was das Wort ursprünglich meint: *Rede von Gott* zu sein (Kern, Pottmeyer & Seckler 2000:133).

Für theologische Ausbildung, die sich dieser Ausgangslage verpflichtet, bedeutet es, dass sie ebenfalls „in Ansehung Gottes" zu betreiben ist. Das aber heißt nichts anderes, als dass sie ebenfalls als aus der Rede von Gott kommend, in Gott ihren „umfassenden Horizont" und ihren „Identitäts- und Einheitspunkt" hat. Somit wird sie an Gott gebunden und damit daran, wer und was er ist. Die Verortung der *missio Dei* in Gott selbst ist eine trinitätstheologische Aufgabe, die sich Andreas Loos (2012) gestellt hat und die noch nicht abgeschlossen ist. Mit Loos soll festgehalten werden, dass eine derartige dominante Verankerung nicht dazu führen darf, „die drei Personen der Trinität nur noch als Vollzugsmomente der Mission Gottes zu verstehen und sie modalistisch aufzulösen" (2012:72). Er weist zurecht darauf hin, dass dieser Konzeption von *missio Dei* „eine entsprechende Lehre vom literarischen Wesen Gottes an die Seite gestellt werden" muss, um so eine „Wesenstrinität" mit einer „ontologischen Füllung" zu erhalten (:72). In Anlehnung an Loos ergibt sich diese ontologische Dimension der Trinität dadurch, dass Gott Liebe ist (1Joh 4,8.16), wobei diese Agape-Liebe Gottes nicht in sich ruhend, sondern als eine innerhalb der Trinität wirkende und nach außen tretende Liebe zu verstehen ist. Mit Loos sei deshalb festgehalten, dass „aus der Fülle dessen, was nun über Gottes dreieiniges Wesen zu sagen wäre, die pneumatologisch zu fassende Ekstatik der Liebe im ewigen Wesen Gottes hervorsticht" (:83).

Für dieses Forschungsprojekt schließt sich hier ein Kreis. Ausgehend von der Frage nach der Identität und dem Wesen der Theologie, angesichts der aktuellen Herausforderungen unserer Zeit an sie, wird mit der Bestimmung zur Teilhabe an der *missio Dei*, auch die Teilhabe an der Liebe Gottes zu ihrer Aufgabe gemacht. Es ist die Liebe, die aus sich heraustritt, den Menschen nahekommt und in die Schöpfung hineinwirkt. Von diesem Oberbegriff der Liebe Gottes her, lassen sich jetzt sowohl die Identität, die Bestimmung und damit auch die großen Lernziele von Theologie und theologischer Ausbildung beschreiben.

Wird nun die *missio Dei* in der Trinität verankert, so ist sie Ausdruck des liebenden Wesens Gottes zu sich selbst innerhalb der Trinität und zu seiner Schöpfung nach außen hin. Sie sagt aus, *wer* und *was* er ist. Aber darüber hinaus, eben seiner *missio* entsprechend, sagt eine Trinitätslehre, welche die *missio Dei* vollkommen integriert hat, auch stets mit aus, wer und was Gott *für wen* ist und *wie* er es sein will. Darin liegen die Dynamik der *missio Dei* und ihr Potenzial für die Theologie und theologische Ausbildung. Sie vermögen nun diese Dynamik aufzugreifen und können sich in den Dienst der *missio Dei* nehmen lassen.

Es ist gerade die Verortung der *missio Dei* in der Trinitätslehre, die es erlaubt, „in faszinierenden theologischen Denkfiguren eine Selbstunterscheidung Gottes zu denken, die seine Menschenfreundlichkeit begründen soll", wie Graf (2014:254) es ausdrückt. So menschlich aber auch das Inkarnationskonzept von Christus her bis in die Verwirklichung von Theologie und theologischer Ausbildung unter der Bestimmung zur Teilhabe an der *missio Dei* verstanden werden kann, so wenig darf übersehen werden, dass die Verortung in der Trinität an die Grenzen des menschlich Denkbaren führt. Klaus Schwarzwäller ist deshalb zuzustimmen wenn er sagt:

> Mit der Trinitätslehre wird gedacht, <was sich nicht denken lässt>. Merkwürdigerweise gewinnen gerade dadurch theologische Aussagen ihre Verbindlichkeit. Denn die trinitarischen Aussagen heben die Begrenztheit der theologischen

Aussagemöglichkeiten überhaupt hervor; und sie tun es so, [dass] die uns ge-
zogene Grenze als die der Majestät und des Geheimnisses Gottes selbst deutlich
wird. Vor *dieser* Grenze ist theologisch zu reden (Schwarzwäller 1976:167).

Die Bildungsdimension der *missio Dei* ist mit ihr in Gottes Wesen verankert,
denn sie ist unaufgebbarer, integraler Bestandteil der *missio Dei* selbst. Ihr Ort
in der Theologie kann daher nicht mehr, sowenig wie Gott selber, in die Missionstheologie ausgelagert und so von ihren anderen Räumen, den Bibelwissen-
schaften, der systematischen, philosophischen, historischen und praktischen
Theologie und der Spiritualität isoliert werden. Sie gehört fundamental in die
Lehre von Gott und damit in die Dogmatik und als sinnstiftende Mitte in das
Zentrum der systematischen Theologie. Erst wenn sie dort angekommen ist,
kann sie auch von dort her alle ihre Räume neu durchdringen und dann über die
theologische Ausbildung ihre Wirksamkeit in die Schöpfung hinein entfalten.

Dennoch sind die Konsequenzen für eine systematische Theologie, die
sich von der *missio Dei* her, wie alle Theologie, ihre Bestimmung geben lassen
muss, enorm. Wenn sich mit Schwarzwäller die systematische Theologie als Me-
tadisziplin verstehen darf, dann ist sie die Disziplin der Theologie,

> in der sie sich selbst begreift und in Sinn und Qualität ihrer Arbeit für andere
> soll begreifbar werden. Ohne die Systematik bestünde die Gefahr, dass die The-
> ologie in ein Konglomerat einzelner Unterdisziplinen zerfiele und somit auch
> kein Gesprächspartner für andere Disziplinen sein könnte (Schwarzwäller
> 1976:338).

Die Teilhabe an der *missio Dei* als Bestimmung für theologische Ausbildung ist
die Klammer zwischen Glauben und Leben, die Klammer zwischen Dogmatik
und Ethik. Sie macht Glauben und Leben, Dogmatik und Ethik zur Sendung und
durchdringt von daher alle anderen Disziplinen der Theologie.

Es geht um einen Perspektivenwechsel, der auch als Paradigmenwechsel
gesehen werden kann. Theologie und theologische Ausbildung werden über die
„Wissenschaft des Glaubens" und als „die bewusste und methodische Erklärung
der göttlichen Offenbarung, wie sie im Glauben empfangen und begriffen wird"
(Rahner in McGrath 2013:137) *hinaus*, in Übereinstimmung mit Gottes Blick
auf seine Schöpfung und in Übereinstimmung mit seinem Willen für sie, zur
Teilhabe an seiner Sendung für seine Schöpfung. Theologie und theologische
Ausbildung können so nicht mehr außerhalb ihrer Teilhabe an der *missio Dei*
Gottes Sein reflektieren und von Gott her reden, sondern nur noch innerhalb ihrer
eigenen Teilhabe daran.

Damit wird nichts anderes gesagt, als dass Theologie und theologische Ausbildung in der *missio Dei* ihre Bestimmung finden und nirgendwo sonst, weil die *missio Dei* in der Lehre von Gott ihren gebührenden Platz hat. Nur von dort her kann sie ihre bestimmende und konstituierende Kraft für Theologie und theologische Ausbildung entfalten, denn dort ist sie eine Beschreibung des göttlichen Wesens mit dogmatischem Anspruch. Von dieser Bestimmung her leiten sich dann auch Legitimation und Mandat für die Theologie und theologische Ausbildung ab, die dann ebenfalls konstituierend für ihre wissenschaftliche Gestalt und ihre Sendung im Kanon der Wissenschaften sind.

Aber gerade an dieser Stelle wird ihre eingeforderte Sprachfähigkeit zu einer besonderen Herausforderung. Die Bestimmung zur Teilhabe an der *missio Dei* von Theologie und theologischer Ausbildung impliziert im Blick auf ihre Sprachfähigkeit den Anschluss an den Christus als Weisheit Gottes, deren ultimative Aussage jedoch in der Torheit des Kreuzes (1 Kor 1,18) besteht und nicht in rationaler, wissenschaftlicher und der Vernunft verpflichteten Einsichtigkeit. Schwarzwäller behauptet daher zu Recht, dass Theologie ihre wissenschaftliche und gesellschaftliche Verantwortung allein darin hat und wahrnimmt, dass sie Wissenschaft von der „Torheit" ist, die

> selbst die ehernen Gesetze von Logik und Wissenschaft in Frage stellt, etwa durch die Geltung der Gleichung 1 = 3 und 3 = 1 in der Trinitätslehre, durch das Paradox der Menschwerdung und des Leidens Gottes um des gefallenen Menschen willen, durch die Aufdeckung unserer Verfallenheit an die Unwahrheit auch in dem besten Leben und dem besten Streben, also auch in der Wissenschaft. Als Wissenschaft von der Torheit klärt sie die Aufklärer auf über das Wesen der Wissenschaft: nämlich dass sie gründet in Glauben, Hoffnung und Liebe. Als Wissenschaft von der Torheit zeigt sie den Rationalisten den Weg zur Vernünftigkeit: dass Heil nicht unserem Haupte entspringt, wie Pallas dem Zeus, sondern durch die Abwendung des Unheils durch den heraufgeführt wird, der da heilt und darum als dreimal heilig gepriesen wird. Denn als Wissenschaft von der Torheit müsste die Theologie, wenn es mit Dingen zugeht, doch sein: Zeuge der von Gott heraufgeführten Geschichte der Befreiung aus dem Status quo der im Argen liegenden Welt (Schwarzwäller 1976:357).

So besteht die Sprachfähigkeit der Theologie und theologischen Ausbildung im Kanon der Wissenschaften und in der Relevanz für die Gesellschaft letztlich in ihrer Fähigkeit, Zeugnis abzulegen von der Befreiung der Schöpfung in Christus und so eine neue sinnstiftende Mitte für diese Welt aufzuzeigen.

Im Blick auf theologische Bildung wird mit der Bestimmung zu ihrer Teilhabe an der *missio Dei* klar, dass ihre Bildungsdimension darin besteht, dass der Mensch nur dann seine Bestimmung erreicht, wenn es ein Gebildetwerden durch Gott für ihn gibt, das in Gottes Rechtfertigungshandeln an ihm seine Grundlage hat und sich in einem Leben als Wandel im Geiste Gottes vollzieht, in dessen Verlauf er in das Bild Christi hinein verwandelt wird (Schröter 2017:42).

Je klarer sich Theologie und theologische Ausbildung auf das sie konstituierende Moment besinnen und ihre Bestimmung zur Teilhabe an der *missio Dei* finden, sich von dort her neu bestimmen lassen und zeugnisfähig werden im Kanon der Wissenschaften, für die Gesellschaft und auch in der Kirche selber, desto klarer wird ihnen jedoch auch widersprochen werden können.

Der Gewinn der *missio Dei* für Theologie und theologische Ausbildung

Was mit der Bestimmung zur Teilhabe an der *missio Dei* bisher gewonnen ist, machen folgende Punkte zusammenfassend deutlich:

o Theologie und theologische Ausbildung werden christozentrisch, ohne die trinitarische Dimension der *missio Dei* zu verlieren.

o Sie machen sich abhängig von Gottes Wirken in der Welt, weil sie Teilhaberinnen und nicht Inhaberinnen der Sendung Gottes sind.

o Sie erhalten eine Menschenorientierung, weil sie der ewigen Bedeutung des Individuums gerecht werden.

o Sie sind mit ihrer Bestimmung zur Teilhabe an der *missio Dei* in allen ihren Bereichen teleologisch.

o Sie müssen, weil die Sendung Gottes Sein eigenes Wesen ist, mit ihren Akteuren selbst Sendung sein.

o Ihr Selbst- und Sendungsverständnis wird durch die Menschenliebe Gottes definiert, sodass sie sich nicht außerhalb dieser Liebe bewegen können.

o Ihre Bildungsphilosophie ist mit der Bildungsdimension der *missio Dei* identisch.

o Sie richten ihre Spiritualität und Ethik an der Spiritualität und Ethik der *missio Dei* aus.

o Sie bevorzugen keine und schließen im Blick auf ihre Epistemologie keine Ethnie, keine Kultur, keine theologische Tradition aus und legitimieren auch keine gewachsenen Vormachtstellungen.

Der Stolperstein *missio Dei* im interreligiösen Kontext

Gesellschaftsrelevanz und Selbstbehauptung unter den Wissenschaften soll von der missio Dei her verstanden und gestaltet werden, weil Theologie und theologische Ausbildung dazu bestimmt sind, an ihr teilzuhaben. Das hat eine Bedeutung für die Erwartung einer pluralistischen Haltung im interreligiösen Dialog, die darin besteht, „überall in den anderen Religionen auf Zeichen der Gegenwart Gottes zu treffen" (Schmidt-Leukel 2005:485) und sie „dort nicht weniger heilshaft und nicht weniger deutlich reflektiert, als in der eigenen Religion" (2005:486) zu sehen. Schmidt-Leukel hat zwar Recht, wenn er im interreligiösen Dialog eine offene Haltung fordert, die differenzieren kann, interaktiv ist, keine Wertungen vornimmt, sondern Verschiedenheit erkennt, Partnerschaft statt Feindschaft sucht, aufrichtig ist, nicht diskriminiert und Kritik zulässt (2005:485). Diese Attribute hat Jesus vorbildhaft in seine Bestimmung integriert und bis zum Tod am Kreuz gelebt.

Bestimmt zur Teilhabe an der *missio Dei* werden Theologie und theologische Ausbildung im interreligiösen Dialog deshalb immer den Bezug all dessen, was als „Zeichen der Gegenwart Gottes" in den anderen Religionen zu finden ist, auf seine Übereinstimmung mit der Teilhabe an der *missio Dei* hin reflektieren und prüfen, also in Bezug zur Sendung Gottes in Jesus setzen, so wie sie es mit den „Zeichen der Gegenwart Gottes" bei sich selber auch tun muss.

Aber nur wenn Theologie und theologische Ausbildung ihre Bestimmung zur Teilhabe an der *missio Dei* verleugnen und damit die konstituierende Autorität über sie selbst und ihre Sendung in die Welt in der Person Jesu, können sie sich an einer „Welt-Theologie" beteiligen, in der „die gesamte Religionsgeschichte der Menschheit zur Grundlage der Theologie" wird (Schmidt-Leukel 2005:486). Hier wird die *missio Dei* zum Stolperstein. Sie steht dem im Wege. Die Teilhabe an ihr schließt aus, dass sich ein Mensch eine „multiple religiöse Identitätszugehörigkeit" (2005:495) bilden kann, was letztlich als konsequentes Ziel intra-religiösen Dialoges ausgewiesen wird, der den Menschen in eine Veränderung seiner religiösen Identität bringen will (2005:495). Teilhabe an der *missio Dei* bedeutet dagegen, den Menschen zu seiner Bestimmung zu führen, das ist, ihn in das Bild Jesu zu bilden (Kol 1,28). Damit entzieht sich die *missio Dei* der Verfügbarkeit durch eine Einheit mit den anderen Religionen, die durch keinen Namen mehr ausgesagt werden kann und einer Verschiedenheit darin, die, in ihren divergierenden theologischen und spirituellen Gestalten, nur Facetten dieser Namenlosigkeit sein können. Der Name Jesu Christi, neben dem „kein anderer Name unter dem Himmel den Menschen gegeben worden ist, in dem wir gerettet werden sollen" (Apg 4,12), nach dem Zeugnis der Apostel Petrus und Johannes, ist nicht für diese Welt-Theologie und zur Stiftung einer integrativen multireligiösen Identität bestimmt.

Weitere Forschungsfragen

Empirie

Eine wichtige Frage ergibt sich aus dem Resultat, dass der Bologna-Prozess, völlig entgegen der in der Literaturrecherche gefundenen Ergebnisse, nicht die Ursache für die Identitätskrise von Theologie und theologischer Ausbildung auf Hochschulebene ist, sondern nur der Anlass, die alte Frage nach dem Bezug von Wissenschaft und Glaube, von der Rolle der Theologie im Hochschulraum neu zu stellen.

Wo liegt die Ursache wirklich, dass die übergeordnete Bestimmung von Theologie und theologischer Ausbildung unklar geworden ist? Oder hat sich die traditionelle eigenständige, in sich abgeschlossene curriculare Gestalt von Theologie und theologischer Ausbildung an den Universitäten als amts- und ordinationsgebundene Ausbildung zum Pfarrberuf zu ihrer Identität entwickelt und ist in der Krise, weil Bologna diese Gestalt angetastet hat?

Weitere qualitative Forschungen zu dem Thema dieser Arbeit müssen sich auch den Studierenden zuwenden und dem Umfeld, in dem sie als Absolventinnen und Absolventen wirken werden. Der gleiche Interviewleitfaden kann benutzt werden, um ihre Überzeugungen und Themen zu hören und dann mit den Resultaten dieser Arbeit verglichen werden.

Für die vorliegende Arbeit ist eine Ergänzung sinnvoll, durch eine Rückkehr ins Forschungsfeld, um die gefundenen Resultate zu überprüfen und weiterzuentwickeln. Es ist ebenfalls wichtig, die Forschungsfragen über den engeren westlichen europäischen Kontext hinaus, an Theologie und theologische Ausbildung weltweit zu richten. Weil der Bologna-Prozess als typisch europäisches Phänomen keine Relevanz über diesen Kontinent hinaus hat, kann immer noch gefragt werden nach der Bestimmung von theologischer Ausbildung im jeweiligen Kontext. Das zugrundeliegende bildungstheoretische Problem, nämlich das Auseinanderklaffen von kontextbedingten Zielen und dem übergeordneten Ziel von Bildung, dürfte ein globales Problem sein.

Es müssen Wege gesucht werden, wie die empirische Forschung selber einen festen Platz innerhalb der Theologie und der theologischen Ausbildung finden kann.

Theologie

Eine breitere biblisch-theologische Begründung der *missio Dei,* die mit der Vereinigung von Gottes Sendung und seiner Trinität auch seine Selbstoffenbarung in der Sendung nachzeichnet, wird zeigen, wie diese Selbstoffenbarung, mit einer Erlösungsabsicht, einer Bestimmung also, „vor Grundlegung der Welt" (Eph 4,1) beginnend durch das Drama von Schöpfung, Fall und Erlösung hindurch in Jesus zu ihrem Abschluss kommt, mithin die Sendung Gottes sich in Jesus selbst vollendet und in die Trinität zurückweist:

> Nachdem Gott vielfältig und auf vielerlei Weise ehemals zu den Vätern geredet hat in den Propheten, hat er am Ende dieser Tage zu uns geredet im Sohn, den er zum Erben aller Dinge eingesetzt hat, durch den er auch die Welten gemacht hat; er, der Ausstrahlung seiner Herrlichkeit und Abdruck seines Wesens ist und alle Dinge durch das Wort seiner Macht trägt, hat sich zur Rechten der Majestät in der Höhe gesetzt [...] (Heb 1,1-3).

Theologisch ist die Weiterarbeit an der trinitätstheologischen Gründung der *missio Dei* notwendig. Es ist zu hoffen, dass dieser Prozess nicht abgebrochen wird. Es ist nötig, diesen Prozess ökumenisch durchzuführen. Die empirische Forschung der vorliegenden Arbeit hat gezeigt, wie wertvoll evangelische, katholische und orthodoxe Stimmen in einer Querschnittsanalyse für die Beantwortung der Forschungsfragen gewesen sind.

Die gefundenen Leitworte Friede, Freude, Leben und Menschenliebe sind nicht erschöpfend. Sie müssen vervollständigt und theologisch begründet so erklärt werden, dass sie Gegenstand der theologischen Ausbildung werden können. Von der positiven Psychologie her inspiriert, lässt sich fragen, ob es nicht auch ein theologisch-wissenschaftlich fundiertes Verständnis von menschlichem Aufblühen geben muss, das sich dann auch in die theologische Ausbildung integriert. Hier sollte dann an das noch ausstehende Manifesto angeknüpft werden, dass in Yale aktuell in Arbeit ist.

Herausfordernd ist, dass in der aktuellen ökumenischen Diskussion Christoph Elsas und Wilhelm Richebächer von den „wissenschaftlich mit der Mission Befassten" (Elsas & Richebächer 2016:127) zuerst einfordern, zu „benennen, dass Missio Dei ein Korrektiv theologischer Erkenntnis und keine Strategiekonstruktion für die kirchliche Praxis ist" (2016:127).

Es ist ihnen zuzustimmen, wenn sie sagen, dass

> die Missio Dei-Formel zeichenhaft für die im Zuge der Dekolonialisierung des Weltchristentums in der ersten Hälfte des 20. Jahrhunderts notwendigen und akademisch gebotenen Kritik von Identifizierungen menschlicher Ausbreitungsvisionen von Kirche mit der Ausführung von Gottes Heilswillen steht (2016:126-127).

Elsas und Richebächer zeigen damit ein nicht gelöstes Problem auf. Es besteht darin, dass, auch wenn die *missio Dei* sich inzwischen in den „Missionswissenschaften aller Konfessionen als wissenschaftlich wie theologisch-eschatologisch gebotene Korrektivformel gegenüber anmaßender Funktionalisierung des Missionsbegriffes für kirchliche und transkirchliche Zwecke etabliert hat" (:127), damit noch nicht „die differenzierte Bestimmung kirchlicher Mandate in einer funktions- und handlungsorientierten Form gelungen oder gar mit erledigt sind" (:127). Diese Problemstellung ist in sich folgerichtig aufgezeigt. Sie übersieht aber, dass die *missio Dei* nicht nur eine „Korrektivformel" für einen Teil der Theologie ist, und nicht nur die „anmaßende Funktionalisierung des Missionsbegriffes" korrigiert. Sie will die ganze Theologie und theologische Ausbildung „korrigieren" und ihrer Bestimmung zuführen.

Dieser ganzheitliche Anspruch wird noch nicht zuerkannt. Die künftige theologische Arbeit an der *missio Dei* muss den Anspruch, den sie zuerst an die Theologie selber stellt, herausarbeiten und ernstnehmen. Das kann nicht nur die Aufgabe von „wissenschaftlich mit der Mission Befassten" sein, wie es gefordert wird. Diese können aber entscheidend dazu beitragen, den Anspruch der *missio Dei* auf Teilhabe an ihr in die Theologie und theologische Ausbildung *hinein* zu tragen. Wenn sie das tun sollen, dann muss die Missionswissenschaft, die „ihren genauen Platz an der Academia immer noch sucht" (2016:127), erstens sich selber ausrichten durch die teleologische Dimension der *missio Dei* und ihr zweitens ein Platz gegeben werden, von dem aus sie an der Annahme der Bestimmung zur Teilhabe der ganzen Theologie mitwirken kann. Das ist auch im Kontext der praktischen Theologie machbar, wenn sie empirisch ist und die Möglichkeit erhält, auf Theologie und theologische Ausbildung vom Partizipationsprinzip der *missio Dei* her zurückzuwirken. Die Frage ist letztlich, wer das Bestimmungsrecht besitzt, Plätze an der Academia zuzuweisen.

Spiritualität ist ein weiteres theologisches Arbeitsfeld. Die integrative und gestaltende Kraft dieser Dimension für theologische Ausbildung ist noch nicht entfaltet. Sie gewinnt aber an Bedeutung. Neuere Versuche seitens der theologischen Ausbildung, eine spirituelle Kompetenz für die Absolventinnen und Absolventen zu formulieren und zu entwickeln (Hermisson 2016) und die Tatsache, dass Spiritualität verstärkt empirisch wissenschaftlich erforscht wird (Streib & Keller 2015), sind sehr vielversprechend.

Allerdings besteht die Gefahr, dass Spiritualität im Kontext der Theologie vom traditionellen Verständnis des Fächerkanons her sich irgendwo einsortieren muss, sich dann als eigenes „Fach" abgrenzt und damit isoliert wird und ihre integrative Kraft, fächerübergreifend eine Bindung an die Bestimmung von Theologie zu schaffen, gar nicht entfalten kann. Es fehlt eine theologische Begründung für christliche Spiritualität, die ihre Bestimmung in der Teilhabe an der *missio Dei* sieht und, über alle Diversität der Formen und konfessionellen Traditionen hinweg, ihre vielfältige Gestalt in Übereinstimmung mit ihr bringen kann.

Bildung

Die Teilhabe an der *missio Dei* macht Theologie und theologische Ausbildung grundlegend zu einem umfassenden Unternehmen der Menschenbildung und weist damit weit über die Grenzen des Hochschulraumes hinaus. Insgesamt gesehen, wird sich der Bologna-Prozess dabei weiter positiv auswirken können, weil seine Lerner- und Lernzielorientierung durchweg hilfreich sind. Es wird eine nicht einfache Aufgabe sein, die Leitworte der *missio Dei* in Lernziele zu transformieren und ihnen durch adäquate Lehr- und Lernaktivitäten näherzukommen und das als Leistung nachzuweisen. Eine weitere Aufgabe besteht darin, die wissenschaftliche Gestalt von Theologie und theologischer Ausbildung auf Hochschulebene der *missio Dei* dienstbar zu machen. Das kann nur gelingen, wenn sie endgültig in der Lehre von Gott verankert ist. Mit der Frage der Wissenschaftlichkeit von Theologie und theologischer Ausbildung hängt auch die Frage nach ihrer Qualität zusammen. Theologische Ausbildung auf Hochschulebene unter dem Kriterium der *missio Dei* muss wissenschaftlich sein und sich tatsächlich und durchgehend auf dem Niveau bewegen, wie es der deutsche oder europäische Qualitätsrahmen für die Hochschulebene einfordert. Deshalb muss sich theologische Ausbildung auf Hochschulebene unbedingt über das universitäre Feld hinaus substanziell mit der Lebenswirklichkeit der Menschen verbinden. Daher sollten Methoden der empirischen Forschung nicht nur benutzt, sondern in die Ausbildung integriert werden. Als Bildungsunternehmungen müssen

sich Theologie und theologische Ausbildung vielmehr um Interdisziplinarität bemühen und proaktiv nach Bildungsräumen forschen, in denen Lehr- und Lernprozesse unter den Leitworten der *missio Dei* initiiert werden.

Ausblick

Theologie und theologische Ausbildung in Europa leben und weben im Bezie-
hungsgeflecht unterschiedlicher Interessen, Bestimmungen und Ansprüche. Kirchen, Konfessionen, die Gesellschaft, der Wissenschaftsrat, Akkreditierungen,
die jeweiligen akademischen Kontexte, politische Interessen, übergreifend die
Zielsetzungen für den europäischen Hochschulraum und dann die grundlegende
Frage nach ihrer Bedeutung in einer multikulturellen, multireligiösen, pluralistischen und individualistischen Zeit fordern sie heraus.

Es wird nicht gelingen, allen Ansprüchen gerecht zu werden. Es wird
aber auch nicht gelingen, nur mit einer Art Überlebensstrategie die ständig wechselnden Herausforderungen immer neu zu meistern zu versuchen. Zukunfts-
ängste, konfessioneller Egoismus und Protektionismus müssen im Miteinander
der christlichen Konfessionen überwunden werden. Im „interreligiösen Miteinander besteht" darüber hinaus zu Recht „die Notwendigkeit jeden Nötigungs-
verdacht zu vermeiden" (Elsas & Richenbächer 2016:127). Um diesen Anforderungen und ihrer Bestimmung zur Teilhabe an der *missio Dei* gerecht zu werden,
brauchen Theologie und theologische Ausbildung im Hochschulraum zuerst eine
Befreiung zu sich selbst.

Diese Befreiung beginnt mit der Besinnung auf ihre Bestimmung. Sie in
der Teilhabe an der *missio Dei* zu erkennen, und das konfessionsübergreifend,
darin liegt das Potenzial zur Befreiung. Von dort aus begründen sie ihre wissenschaftliche Identität. Das ist eine transzendente Begründung ihrer Existenz.
Diese verbindet sie mit ihrer Bestimmung und so können sie den Wissenschaften, der Gesellschaft und den Kirchen dienen.

Das Vorbild ist Jesus. „Denn auch der Sohn des Menschen ist nicht gekommen, um bedient zu werden, sondern um zu dienen und sein Leben zu geben
als Lösegeld für viele" (Mk 10,45).

Theologie und theologische Ausbildung in dieser gelegten Spur, sind
nicht dazu da, im Hochschulraum traditionell begründet mitzuarbeiten. Sie sind
aber auch nicht dazu da, dort nur andere Interessen zu *be*dienen. Ihre oben er-

wähnte Knechtsgestalt ist die eines Knechtes oder einer Magd *Gottes*, nicht die eines Knechtes oder einer Magd der *Menschen*. Indem sie dienen, richten sie sich darauf aus, den Wissenschaften und der Gesellschaft zu helfen, Teil zu haben an den großen Absichten Gottes für Europa und die Welt, das ist, dass seine Freude, sein Friede, seine Menschenliebe und sein Leben immer mehr Raum gewinnen.

Warum sollten Theologie und theologische Ausbildung auf Hochschulebene nicht in der Lage sein, mit einer transzendenten Begründung ihrer Existenz im europäischen Hochschulraum ihre Stimme sowohl wissenschaftlich als auch ethisch, moralisch und spirituell zu erheben und so Einfluss zu nehmen auf die Gestaltung eines bildungsbasierten, auf christlichen Werten beruhenden, größeren sozialen Zusammenhaltes in Europa? Können sie darin nicht auch zugleich im Evangelium das Zeugnis ablegen über den Willen Gottes zur Versöhnung der Völker und ihrer Menschen mit Gott selbst?

Freilich, die „Changing Agents" einer solchen Bewegung sind all die Menschen in Theologie und theologischer Ausbildung, die im Kontext des Hochschulraumes den Vertreterinnen und Vertretern anderer wissenschaftlicher Fakultäten und den Studierenden begegnen. Es sind aber auch entsprechend verfasste Monografien und Beiträge, die ihren Einfluss erst langfristig zeigen können.

Die Bestimmung zur Teilhabe der Theologie und theologischer Ausbildung an der *missio Dei* wird jedenfalls zu einer persönlichen Bestimmung. Wird sie angenommen, dann liegt es im Bereich des Möglichen, den Mut aufzubringen es auszuhalten, dass durch die Kommunikation einer solchen Letztbegründung ihrer Wissenschaftlichkeit und eine entsprechende Ausgestaltung ihrer akademischen Existenz der Hochschulraum für sie, wie Paulus es in 1Kor 4,10 sagt, zu einem θέατρον, einem „Theater" werden kann, in dem sie wegen dieser Teilhabe an Gottes Sendung zu μωροί, „Narren" um Christi willen, werden. Mit einem Zitat aus einem der Interviews schließt diese Arbeit:

„Denn in der Tat habe ich den Eindruck, dass die Theologie eine Vision braucht, die ein Stück weit ALLE GRENZEN von jedem möglichen systemischen Denken und Handeln überschreitet."

Bibliografie

Aagaard, Anna M. 1974. *missio Dei* in katholischer Sicht. *Evangelische Theologie* 34(Jg).

Aleshire, Daniel O. 2011. The Future has arrived: changing theological education in a changed world. *Theological Education* 46(2), 69–81.

Aleshire, Daniel O. 2011. The future of theological education: a speculative glimpse at 2032. *Dialog: A Journal of Theology* 50(4), 380–385.

Bachmann, Heinz (Hg.) 2014. *Kompetenzorientierte Hochschullehre: Die Notwendigkeit von Kohärenz zwischen Lernzielen, Prüfungsformen und Lehr-Lern-Methoden; eine Publikation des ZHE.* 2. überarb. und erw. Aufl. Bern: Bildungsverlag.

Banks, Robert J. 1999. *Reenvisioning theological education: Exploring a missional alternative to current models.* Grand Rapids, Mich.: W.B. Eerdmans Pub.

Bauman, Zygmunt 2011. *Culture in the liquid modern world.* Cambridge: Polity Press.

Bernhardt, Reinhold 2010. Bolognanization of theological education in Germany and Switzerland, in Werner, Dietrich, Esterline David & Kang, Namsoone. (Hg.): *Handbook of Theological Education in World Christianity.* Oxford: Regnum Books International, 584–593.

Bertelsmann 2004. *Wörterbuch der deutschen Sprache.* Gütersloh/München: Wissen Media Verlag.

Bevans, Stephen B. & Schroeder, Roger 2011. *Prophetic dialogue: Reflections on Christian mission today.* Maryknoll, NY: Orbis Books.

Biggs, John & Tang, Catherine 2011. *Teaching for quality learning at university.* 4. Aufl. Berkshire: Open University Press.

Blickhan, Daniela 2015. *Positive Psychologie. Ein Handbuch für die Praxis.* Paderborn: Junfermann Verlag.

Böckenförde, Ernst W. 1976. *Staat, Gesellschaft, Freiheit: Studien zur Staatstheorie und zum Verfassungsrecht.* 1. Aufl. Frankfurt am Main: Suhrkamp. (Suhrkamp Taschenbuch Wissenschaft, 163).

Bosch, David J. 1991. *Transforming mission: Paradigm shifts in theology of mission.* Maryknoll, N.Y: Orbis Books. (American Society of Missiology series, 16).

Bouillon, Christian, Heiser, Andreas & Iff, Markus (Hg.) 2017. *Person, Identität und theologische Bildung*. Stuttgart: Kohlhammer Verlag.

Brändle, Tobias 2010. *10 Jahre Bologna-Prozess: Chancen, Herausforderungen und Problematiken*. 1. Aufl. Wiesbaden: VS, Verl. für Sozialwiss. (VS research).

Breuer, Franz 2010. *Reflexive Grounded Theory. Eine Einführung für die Forschungspraxis*. 2. Aufl. Wiesbaden: Verlag für Sozialwissenschaften.

Brohm, Michaela 2016. *Positive Psychologie in Bildungseinrichtungen. Konzepte und Strategien für Fach- und Führungskräfte*. Wiesbaden: Springer Fachmedien.

Brosseder, Johannes & zur Mühlen, Karl-Heinz (Hg.) 1995. *Reformatorisches Profil: Studien zum Weg Martin Luthers und der Reformation*. Göttingen: Vandenhoeck & Ruprecht.

Bruckmann, Florian (Hg.) 2011. *Kompetenzorientierte Lehre in der Theologie: Konkretion – Reflexion – Perspektiven*. 1. Aufl. Münster, Westf.: LIT. (Theologie und Hochschuldidaktik, 3).

Brueggemann, Walter 1988. *The creative word: Canon as a model for biblical education*. 3. print. Philadelphia: Fortress Pr.

Bush, Tony & Bell, Les 2002. *The Principles and practice of educational management*. London: Paul Chapman.

Carpenter, Joel A. 2012. New Christian universities and the conversion of culture. *ERT* 36(1), 14–30.

CEC 2010. *The Graz Process: Jeopardized or in demand? Academic theology in Europe between education, science and research*. Graz.

CEC 2012. *Briefing paper on the strategic framework for European cooperation in education and training ("ET 2020")*.

Chan, Simon 1998. *Spiritual Theology. A systematic study of the Christian life*. Illinois: Downers Grove InterVarsity Press.

Chung, Paul S. 2010. *Public theology in an age of world Christianity: God's mission as word-event*. 1st ed. New York: Palgrave Macmillan.

D. Martin Luthers Werke: Kritische Gesamtausgabe (Weimarer Ausgabe) 2003. Sonderedition der kritischen Gesamtausgabe. Unveränderter Nachdruck der Ausgabe 1883. Weimar: Hermann Böhlaus Nachfolger. (3).

Dalferth, Ingolf U. 2010. *Radikale Theologie*. Leipzig: Evang. Verl.-Anst. (Forum theologische Literaturzeitung, 23).

Danz 2005. Tranzendenz/Immanenz. *RGG⁴*. Band 8.

Dettleff, Henning 2010. Der Bachelor auf dem Arbeitsmarkt: Erfahrungen in der Wirtschaft mit einem neuen Studienabschluss, in Himpele, Klemens (Hg.): *Endstation Bologna? Zehn Jahre europäischer Hochschulraum*. Bielefeld: Bertelsmann. (GEW-Materialien aus Hochschule und Forschung, 116), 75–80.

Dewey, John 2009, 1916. *Democracy & education*. [S.l.]: Merchant Books; Digitalized by Watchmaker Pub.

Dörpinghaus, Andreas, Poenitsch, Andreas & Wigger, Lothar 2012. *Einführung in die Theorie der Bildung*. 4. Aufl. Darmstadt: Wiss. Buchges., [Abt. Verl.]. (Grundwissen Erziehungswissenschaft).

DQR Handbuch 2013. URL: http://www.kmk.org/fileadmin/Dateien/-pdf/PresseUndAktuelles/2013/131202_DQR-Handbuch__M3_.pdf [2019-05-06].

Dresing, Thorsten & Pehl, Thorsten 2013. *Praxisbuch Interview, Transkription et Analyse: Anleitungen und Regelsysteme für qualitativ Forschende*. 5. Aufl. Marburg: Dresing.

Druwe, Ulrich 2010. Kompetenz als Maßstab – die Reform der Lehrerbildung aus Hochschulperspektive, in Himpele, Klemens (Hg.): *Endstation Bologna? Zehn Jahre europäischer Hochschulraum*. Bielefeld: Bertelsmann. (GEW-Materialien aus Hochschule und Forschung, 116), 105–108.

Elsas, Christoph & Richebächer, Wilhelm 2016. Missionswissenschaft / Interkulturelle Theologie in evangelischer Tradition. Von Historischer Theologie und Religionsgeschichte, in *Transformation der Missionswissenschaft: Festschrift zum 100. Jahrgang der ZMR Zeitschrift für Missionswissenschaft und Religionswissenschaft 1911-2016*. St. Ottilien: EOS Verlag (zmr Sonderband 100. Jahrgang 2016), 118-127.

European Council Lisboa 2000. *Presidency Conclusions*. URL: http://www.europarl.europa.eu/summits/lis1_de.htm [Stand 2019-05-06].

Farley, Edward 2001. *Theologia: The fragmentation and unity of theological education*. Eugene, Ore.: Wipf and Stock Publishers.

Figl 2005. Transzendenz/Immanenz. *RGG⁴*. Band 8.

Flemming, Dean 2012. Revelation and the *missio Dei*: toward a missional reading of the Apocalypse. *Journal of Theological Interpretation* 6(2), 161–177.

Flett, J. G. 2009. *missio Dei*: A Trinitarian Envisioning of a Non-Trinitarian Theme. *Missiology: An International Review* 37(1), 5–18.

Flett, John G. 2010. *The witness of God: The Trinity, missio Dei, Karl Barth, and the nature of Christian community*. Grand Rapids, Mich: W.B. Eerdmans Pub.

Flett, John G. 2014. A Theology of *missio Dei*. URL: https://ojs.st-andrews.ac.uk/index.php/TIS/article/view/1230/0 [Stand 2019-05-06].

Freytag, Walter 1952. *Mission zwischen Gestern und Morgen: Vom Gestaltwandel der Weltmission der Christenheit im Licht der Konferenz des Internationalen Missionsrates in Willingen*. Stuttgart: Evangelischer Missionsverlag.

Gadamer, Hans-Georg 2010. Gesammelte Werke. Band 1. *Hermeneutik I. Wahrheit und Methode. Grundzüge einer philosophischen Hermeneutik*. 7. Aufl. Tübingen: Mohr und Siebeck.

Gadamer, Hans-Georg 1993. Gesammelte Werke. Band 2. *Hermeneutik II. Wahrheit und Methode. Ergänzungen. Register*. 2. Aufl. Tübingen: Mohr und Siebeck.

Gay, L. R., Mills, Geoffrey E. & Airasian, Peter W. 2011. *Educational research: Competencies for analysis and applications*. 10. Aufl. Boston, Mass: Pearson / Prentice Hall.

Gerl-Falkovitz, Hanna-Barbara (Hg.) 2012. *Die Bildung Europas: Eine Topographie des Möglichen im Horizont der Freiheit; [Internationale Tagung „Die Bildung Europas. Eine Topographie des Möglichen im Horizont der Freiheit" (15. - 18.6.2010, Technische Universität Dresden)]*. Dresden: Thelem. (Religionsphilosophie, 10).

Germā Baqala 2011. The biblical narrative of the *missio Dei*: analysis of the interpretive framework of David Bosch's missional hermeneutic. *International Bulletin of Missionary Research* 35(3), 153.

Gerver, Richard 2010. *Creating tomorrow's schools today: Education – our children – their futures*. London, New York: Continuum.

Glaser, Barney G., Strauss, Anselm L. & Paul, Axel T. 2010. *Grounded theory: Strategien qualitativer Forschung*. 3. unv. Aufl. Bern: Huber. (Programmbereich Gesundheit).

Graf, Friedrich Wilhelm 2014. *Götter Global. Wie die Welt zum Supermarkt der Religionen wird.* München: Verlag C. H. Beck.

Grethlein, Christian 2012. *Praktische Theologie.* Berlin, Boston: De Gruyter. (De Gruyter Studium).

Guder, Darrell L. 2009. *missio Dei*: integrating theological formation for apostolic vocation. *Missiology* 37(1), 63–74.

Gunton 2001. Inkarnation. *RGG⁴*. Band 4.

Haep, Christopher 2007. *Zeit und Bildung: Elemente einer christlichen Bildungskultur. Univ., Diss. Bonn, 2006.* Stuttgart: Kohlhammer. (Praktische Theologie heute, 83).

Hallensleben, Barbara 1994. *Theologie der Sendung. Die Ursprünge bei Ignatius von Loyola und Mary Ward.* Frankfurt am Main: Verlag Josef Knecht.

Havel, Vaclav 1994. Vorrede zur Charta der europäischen Identität. http://www.europa-union.de/fileadmin/files_eud/PDF-Dateien_EUD/CHARTA_DER_EUROP_ISCHEN_IDENTIT_T.pdf [Stand 2019-05-06].

Hartmann, Eva 2010. Europa als neue normative Weltmacht? Einsichten aus dem Bologna-Prozess, in Himpele, Klemens (Hg.): *Endstation Bologna? Zehn Jahre europäischer Hochschulraum.* Bielefeld: Bertelsmann. (GEW-Materialien aus Hochschule und Forschung, 116), 19–26.

Hermisson, Sabine 2016. Spirituelle Kompetenz. Eine qualitativ empirische Studie zu Spiritualität in der Ausbildung zum Pfarrberuf. Göttingen: V&R. (Arbeiten zur Religionspädagogik. Bd.60).

Heyl, Katrin 2010. Der Bologna-Prozess und Lebenslanges Lernen: Die Durchlässigkeit des zweistufigen Studiensystems, in Himpele, Klemens (Hg.): *Endstation Bologna? Zehn Jahre europäischer Hochschulraum.* Bielefeld: Bertelsmann. (GEW-Materialien aus Hochschule und Forschung, 116), 149–154.

Himpele, Klemens (Hg.) 2010. *Endstation Bologna? Zehn Jahre europäischer Hochschulraum.* Bielefeld: Bertelsmann. (GEW-Materialien aus Hochschule und Forschung, 116).

Hofmann, Peter 2006. *Die Bibel ist die Erste Theologie: Ein fundamentaltheologischer Ansatz.* Paderborn, München: Schöningh.

Hug, Theo, Poscheschnik, Gerald & Lederer, Bernd 2010. *Empirisch forschen: Die Planung und Umsetzung von Projekten im Studium.* 1. Aufl. Konstanz: UVK-Verl.-Ges. (UTB Schlüsselkompetenzen, 3357).

Hunsberger, G. R. 2011. Proposals for a Missional Hermeneutic: Mapping a Conversation. *Missiology: An International Review* 39(3), 309–321.

ICETE 1990. *Manifesto on the Renewal of Evangelical Theological Education.* URL: http://www.icete-edu.org/manifesto [Stand 2019-05-06].

Jaspers, Karl & Rossmann, Kurt 1961. *Die Idee der Universität.* Berlin, Göttingen, Heidelberg: Springer-Verlag.

Johnson, Todd M. & Ross, Kenneth R. 2009. *Atlas of global Christianity: 1910 - 2010.* Edinburgh: Edinburgh Univ. Press.

Jørgensen, Knud & Engelsviken, Tormod 2009. *Mission to the world: Communicating the gospel in the 21st century: essays in honour of Knud Jørgensen.* Eugene, OR: Wipf & Stock Publishers. (Regnum studies in mission).

Kemper, Thomas 2014. The *missio Dei* in contemporary context. *International Bulletin of Missionary Research* 38(4), 188–190.

Kern, Walter, Pottmeyer Hermann J. & Seckler, Max 2000. *Handbuch der Fundamentaltheologie. Bd. 4. Traktat Theologische Erkenntnislehre.* 2. verbesserte und aktualisierte Auflage. Tübingen und Basel: A. Francke Verlag.

Kirk, J. A. 1997. *The mission of theology and theology as mission.* Valley Forge, Pa.: Trinity Press International. (Christian mission and modern culture series).

Klafki, Wolfgang 2007. *Neue Studien zur Bildungstheorie und Didaktik: Zeitgemäße Allgemeinbildung und kritisch-konstruktive Didaktik.* 6. Aufl. Weinheim, Basel: Beltz. (Beltz Bibliothek).

Klein, Stephanie 2005. *Erkenntnis und Methode in der Praktischen Theologie.* Stuttgart: Kohlhammer.

Krautz, Jochen 2007. *Ware Bildung: Schule und Universität unter dem Diktat der Ökonomie.* Kreuzlingen, München: Diederichs.

Krengel, Lisa J. 2011. *Die evangelische Theologie und der Bologna-Prozess: Eine Rekonstruktion der ersten Dekade (1999 - 2009).* Leipzig: Evang. Verl.-Anst. (Arbeiten zur praktischen Theologie, 48).

Kuckartz, Udo 2012. *Qualitative Inhaltsanalyse: Methoden, Praxis, Computerunterstützung.* Weinheim: Beltz-Juventa.

Kuckartz, Udo 2014. *Mixed Methods: Methodologie, Forschungsdesigns und Analyseverfahren*. Wiesbaden: Springer VS.

Kuhlmann, Carola 2013. *Erziehung und Bildung: Einführung in die Geschichte und Aktualität pädagogischer Ideen*. Wiesbaden: Springer Fachmedien Wiesbaden GmbH. (Lehrbuch).

Lindemann, Andreas 2001. Das Neue Testament und das Bildungsproblem: Beobachtungen und Erwägungen zum Bildungsverständnis im Neuen Testament, in Ochel, Joachim (Hg.): *Bildung in evangelischer Verantwortung auf dem Hintergrund des Bildungsverständnisses von F.D.E. Schleiermacher: Eine Studie des theologischen Ausschusses der Evangelischen Kirche der Union*. Göttingen: V&R, 101–121.

Loos, Andreas 2012. In Badenberg, Robert, Knödler Friedemann & Schirrmacher, Thomas (Hg.) 2012. *Gott – der – Drei – Eine. Anstoß der Mission. Referate der Jahrestagung 2012 des Arbeitskreises für evangelikale Missiologie (AfeM)*. Nürnberg: Verlag für Theologie und Religionswissenschaft.

Lorke, Mélisande & Werner, Dietrich. *Ecumenical visions for the 21st century: A reader for theological education.*

Luther, Martin & Köpf, Ulrich (Hg.) 2003. *D. Martin Luthers Werke*. Sonderedition der Kritischen Gesamtausgabe (Weimarer Ausgabe). Weimar: Böhlau (Schriften / Teil 1. / Bd. 1).

Ma, Wonsuk. Holistic Mission, Theological Education and OCMS: An Editorial. *Transformation: An International Journal of Holistic Mission Studies* 28(4), 233–234. Online im Internet: URL: http://trn.sagepub.com/content/28/4/233.full.pdf. [Stand 2019-05-06].

Löwenich, Walter v. 1967. *Luthers Theologia Crucis*. 8. Aufl. Bielefeld: Luther Verlag.

Maeße, Jens 2010. *Die vielen Stimmen des Bologna-Prozesses: Zur diskursiven Logik eines bildungspolitischen Programms*. Bielefeld: Transcript. (Science studies).

Mayring, Philipp 2010. *Qualitative Inhaltsanalyse: Grundlagen und Techniken*. 11. aktualisierte und überarb. Aufl. Weinheim: Beltz. (Studium Paedagogik).

Mayring, Philipp & Gläser-Zikuda, Michaela (Hg.) 2008. *Die Praxis der qualitativen Inhaltsanalyse*. 2. neu ausgestattete Aufl. Weinheim: Beltz. (Studium Paedagogik).

McGrath, Alister 2013. *Der Weg der christlichen Theologie*. 3. erw. und überarb. Aufl. Gießen: Brunnen Verlag.

Middelaar, Luuk van 2016. *Vom Kontinent zur Union. Gegenwart und Geschichte des vereinten Europa*. Berlin: Suhrkamp.

Müller, Klaus W., Vicedom, Georg F. & Brandl, Bernd (Hg.) 2002. *Missio dei: Einführung in eine Theologie der Mission*. Nürnberg: VTR. (Edition AfeM Mission classics, 5).

Müller, Klaus 2011. Wissenschaftliche Theologie an staatlichen Universitäten. *Una Sancta* 66(2), 91–102.

Murillo, Nelly G. 2012. Christian higher education in a global context: implications for curriculum, pedagogy, and administration. *ERT* 36(1), 4–13.

Newbigin, Lesslie 1989. *„Den Griechen eine Torheit": Das Evangelium und unsere westliche Kultur*. Neukirchen-Vluyn: Aussaat-Verl. (Edition Aussaat).

Ochel, Joachim (Hg.) 2001. *Bildung in evangelischer Verantwortung auf dem Hintergrund des Bildungsverständnisses von F.D.E. Schleiermacher: Eine Studie des theologischen Ausschusses der Evangelischen Kirche der Union*. Göttingen: Vandenhoeck & Ruprecht.

OECD 2005. *Definition und Auswahl von Schlüsselkompetenzen: Zusammenfassung*. URL: www.oecd.org/pisa/35693281.pdf [Stand 2019-05-06].

O'Reilly, Dave, Cunningham, Lynne & Lester, Stan 1999. *Developing the capable practitioner: Professional capability through higher education*. London, Dover, NH: Kogan Page. (Teaching and learning in higher education).

Ospino, Hoffman 2009. Foundations for an intercultural philosophy of Christian education. *Religious Education* 104(3), 303–314.

Osterloh, Jürgen 2002. *Identität der Erziehungswissenschaft und pädagogische Verantwortung: Ein Beitrag zur Strukturdiskussion gegenwärtiger Erziehungswissenschaft in Auseinandersetzung mit Wilhelm Flitner*. Bad Heilbrunn: Klinkhardt. (Studien zur historisch-systematischen Erziehungswissenschaft).

Ott, Bernhard 2000. Fragmentierung und Integration in der theologischen Ausbildung: Ist Schleiermachers Theologische Enzyklopädie die Lösung oder die Ursache des Problems? URL: https://www.afet.de/download/2003/Ott2003.pdf [Stand 2019-05-06].

Ott, Bernhard 2011, c2001. *Beyond fragmentation: Integrating mission and theological education; a critical assessment of some recent developments in Evangelical theological education*. Eugene, Or: Wipf & Stock. (Regnum studies in mission).

Ott, Bernhard 2013. *Handbuch theologische Ausbildung: Grundlagen – Programmentwicklung – Leitungsfragen*. Schwarzenfeld: Neufeld.

Overbeck, Franz-Josef 2000. *Der gottbezogene Mensch*. Münster: Aschendorffsche Verlagsbuchhandlung.

Oxenham, Marvin 2011. *Liquid education: PhD Dissertation*. King's College London.

Pannenberg, Wolfhart 1973. *Wissenschaftstheorie und Theologie*. Frankfurt am Main: Suhrkamp.

Penner, Peter F. (Hg.) 2005. *Theological education as mission*. Schwarzenfeld: Neufeld. (Occasional publications).

Pöhlmann, Hans Georg 1973. *Abriss der Dogmatik. Ein Kompendium*. 6. überarbeitete und erweiterte Auflage 2002. Gütersloh: Gütersloher.

Pierson, Paul E. (Hg.) 2005. *Missiological education for the twenty-first century: The book, the circle, and the sandals*. Maryknoll, N.Y.: Wipf & Stock Publ. (American Society of Missiology series, 023).

Preißer, Rüdiger 2011. Kompetenzorientierte Hochschuldidaktik, in Bruckmann, Florian (Hg.): *Kompetenzorientierte Lehre in der Theologie: Konkretion – Reflexion – Perspektiven*. Münster, Westf: LIT. (Theologie und Hochschuldidaktik, 3), 17–36.

Preul, Rainer 2013. *Evangelische Bildungstheorie*. Leipzig: Evang. Verl.-Anst.

Preul, Rainer 2017. *Religion in Geschichte und Gegenwart online*. in Zenkert, G., Preul, R., Schweitzer, F. and Leschinsky, A., Bildung. Consulted online on 05 May 2017 http://dx.doi.org/10.1163/2405-8262_rgg4_COM_02053

Rat der Europäische Union 2010. *Gemeinsamer Fortschrittsbericht 2010 des Rates und der Kommission über die Umsetzung des Arbeitsprogramms "Allgemeine und berufliche Bildung 2010"*. (Amtsblatt der Europäischen Union).

RGG[4] Religion in Geschichte und Gegenwart. Handwörterbuch für Theologie und Religionswissenschaft. 4. völlig neu bearbeitete Auflage. 2001. Band 4. Tübingen: Mohr und Siebeck.

Sarisky, Darren 2014. The meaning of the *missio Dei*: reflections on Lesslie Newbigin's proposal that mission is of the essence of the church. *Missiology* 42(3), 257–270.

Sändig, Uta 2010. Durchlässigkeit der Studienstrukturen und lebensbegleitendes Lernen, in Himpele, Klemens (Hg.): *Endstation Bologna? Zehn Jahre europäischer Hochschulraum*. Bielefeld: Bertelsmann. (GEW-Materialien aus Hochschule und Forschung, 116), 195–198.

Schirrmacher, Thomas 2011. *missio Dei: Mission aus dem Wesen Gottes*. Hamburg, Nürnberg: Reformatorischer Verl. (RVB); Verl. für Theologie und Religionswissenschaft (VTR). (Komplementäre Dogmatik Reihe 2).

Schneider, Ralf (Hg.) 2009. *Wandel der Lehr- und Lernkulturen*. Bielefeld: Bertelsmann. (Blickpunkt Hochschuldidaktik, 120).

Schmidt, Siegmar, Schünemann, Wolf J. 2009. Studienkurs Politikwissenschaft. *Europäische Union. Eine Einführung*. Baden-Baden: Nomos Verlagsgesellschaft.

Schultheis, Franz, Cousin, Paul-Frantz & Roca i Escoda, Marta (Hg.) 2008. *Humboldts Albtraum: Der Bologna-Prozess und seine Folgen*. Konstanz: UVK-Verlagsgesellschaft.

Schwarz, Gerhard 2004. *Est Deus in nobis: Die Identität von Gott und reiner praktischer Vernunft in Immanuel Kants „Kritik der praktischen Vernunft"*. *Techn. Univ., Diss.--Berlin, 2002*. Berlin: Verl. TU.

Schwarzwäller, Klaus 1976. *Die Wissenschaft von der Torheit. Evangelische Theologie im Schnittpunkt von christlichem Glauben und kritischer Vernunft*. Berlin. Stuttgart: Kreuz.

Seckler, Max 2000. Theologie als Glaubenswissenschaft, in Kern, Walter, Pottmeyer Hermann J. & Seckler, Max 2000. *Handbuch der Fundamentaltheologie. Bd. 4. Traktat Theologische Erkenntnislehre 131-160*. 2. verbesserte und aktualisierte Auflage. Tübingen und Basel: Francke.

Sedmak, Clemens 2000. Lokale Theologien und globale Kirche: Eine erkenntnistheoretische Grundlegung in praktischer Absicht. Freiburg, Basel, Wien: Herder.

Seligman, Martin 2014. *Flourish. Wie Menschen aufblühen. Die positive Psychologie des gelingenden Lebens*. München: Kösel.

Shaw, Perry 2014. *Transforming theological education: A practical handbook for integrative learning.* Carlisle: Langham Global Library.

Steinke, Robin J. 2011. Theological education: a theological framework for renewed mission and models. *Dialog: A Journal of Theology*, 363–367.

Streib, Heinz & Keller, Barbara 2015. *Was bedeutet Spiritualität? Befunde, Analysen und Fallstudien aus Deutschland.* Göttingen: Vandenhoeck & Ruprecht. Research in Contemporary Religion (RCR). Band 20.

Strübling, Jörg 2013. *Qualitative Sozialforschung. Eine komprimierte Einführung für Studierende.* München: Oldenbourg.

Sunquist, Scott W. 2009. *missio Dei*: Christian history envisioned as cruciform apostolicity. *Missiology* 37(1), 33–46.

Tippelt, Rudolf (Hg.) 2010. *Handbuch Bildungsforschung.* 3. Aufl. Wiesbaden: VS.

Tippmann, Caroline 2011. *Die Bestimmung des Menschen bei Johann Joachim Spalding. Univ., Diss.--Heidelberg, 2010.* Leipzig: Evang. Verl.-Anst. (Marburger theologische Studien, 114).

Tizon, Al. Mission as Education: A Past-to-Future Look at INFEMIT/OCMS. *Transformation: An International Journal of Holistic Mission Studies* 28(4), 253–264. Online im Internet: URL: http://trn.sagepub.com/content/28/4/253.full.pdf. [Stand 2019-05-06].

Vicedom, Georg F. 1958. Die Weltreligionen im Angriff auf die Christenheit. *Theologische Existenz Heute 51.* München: Kaiser.

Vicedom, Georg F. 1960. *missio Dei: Einführung in eine Theologie der Mission.* München: Kaiser.

Volf, Miroslav 2015. Flourishing. *Why we need religion in a globalized world.* Yale: University Press.

Volf, Miroslav, Crisp, Justin E. (Ed.) 2015. *Joy and Human Flourishing. Essays on Theology, Culture and the Good Life.* Minneapolis: Fortress Press.

Wagner, J. R. 2009. *missio Dei*: envisioning an apostolic reading of Scripture. *Missiology* 37(1), 19–32.

Walls, A. F. 2011. World Christianity, Theological Education and Scholarship. *Transformation: An International Journal of Holistic Mission Studies* 28(4), 235–240.

Walter, Thomas 2006. *Der Bologna-Prozess: Ein Wendepunkt europäischer Hochschulpolitik?* 1. Aufl. Wiesbaden: VS Verl. für Sozialwiss. (Forschung Pädagogik).

Waters, Larry J. 2009. *missio Dei* in the Book of Job. *Bibliotheca sacra* 166(661), 19–35.

Weder, Hans 2012. Theologie als Wissenschaft. *Theologische Literaturzeitung* 137(12), 1295–1308.

Werner, Dietrich 1993. *Mission für das Leben – Mission im Kontext. Ökumenische Perspektiven missionarischer Präsenz.* Rothenburg: Institut für ökumenische Studien.

Werner, Dietrich 2010. *Handbook of theological education in world Christianity: Theological perspectives – regional surveys – ecumenical trends.* Oxford: Regnum Books International. (Regnum studies in global Christianity).

Werner, Dietrich 2012. *Theological education in the changing context of World Christianity – an unfinished task: Translatability of the Gospel and ecumenicity of the church as imperatives for the future.* New Haven CT. URL: www.globalethics.net/web/ecumenical-theological-education-dm/collection-articles [Stand 2019-05-06].

Werner, Dietrich 2012. *The future of theology in the changing landscapes of universities in Europe and beyond: WCC-Report from an international Conference in Oslo 6th to 8th of June 2012.* URL: http://www.globalethics.net/web/ecumanical-theological-education-dm/collection-articles [Stand 2019-05-06].

Werner, Dietrich, Esterline David & Kang, Namsoon e. (Hg.) 2010. *Handbook of Theological Education in World Christianity.* Oxford: Regnum Books International.

Wiher, Hannes 2015. *missio Dei* (Teil 1): Linguistische, historische und theologische Aspekte. *Evangelikale Missiologie* 31(1), 38–49.

Wiher, Hannes 2015. *missio Dei* (Teil 2): Rezeption in der ökumenischen und der evangelikalen Bewegung 31(2), 90–104.

Winkin, Yves 2008. Der Geist von Bologna: „Wenn die Universitäten sich nicht anpassen, wird es auch ohne sie gehen", in Schultheis, Franz, Cousin, Paul-Frantz & Roca i Escoda, Marta (Hg.): *Humboldts Albtraum: Der Bologna Prozess und seine Folgen.* Konstanz: UVK-Verlagsgesellschaft, 183–187.

WR 2010. *Empfehlung zur Weiterentwicklung von Theologien und religionsbe-
zogenen Wissenschaften an deutschen Hochschulen.* Geschäftsstelle des Wissenschaftsrates Köln. URL: https://www.wissenschaftsrat.de/download/ar-
chiv/9678-10.pdf [Stand: 2019-05-06].

Wright, Christopher J. 2006. *The mission of God: Unlocking the Bible's grand
narrative.* Downers Grove: IVP Academic.

Yale 2017. http://faith.yale.edu/joy/future-theology [Stand: 2019-05-06].

Zervakis, Peter A. 2010. Umsetzung der Bologna-Reformen an den deutschen
Hochschulen und Weiterentwicklung, in Himpele, Klemens (Hg.): *Endstation Bologna? Zehn Jahre europäischer Hochschulraum.* Bielefeld: Bertelsmann. (GEW-Materialien aus Hochschule und Forschung, 116), 65–68.

Theologie und Hochschuldidaktik

hrsg. von Prof. Dr. Monika Scheidler (Universität Dresden) und Prof. Dr. Dr. Oliver Reis (Universität Paderborn)

Norbert Brieden; Oliver Reis (Hg.)
Glaubensreflexion – Berufsorientierung – theologische Habitusbildung
Der Einstieg ins Theologiestudium als hochschuldidaktische Herausforderung
Wer mit dem Theologiestudium anfängt, hat Erwartungen und ist motiviert, sieht sich zugleich aber auch Spannungen ausgesetzt, wie denen zwischen Berufsorientierung, Wissenschaftspraxis und persönlichem Glauben. Wie kann in Curriculum und Lehre theologie- und hochschuldidaktisch reflektiert auf Erwartungen, Motive und Spannungen so reagiert werden, dass die Studieneingangsphase einladend wie eine offene Tür wirkt, die neugierig macht, die Schwelle ins Studium als bildende Lebenspassage zu übertreten? Diesen Fragen geht der Band analytisch und gestaltend aus verschiedenen Perspektiven nach.
Bd. 8, 2019, ca. 304 S., ca. 29,90 €, br., ISBN 978-3-643-14040-1

Annett Giercke-Ungermann; Sandra Huebenthal (Hg.)
Orks in der Gelehrtenwerkstatt?
Bibelwissenschaftliche Lehrformate und Lernumgebungen neu modelliert
Bd. 7, 2016, 214 S., 29,90 €, br., ISBN 978-3-643-13466-0

Florian Bock; Christian Handschuh; Andreas Henkelmann (Hg.)
Kompetenzorientierte Kirchengeschichte
Hochschuldidaktische Perspektiven „nach Bologna"
Bd. 6, 2015, 226 S., 29,90 €, br., ISBN 978-3-643-13007-5

René Dausner; Julia Enxing (Hg.)
Impulse für eine kompetenzorientierte Didaktik der Systematischen Theologie
Bd. 5, 2014, 168 S., 19,90 €, br., ISBN 978-3-643-12479-1

Oliver Reis
Systematische Theologie für eine kompetenzorientierte Religionslehrer/innenausbildung
Ein Lehrmodell und seine kompetenzdiagnostische Auswertung im Rahmen der Studienreform
Bd. 4, 2014, 448 S., 39,90 €, br., ISBN 978-3-643-12335-0

Florian Bruckmann; Monika Scheidler; Oliver Reis (Hg.)
Kompetenzorientierte Lehre in der Theologie
Konkretion – Reflexion – Perspektiven
Bd. 3, 2011, 272 S., 24,90 €, br., ISBN 978-3-643-10978-1

Patrick Becker (Hg.)
Studienreform in der Theologie
Eine Bestandsaufnahme
Bd. 2, 2011, 192 S., 19,90 €, br., ISBN 978-3-643-10668-1

Monika Scheidler; Oliver Reis
Vom Lehren zum Lernen
Didaktische Wende in der Theologie?
Bd. 1, 2008, 288 S., 25,90 €, br., ISBN 978-3-8258-1512-7

LIT Verlag Berlin – Münster – Wien – Zürich – London
Auslieferung Deutschland / Österreich / Schweiz: siehe Impressumsseite

Empirische Theologie/Empirical Theology

hrsg. von Prof. Dr. Dr. Hans-Georg Ziebertz (Würzburg), Univ.-Prof. Dr. Anton A. Bucher (Salzburg), Prof. Dr. Chris Hermans (Nijmegen) und Prof. Dr. Ulrich Riegel (Siegen)

Eva Leven
Professionalität von Religionslehrkräften
Eine explorative Studie zur Rekonstruktion fachspezifischen Professionswissens sowie handlungsbezogener und reflexiver Kompetenzen von Religionslehrkräften
In Schule und Unterricht gelten Lehrkräfte als diejenigen, die wissen, was zu tun ist, um Lernen gelingen zu lassen. Sie sind die Professionellen im Klassenzimmer. Was es genau bedeutet, als Religionslehrkraft professionell zu handeln, ist Thema des Buches von Eva-Maria Leven. Im Rahmen einer qualitativen Studie erforscht sie explorativ, wie das Professionswissen von Religionslehrkräften beschaffen ist und setzt sich dabei mit den aus den Bildungswissenschaften und anderen Fachdidaktiken bekannten Modellierungen auseinander. Die Arbeit will demnach auch einen Beitrag zum interdisziplinären Austausch leisten. Am Beispiel des „Umgangs mit (christologischen) Wahrheitsfragen" rekonstruiert sie außerdem, wie Religionslehrkräfte im Unterricht tatsächlich agieren und wie sie ihre Arbeit reflektieren. Sie zeigt folglich, wie fachspezifische Professionalität entlang der Dimensionen Wissen, Können und Reflexion empirisch fundiert modelliert werden kann.
Bd. 33, 2019, ca. 424 S., ca. 44,90 €, br., ISBN 978-3-643-14266-5

Alexander Unser
Social inequality and interreligious learning
An empirical analysis of students' agency to cope with interreligious learning tasks
vol. 32, , 370 pp., 39,90 €, pb., ISBN 978-3-643-91064-6

Dieter Praas
Zusammen sind wir ganz bunt und eigentlich ganz stark!
Narrative Identitätsentwicklung in fusionierten Pfarreien
Bd. 31, 2018, 404 S., 39,90 €, br., ISBN 978-3-643-14026-5

Andrea Betz
Interreligiöse Bildung und Vorurteile
Eine empirische Studie über Einstellungen zu religiöser Differenz
Bd. 30, 2017, 320 S., 39,90 €, br., ISBN 978-3-643-13901-6

Alina Bloch
Interreligiöses Lernen in der universitären Religionslehrerausbildung
Eine qualitative Studie zum studentischen Umgang mit der Wahrheitsfrage der Religionen
Bd. 29, 2018, 356 S., 39,90 €, br., ISBN 978-3-643-13890-3

Claudia Gärtner; Natascha Bettin (Hg.)
Interreligiöses Lernen an außerschulischen Lernorten
Empirische Erkundungen zu didaktisch inszenierten Begegnungen mit dem Judentum
Bd. 28, 2016, 200 S., 29,90 €, br., ISBN 978-3-643-13221-5

Tobias Faix; Ulrich Riegel; Tobias Künkler (Hg.)
Theologien von Jugendlichen
Empirische Erkundungen zu theologisch relevanten Konstruktionen Jugendlicher
Bd. 27, 2015, 250 S., 29,90 €, br., ISBN 978-3-643-13052-5

Daniela Popp
Religion und Religionsunterricht in Europa
Eine quantitative Studie zur Sicht europäischer Religionslehrerinnen und -lehrer
Bd. 26, 2013, 280 S., 24,90 €, br., ISBN 978-3-643-12223-0

Hans-Georg Ziebertz; Tobias Benzing
Menschenrechte: Trotz oder wegen Religion?
Eine empirische Studie unter jungen Christen, Muslimen und Nicht-Religiösen
Bd. 25, 2012, 320 S., 24,90 €, br., ISBN 978-3-643-11933-9

LIT Verlag Berlin – Münster – Wien – Zürich – London

Auslieferung Deutschland / Österreich / Schweiz: siehe Impressumsseite

Kirchen in der Weltgesellschaft

hrsg. von Prof. Dr. Dieter Becker (Neuendettelsau) und Prof. Dr. Andreas Nehring (Erlangen-Nürnberg)

Liping Tu
Die chinesisch-christlichen Gemeinden in Deutschland
Ihre religionspädagogischen Aufgaben und Möglichkeiten
Bd. 11, 2017, 250 S., 34,90 €, br., ISBN 978-3-643-13654-1

Karl-Fritz Daiber
Protestantismus und konfuzianische Kultur
Aspekte ihrer Zuordnung in China und Südkorea
Bd. 10, 2017, 160 S., 29,90 €, br., ISBN 978-3-643-13653-4

Harald Stuntebeck
Canudos
Eine sozial-religiöse Volksbewegung in Brasilien und ihre pastorale Wirkungsgeschichte
Bd. 9, 2016, 672 S., 69,90 €, br., ISBN 978-3-643-13021-1

Daniel Frei
Die Pädagogik der Bekehrung
Sozialisation in chilenischen Pfingstkirchen
Bd. 8, 2011, 456 S., 31,90 €, br., ISBN 978-3-643-80083-1

Jozef Hehanussa
Der Molukkenkonflikt von 1999
Zur Rolle der Protestantischen Kirche (GPM) in der Gesellschaft
Bd. 7, 2013, 448 S., 49,90 €, br., ISBN 978-3-643-10906-4

Marceli Fritz-Winkel
Zur Zukunft der Evangelischen Kirche Lutherischen Bekenntnisses in Brasilien
Aspekte ihrer Attraktivität im Vergleich mit der Umbanda und der neopentekostalen Igreja Universal do Reino de Deus
Bd. 6, 2012, 248 S., 24,90 €, br., ISBN 978-3-643-10888-3

Milee Woo
Koreanische Gemeinden in Deutschland
Praktisch-theologische Studien zu Problemen und Chancen
Bd. 5, 2016, 272 S., 34,90 €, br., ISBN 978-3-643-10872-2

Han Ho Kim
Beziehungen förderlich gestalten
Eine diakoniewissenschaftliche Vergleichs-Studie zur Arbeit mit Behinderten in südkoreanischen und in deutschen Kirchen und Gemeinden
Bd. 4, 2010, 264 S., 24,90 €, br., ISBN 978-3-643-90008-1

Claudia Häfner
Heimischwerdung am La Plata
Von der Deutschen Evangelischen La Plata Synode zur Iglesia Evangélica del Río de la Plata
Bd. 3, 2008, 464 S., 39,90 €, br., ISBN 978-3-8258-1731-2

Ulrike Sallandt
Der Geist Gottes im Süden Perus
Risiken und Chancen charismatisch-pfingstlicher Verkündigung am Beispiel der „Asambleas de Dios"
Bd. 2, 2007, 280 S., 24,90 €, br., ISBN 978-3-8258-0389-6

LIT Verlag Berlin – Münster – Wien – Zürich – London
Auslieferung Deutschland / Österreich / Schweiz: siehe Impressumsseite